퍼스트 무버
4차 산업혁명의 선도자들

퍼스트 무버

4차 산업혁명의
선도자들

FIRST MOVER

이장우 지음

21세기북스

지금 한국 사회는 거대한 패러다임 전환기를 맞아 생존을 위해 피할 수 없는 선택을 해야 한다. 가장 중요하게는 동북아 지형 변화와 강대국 패권주의로 인해 '통일 한국'으로 시각과 공간의 확장을 심각하게 고민해야 할 상황으로 내몰리고 있다. 통일 비용도 막대하지만 분열된 한반도로 인한 기회비용이 점점 더 커지고 있다. 통일이 먼 이야기 같지만 통일에 대한 꿈과 열망을 함께 갖다 보면 불현듯 그 기회가 찾아올 것이다. 그 순간을 놓치지 않기 위한 선택과 준비를 해야 한다.

통일 문제와 함께 피할 수 없는 중대한 선택은 한국 경제의 성공 공식을 바꾸는 일이다. 중국 경제의 굴기와 함께 다가온 4차 산업혁명은 우리에게 더는 추격자의 성공 공식을 어렵게 만들었다. 지금까지 추구해온 성공 공식으로는 미래 흐름에서 낙오할 것이 거의 확실하다. 이제는 '남이 가지 않은 길을 여는' 선도자First Mover의 성공 공식을 따라야 한다.

지금 우리가 우려하는 4차 산업혁명의 충격은 과학 기술의 눈부신 발전을 내용으로 한다. 그러나 그 핵심에는 사람과 사람을 넘어 모든 사물이 서로 연결되는 '초연결' 사회로의 변화가 있다. 이러한 변화로 말미암아 엄청난 조합으로 새로운 기회들이 일어날 것이다. 예측할 수 없이 순간적으로 창발하는 이 기회들은 소수의 전문가나 정부 투자에 의존한 하향식 혁신으로는 잘 획득되지 않는다. 따라서 지금까지 우리 산업과 사회를 지배해온 추격형 성공 공식으로부터 벗어나야 한다.

많은 사람이 인공지능과 로봇을 앞세운 4차 산업혁명으로 일자리와 인간성 상실을 우려한다. 그러나 우리가 선도자 방식을 따라 살아간다면 미래는 우리들의 것이다. 과거 성실하게 앞선 자를 추종하는 추격자로 살았다면 이제는 스스로 운명을 결정하는 선도자가 되어야 한다. 인간이 자신의 인생에서 무엇을 원하는지 스스로 명확하게 안다면 4차 산업혁명으로 발생하는 기술들은 성공의 도구가 될 것이다. 그러나 과거와 같이 추격자로서 앞선 자들만을 바라보면서 산다면 4차 산업혁명은 우리를 기술의 노예로 만들 수 있다.

4차 산업혁명 시대에서 국가나 경제 주체들의 경쟁력은 결국 개인과 사회가 가지고 있는 생각의 힘과 행동 방식에 의해 결정될 것이다. 스스로 운명을 결정하고 사회에 새로운 가치를 제안하는 수많은 선도자들의 다양한 실패와 시행착오 그리고 성공이 축적되어 신성장 동력이 만들어질 것이다. 이러한 선도자들의 공통 특징은 극한적 불확실성에 대한 도전이다. 이들의 도전은 비록 성공하지 못한다 해도 그 경험은 축적되어 지역과 국가로 확산되기 마련이다. 이러한 상향식 혁신이 모아져 국가 부를 창출하는 경제 구조가 바로 '성공 경제'이다. 즉 수없이 많은 선도자의 도전과 가치 창출 활동이 축적되어 국가 경쟁력이 만들어지는 경제 구조에 의해 4차 산업혁명은 비로소 완성될 수 있을 것이다.

사실 선도자란 새로운 존재가 결코 아니다. 마치 펭귄 사회에서 먼저 모험을 감행하는 '퍼스트 펭귄'이 있듯이 우리 주위에서 함께해온 존재이다. 이 책에서는 지난 150년 동안 선도자 지위를 지켜온 독일 바스프, 세계 장난감 산업의 선도자 레고, 일본을 대표하는 소프트뱅크와 도레이 그리고 선도자 천국인 실리콘밸리 등의 사례를 제시했다. 국내 사례로서 네이버, SM엔터테인먼트, 바이로메드, 아이디스 등을 분석했으며 싸이월드와 다이얼패드 등 실패 사례로부터 교훈을 정리했다. 알려진 바와 같이 현재 4차 산업혁명을 주도하는 혁신 기업들은 구글, 마이크로소프트, 페이스북, 아마존, IBM 등과 같은 회사들이다. 이 책의 목적은 이러한 혁신 기업들을 분석하고 배우는 것이 아니다. 그보다는 이미 오랜 동안 존재해온 선도자의 특질과 행동양식을 이해하는 데 목적이 있다. 이를 기반으로 경제 주체들이 시대 전환기를 맞아 적절한 대응을 준비하기를 바라는 마음이다.

4차 산업혁명 시대를 맞아 우리 모두가 선도자로 살아야 한다거나 인생 전부를 선발주의로만 살 수는 없다. 그러나 최소한 우리 사회에서 선도자와 선발주의가 중심축이 되어야 한다. 지금까지 선진국에서 선도자들이 이미 만들어놓은 틀 안에서 경쟁하는 '경주 새'로 사는 것에 만족했다면, 앞으로는 스스로 선도자가 되어 미지의 장소를 향해 "서로 격려하고 선두의 자리를 바꾸어가며 대열을 이끌어가는" 기러기 공동체로 살아야 할 것이다.

발전하는 '기러기 공동체'를 만들기 위해서는 무엇보다도 사회 전체가 '선도 기러기'를 격려·존중하는 제도와 문화로 바뀌어야 한다. 기성의 추격형 성공 공식은 선도자들의 실험을 무시하고 그들의 실패와 시행착오를 용서하지 않는다는 측면에서 미래 희망이 없다. 2000년대 초반에 경험한, 소위 '인터넷 버블'에 대한 대응은 이를 잘 보여준다. 미국의 '기러기 공동체'는 엄청난 실패 속에서 오늘날 4차 산업혁명을 주도하고 있는 구글, 페이스북, 아마존 등 세계적 선도자들을 키워냈다. 반면에 한국은 그 실패 경험을 교훈(?)삼아 새로운 싹조차 트이기 어렵도록 실패를 용인하지 않는 보수적 제도와 문화를 강화했다. 이렇게 한층 강화된 추격형 패러다임은 이제 부메랑으로 돌아와 우리 생존을 위협하고 있다. 앞으로는 졸면 죽는 것이 아니라 바꾸지 않으면 죽는다.

19세기 프랑스 역사학자인 미슐레^Michelet는 "어떤 시대이든 다가올 시대를 꿈꾸고, 꿈꾸는 동안 다가올 시대(미래)를 창조한다"고 말했다. 지금은 4차 산업혁명 시대를 꿈꿀 때이고 꿈이 있는 한 미래를 우리 것으로 만들 수 있다. 꿈이 '뜻과 의지'로 구체화되고 그 실현 과정에서 획득한 기회들이 모여서 미래가 창조되기 때문이다. 그러므로 꿈을 꾸고 새로운 기회를 낚아채려는 선도자 시대를 활짝 열어야 한다.

이 책은 한국 경제가 추격자에서 선도자로 성공 공식을 전환하기 위한 대응 방안에 관해 이야기하고자 했다. 그동안 많은 곳에서 선도자 또는 선발주의가 중요하고 새로운 길로 나가야 한다고 강조했지만 그 본질이나 실천 방법에 대해서는 체계적 정리가 매우 부족한 편이다. 더욱이 우리는 4차 산업혁명의 출발선상에서 이미 선진국은 물론 중국에도 뒤처졌다는 평가를 받고 있다. 하지만 아직 미래 본 게임에서 활짝 웃을 수 있는 기회가 충분히 남아 있다는 희망을 가지고 이 책을 집필했다.

필자는 2015년 『창발 경영』이라는 책을 통해 미래 경영 환경의 본질을 이루는 극한적 불확실성에 대처하기 위한 혁신 프로세스를 제안했다. 이것은 4차 산업혁명 시대의 주역인 선도자들의 성공 방식이기도 하다. 따라서 이 책은 『창발 경영』의 핵심 내용과 1년 6개월 동안 《전자신문》에서 마련해준 칼럼에 기고한 글을 토대로 목차를 구성했다. 이 자리를 빌려 정기적으로 글을 쓸 수 있는 기회를 마련해준 전자신문사에 감사드린다. 그리고 2년 동안 정기적으로 개최된 성공경제포럼을 통해 만난 많은 기업인 및 전문가들로부터 큰 통찰을 얻었다. 성공경제포럼 회원 여러분께 감사드린다. 또한 필자가 1988년 이후 몸담고 있는 경북대학교는 연구 지원을 통해 원고 집필에 적지 않은 도움을 주었다. 끝으로 2015년 『창발 경영』에 이어 이 책의 출간을 허락해주신 21세기북스에도 깊은 감사를 드린다.

저자 이장우

2017. 3.

선발이란 '남보다 먼저 일을 시작하거나 아무도 가보지 않은 길을 먼저 떠나는 것'을 말한다. 따라서 선발주의는 세상에 없거나 무리에서 아직 시도하지 않은 일을 처음 시도하려는 성향을 의미한다. 한국 사회가 미래 생존과 번영을 위해 반드시 추구해야 할 선도자(퍼스트무버)란 바로 생각과 행동에서 이러한 선발주의를 중심에 두는 경제 주체들을 말한다.

선도자는 세상에 없는 새로운 가치를 만들어내어 가장 먼저 시장에 진입함으로써 새로운 기회를 획득하려는 경제 주체이다. 이들은 추격자와는 다르게 경쟁에서 앞서기 위해 살지 않는다. 그들은 '하고 싶은 일'을 위해 산다. 그리고 그 일을 '될 때까지' 함으로써 성공을 일구어낸다. 비록 계획과 예측이 어려운 극한적 불확실성 속에서 행동하지만 그 과정 자체가 소중하기 때문에 그들의 삶은 기대와 희망이 함께한다. 훨씬 많은 실패와 시행착오 속에서 행동하지만 그들이 만들어낸 성과와 경험은 축적되어 세상과 무리 자체를 변화시킨다.

인공지능, 사물인터넷, 빅데이터, 로봇, 가상현실 등으로 대변되는 4차 산업혁명은 단지 미래 기술 발전과 물리적 투자만을 의미하지 않는다. 산업 구조, 기업 경영, 삶의 방식 그리고 개인 생각 등을 총체적으로 바꾸기 때문에 충격적이다. 선도자와 선발주의는 바로 이러한 4차 산업혁명의 충격을 기회로 반전시키는 열쇠가 될 것이다. 왜냐하면 미래 추세는 선도자에게 '더 많은 기회, 더 낮은 장벽, 더 큰 보상'이 주어질 것이기 때문이다.[1]

어느 순간 우리 사회에서 화제가 된 4차 산업혁명은 어느 날 갑자기 튀어나온 것이 아니다. 기술 선진국들이 인터넷 버블을 이겨내며 30여 년 동안 꾸준히 투자해온 결과이다. 그들은 기업 조직, 사회적 관행, 개인 생각과 문화 등을 혁신하면서 경제와 사회를 한꺼번에 바꿀 수 있는 혁명으로 진행시키고 있다.

우리는 구글, 애플, 페이스북 등에서 보듯이 선도자들의 본산지인 실리콘밸리가 4차 산업혁명을 주도하고 있는 현상에 주목해야 한다. 이들은 불확실하고 위험하지만 일단 성공하면 세상을 바꾸어 놓을 만한 '강한 혁신'을 추구한다. 성공보다 실패할 확률이 훨씬 높은 게임에 도전하면서 세상에 없는 기회를 거머쥐기 위한 도전에 나서고 있는 것이다. 그 결과 선도자들의 수많은 실패와 다양한 시행착오가 성공 경험과 함께 축적되어 사회 전체 생각의 힘과 경쟁력이 혁명을 주도할 만한 수준으로 커졌다.

이에 반해 한국 사회는 인터넷 버블을 계기로 싸이월드, 다이알패드 등 당시 구글이나 페이스북보다 앞서 있던 선도자들의 실패와 시행착오를 무덤으로 덮어버리고 안정적인 '약한 혁신'을 선택했다. 그 결과 GDP 대비 세계 최고 수준의 연구 개발비를 퍼붓고 99.5% 성공률을 자랑하는 정부 주도 연구 개발 프로젝트에도 불구하고 4차 산업혁명에서 이미 중국에도 뒤처졌다는 평가를 받고 있다.

그러나 우리도 결코 늦지 않았다. 4차 산업혁명의 미래는 이제부터 시작이다. 우리가 후발 추격자로서 경험했듯이 정부 주도의 양적 연구 개발 투자가 미래에 오히려 걸림돌이 될 수 있다는 사실에서 역발상을 한다면 강소 기업, 강소 국가로서 4차 산업혁명에서 도약할 수 있는 기회는 얼마든지 있다. 그리고 그 핵심에는 선도자 전략과 선발주의 사고가 있다.

우리에게 선발주의는 과거와 다르게 생각하고 다르게 행동하는 것을 의미하며, 선도자가 되기 위해서는 새로운 행동 양식을 익혀야 한다. 후발 추격자 시절에는 목표를 정하고 계획하는 것이 중요했지만, 선도자는 계획보다는 생존이 중요하고 기회를 기다릴 줄 아는 인내가 필요하다. 예를 들면 한국 경제를 대표하는 삼성전자는 퍼스트보다는 베스트(제일주의) 전략, 즉 빠른 후발 추격자로 세계적 성공을 거두었다. 그러나 지금은 스마트폰 사업에서 중국과 애플 사이에서 샌드위치 상황에 빠졌다.

선도자는 스스로 깨달아서 그것을 실천하고자 하는 의지의 힘으로 나아가야 한다. 다시 말해 세상에 없는 새로운 개념을 만들어내고 설계하여 미래 어느 시점에 드디어 그것을 실현시킬 기회를 포착하는 것을 목적으로 한다. 4차 산업혁명의 미래는 이러한 선도자에게 더 많은 기회를 줄 것이다.

그러나 선도자로 나서기 위해서는 무엇보다도 명확한 신념과 미래를 보는 안목을 갖추어야 한다. 이를 토대로 자기 정체성을 확립하고 인내와 끈기로 비전 실천을 해야 하며 '전광석화' 실행력으로 기회를 잡아야 한다. 선도자로 성공하기 위해서는 1분, 1초 단위의 크로노스 속도보다는 '때'를 기준으로 하는 카이로스 세계관으로 무장해야 한다. 그리고 사고방식에서 주관적 판단과 객관적 분석력을 뛰어넘는 순수한 초월적 인지 능력을 갖추어야 한다. 자기가 하고 싶은 일을 앞뒤 보지 않고 주관적으로 결정한다고 선도자가 되지 않는다. 그렇다고 남들이 모두 인정하는 객관성을 확보한다고 성공하는 것이 아니다. 주관과 객관을 초월하는 3차원 인지 세계에 눈을 떠야 한다. 이것은 예측 불허 미지의 세계로서 뜻과 비전으로 절박하게 도전할 때 접근이 가능한 세계이다.

이러한 미래 세계는 사전 계획과 축적된 역량을 발휘해 성공하기에는 변화 폭이 깊고 빠르다. 변화로부터 창출되는 틈새 기회를 남보다 먼저 알아보고 그 틈새의 창으로 재빨리 들어가야 성공할 수 있다. 많은 사례에서 보듯이 역량이 더 높다고 먼저 기회 창에 진입할 수 있는 것이 아니다. 역량이 부족하더라도 먼저 진입하면 기회가 오고 그 때문에 더 큰 역량을 쌓을 수 있다. 역량 축적 시대는 가고 기회 추구 시대가 온 것이다.

선도자가 기회 추구에 성공하기 위해서는 다음과 같은 창발 혁신 프로세스에 익숙해야 한다. 첫째, 신념과 비전으로 스스로를 강력하게 충전해야 한다. 둘째, 확고한 원칙 위에서 단순한 규칙을 만들어내어 일정한 반복을 지속해야 한다. 셋째, 남들이 못 갖는 안목과 반보 앞선 예측으로 기회를 포착한다. 넷째, 전광석화 실행으로 찰나에 닫히는 '기회의 창'에 진입한다. 우리는 이러한 창발 혁신에 성공한 사람을 천재라 부르지만 그들은 자신의 뜻과 비전을 이루기 위해 끈기 있게 반복하면서 남들이 보지 못한 기회를 포착한 후천적 천재이다.

선도자는 독특한 전략 패러다임을 가지고 있다. 처음부터 선발 주자의 길을 가겠다는 확고한 전략적 의도로부터 출발하며, 그것을 구현하기 위한 전략 프레임(기회 추구)과 혁신 프로세스(창발 혁신)를 작동시킨다. '남보다 우수한 품질로 값싼 원가 구조를 지향하는' 원가 우위나 '프리미엄 가격을 지향하는' 제품 차별화 같은 기존 경쟁 전략 프레임에서 벗어나 기회 추구의 전략 프레임을 사용한다. 즉 새로운 기회를 인지·획득하는 것이 가장 중요한 전략 목표인 것이다. 그리고 이러한 전략을 실천하기 위해 앞에서 살펴본 창발 혁신 프로세스를 가동한다. 그리고 창의적인 조직을 만들기 위해 개방적이고 실패를 자산으로 활용할 줄 아는 리더십과 문화를 구축한다.

그러나 선도자로 시장에서 성공했다 하더라도 과거처럼 시장 독점적 지위와 진입장벽을 지속적으로 유지하기가 쉽지 않다. 계속되는 기술 발전과 후발 주자들의 진입으로 일시적 경쟁 우위만을 향유하기가 십상이기 때문이다. 따라서 선도자의 기회 추구 전략 프레임은 일시적 경쟁 우위를 전제로 해야 하며 계속해서 새로운 기회를 획득하기 위한 노력을 병행해야 한다. 즉 '치고 빠지는'Hit & Run 식의 역동성을 발휘하면서 일시적 경쟁 우위를 반복적으로 누리기 위해 지속적으로 노력해야 한다. 다시 말해 선도자는 '가장 빨리 성장하기'보다는 '끊임없이 세상에 없는 가치를 만들어내는' 존재가 되어야 한다.

지금까지 경제를 주도해온 선도자들은 다음과 같은 공통 특성을 갖는다.

첫째, 극한적 불확실성에 도전하는 것이 존재 목적이다. 이에 따라 선도자에게는 명확한 비전과 고유 문화가 있다. 이러한 비전과 문화는 주로 창업자에 의해 주도된다. 가업 승계로 이 비전과 문화를 이어가기도 하지만 창업자, 전문 경영인, 외부 이해관계자 등이 협력 체제를 구축함으로써 건강한 지배 구조를 만들어내는 경우가 많다.

둘째, 독특한 혁신 활동과 경영 방식을 실천한다. 예를 들면 전광석화 같은 개발 능력이 있어도 기회가 올 때까지 수십 년 동안 연구 개발에 매진할 수 있는 전략적 인내심과 끈기가 있다. 무한 추구를 위한 반복을 위해 일찍부터 생존 라인을 확보해 그 위에서 위험을 감수하는 지혜를 발휘한다. 그리고 운명을 건 의사결정을 위해 과학적이고 세심한 관리를 중시하며, 내부 역량에만 의존하지 않고 M&A나 외부 인재 유입을 적극 활용한다.

셋째, 선도자들의 성공과 실패는 그 자체로 끝나지 않고 그 성과와 경험이 축적되어 지역 사회와 국가 범위로 확산된다. 선도자들은 황무지나 다름없는 지역에서 열악한 여건을 극복하면서 세계적인 기업으로 명성을 떨치는 경우가 많다. 그리고 그 성공이 주변으로 확장되어 지역이 명소가 되고 국가 경쟁력을 업그레이드시키는데 기여한다.

넷째, 한국 경제에서 성공한 선도자들이 갖는 가장 중요한 특성은 처음부터 해외 진출을 목표로 한다는 점이다. 그리고 한 번의 성공에 안주하지 않고 장기 생존을 위해 계속된 도전과 투자를 한다. 현재 한국의 선발 주자들은 IT 제조와 인터넷·모바일은 물론 바이오, 엔터테인먼트 등 특정 분야에 국한하지 않고 다양한 사업 영역에서 활동하면서 수직적 통제와 족벌 경영 체제에서 벗어난 한국식 미래 경영을 실험하고 있다.

4차 산업혁명은 기업 환경을 점점 더 극한적 상황으로 몰고 가고 있다. 과거에는 기술력이 경쟁력이고 성공의 최고 수단이었지만, 앞으로는 아무리 뛰어난 기술력을 가진 기업이라도 고객을 이해하고 비즈니스를 설계하는 능력이 없으면 실패하는 시대이다. 과거 변화가 적었던 시대에는 막강한 기술력을 바탕으로 효과적 조직 통제 관리와 성과 중심의 보상 체계, 그리고 CSR^{Corporate Social Responsibility}을 통한 기업 이미지 제고 등으로 성공할 수 있었다. 그러나 극한적 불확실성 시대에서는 이러한 경영 방식이 통하지 않는다. 기존의 관리 상식과 경영 통념에서 과감히 벗어나야 살아남을 수 있다.[2]

미래 흐름에 대처해야 하는 기업들은 '선택과 집중'이나 '목표 관리'와 같은 기존 경영 방식의 한계를 깨달아야 한다. 수직적 통제, 단기 성과주의, 순혈주의 등 보수적 조직 문화에서도 벗어나야 한다. 품질이 중요하고 열심히 하면 성공한다고 하지만 변혁기에는 빨리 실패하는 지름길이 될 수 있다. 인재와 리더의 조건도 달라져야 한다. 훌륭한 인품으로 조직의 단합을 이끄는 인물보다는 방향 설정을 하고 비전을 제시할 수 있는 인물이 더 필요하다.

이제는 실패를 용인하는 조직 문화를 통해 창의적 인재를 키워야 한다. 또한 복잡하고 불확실한 환경에서는 오히려 단순·유연한 의사 결정이 중요하며 소수의 규칙으로써 급변하는 환경에 대처하는 지혜가 필요하다. 무엇보다도 기업들은 단기 이익 중심 패러다임에서 벗어나 다른 기업들과 정보·이익을 공유하며 개방형 혁신 생태계를 구축해야 한다. 왜냐하면 이제는 남을 앞서고 남의 것을 빼앗아야 성공하는 추격자 시대가 지나갔기 때문이다. 미래는 남에게 베풀고 남이 먼저 잘되게 해야 나도 성공하는 선도자 시대이다.

이렇듯 4차 산업혁명의 미래는 한국 기업들에게 '새로운 경영'을 요구하고 있다. 이제는 창발 혁신으로 무장해야 한다. 이를 위해서는 정체성을 유지하며 새로운 기회를 파악하고 결정적 순간에 신속히 행동할 줄 알아야 한다. 극한 환경에서 절박함에 몰릴수록 자기 정체성을 명료하게 만들고 기존 틀과 삶의 방식을 깨뜨림으로써 자유로움을 얻어야 한다. 즉 사즉생死即生 경영이 필요하다. 그렇다고 긍정의 힘과 열정만으로는 절대 성공할 수 없다. 무조건적인 혁신과 변화 추구는 위험하다. 기회를 추구하는 전략과 창의적 실행력이 있어야 한다.

대기업은 우등생 함정을 극복하고 새로운 경영 이념과 비전 제시가 필요하다. 중소 기업도 강소 기업으로 거듭나기 위해 새로운 경영을 펼쳐 보여야 한다. '저임금과 열악한 근무 여건'이라는 오명에서 벗어나 '꿈·재미·보람'을 특징으로 하는 직장으로 만들어야 한다. 젊은 인재들을 모을 수 있는 '별난' 경영을 실천해야 한다.

하지만 과거 성공 경험에 매몰된 채 고정관념에 사로잡혀서는 낡은 추격자 패러다임에서 헤어나지 못한다. 개방적·전략적 사고로 기존의 틀을 깨 부숴야 한다. 젊은이들도 과거 세대가 추구한 '경쟁에서 이기기 위한 삶'보다 '하고 싶은 일을 하는 삶'을 살아야 한다. 미래는 '하고 싶은 일을 될 때까지' 하는 혁신을 해야 행복해지고 성공할 수 있다. 이것이 선발주다.

한편 4차 산업혁명과 함께 중국 경제의 굴기는 현재 한국 경제에서 가장 중요한 환경 요인이 되었다. 한국은 중국에게 과연 무엇인지에 관해 깊은 성찰을 하지 않을 수 없다. 중국 경제 구조의 대전환을 한국 경제의 기회로 살리려면 병자호란 같은 과거 역사의 실패요인을 성찰해봐야 한다. 무엇보다도 자기 비하, 고정관념, 정보 고립 등에서 탈피해야 한다. 그리고 중국인 시각에서 스스로를 객관적으로 평가할 수 있어야 하고 중국 시장에서의 존재 가치를 먼저 따져봐야 한다.

비단 경제뿐 아니라 정치·사회적으로 한국은 지금 총체적 위기 상황이다. 그러나 하루빨리 위기에서 벗어나는 것도 중요하지만 혁신과 대응 체계 마련이 먼저이다. 위기 끝에 기회가 찾아오기 때문이다. 20년 전부터 경제 위기를 겪고 있는 이웃 나라 일본은 최근 사상 최대 외국인 관광객 유치에 성공했다. 변방의 지역 소도시들의 창의성과 풀뿌리 혁신으로 차별화된 관광 상품 개발에 성공한 것이다. 관광 산업은 일자리를 만들고 지역 부동산에 온기를 불러일으키며 일본 경제에 활기를 불어넣고 있다. 미래에는 크고 작은 지역과 도시들의 혁신이 국가 경쟁력을 결정할 것이다. 4차 산업혁명에 대한 대응도 결국 이러한 상향식Bottom-Up 혁신에 의해 성공할 수 있다. 개인과 기업 그리고 지역과 같은 개별 경제 주체들의 자발성에 기초한 상향식 혁신들이 모아져 궁극적으로 국가 부를 만들어내는 '성공 경제'를 구축해야 한다.

우리에게는 '인내와 창의'라는 DNA가 있다. 이 핵심 특질은 산업화와 정보화 시절 유감없이 발휘된 속도 경쟁력과 결합할 때 위기를 기회로 만드는 원동력이 된다. 우리는 '될 때까지' 한다는 의지를 가지고 4차 산업혁명의 충격에 대응한다면 반드시 위기를 기회로 반전시킬 수 있다. 그리하여 4차 산업혁명의 선도자로서 세계 경제에서 우뚝 설 수 있을 것이다.

차례

발간사 · 4
서문 · 9

| PART 1 |
추격자에서 선도자로
퍼스트 무버의 조건

01 선발이란 무엇인가 · 25

선발, 과거와 다르게 생각하고 다르게 행동하기 · 26
베스트Best와 퍼스트First · 29
선도자 사용법 · 33
크로노스 속도 경쟁에서 카이로스 세계관으로 · 36
21세기에 성공하는 경제 주체 · 39

02 선도자의 행동: 창발 혁신 · 43

새로운 환경에서는 새로운 성공 방식이 필요하다 · 44
충전이 성공을 부른다 · 47
일정한 반복이 세상을 바꾼다 · 50
기회 포착의 비밀은 안목과 절실함에 있다 · 52
전광석화 실행은 창발 혁신의 필수 조건이다 · 55
선도자가 되려면 '천재'가 되어야 한다? · 58

03 선도자의 전략 · 62

선도자가 걸어야 하는 길 · 63
선발이라는 전략적 의도에 대하여 · 66
선도자의 '재미없는' 전략 · 69
퍼스트 펭귄은 그 후 어떻게 되었을까 · 72

| PART 2 |

퍼스트 무버, 그들은 누구인가
선도 경영 성공 사례

04 선도자들의 특징 · 79

05 독일 바스프 · 82
150년 기회 추구 전략 · 82
사례 분석 · 84

06 덴마크 레고 · 90
세대를 잇는 실험과 혁신 · 90
사례 분석 · 93

07 소프트뱅크 · 99
디테일 있는 비전 경영 · 99
사례 분석 · 102

08 일본 도레이 · 108
선도자로의 환골탈태 · 108
사례 분석 · 111

09 미국 실리콘밸리 · 115
국가 경쟁력을 업그레이드한 선도자들의 본산지 · 115
사례 분석 · 118

10 네이버 · 123
한국의 대표 선도자, 네이버 · 123
사례 분석 · 126

11 SM엔터테인먼트 · 134
K팝 시장의 창출 · 134
사례 분석 · 137

12 바이로메드 · 146
본 퍼스트 무버, 바이로메드 · 146
사례 분석 · 149

13 아이디스 · 153

IT 제조 분야의 선도자 · 153
사례 분석 · 156

14 실패로부터 배운다 · 163

싸이월드 사례 · 163
다이얼패드 사례 · 166
실패는 단지 '실패'로 끝나지 않는다 · 168
실패로부터 배우는 7가지 교훈 · 171

|**PART 3**|
어떻게 변화할 것인가
4차 산업혁명 시대의 경영 방식

15 4차 산업혁명은 기업 경영을 어떻게 변화시키는가 · 177

선도자를 위한 혁신 생태계가 필수적이다 · 178
상생 협력 3.0 · 181
조직 문화를 바꾸어야 한다 · 184
창의적 시간 관리가 중요하다 · 187
집단 창의성을 높이는 방법 · 189

16 한국형 경영은 어디로 가고 있는가 · 193

한국형 경영은 존재하는가 · 194
속도 경쟁을 넘어 창발 혁신으로 · 197
글로벌화 혁명으로 새로운 10년을 열어야 · 200
선도자가 되려는 한국 기업, 공간 선취에 답이 있다 · 203

17 사즉생 경영 · 207

사즉생 경영이 필요한 이유 · 208
우등생 함정을 극복해야 한다 · 210
우리 대기업이 위험한 진짜 이유 · 213
중소 기업 뉴노멀 경영 · 216

| PART 4 |

세상에 없는 가치를 만들어라
한국 경제의 미래 비전

18 '될 때까지' 하는 대한민국 · 223
　우리에게는 위기 극복을 위한 3개의 전함이 있다 · 224
　행복한 혁신을 위하여 · 226
　한국인의 고정 관념이 경제에 끼치는 영향 · 229
　소프트 파워와 문화가 중요하다 · 232

19 중국의 대약진과 한국 경제의 골든 타임 · 236
　G2로 부상한 중국 경제 · 237
　병자호란에서 배운다 · 239
　한국은 중국에게 무엇인가 · 242
　한류와 중국 시장 · 245

20 개혁해야 할 '대한민국 혁신' · 249
　국가 R&D 정책의 아이러니 · 250
　'창조 경제' 유감 · 253
　3기 벤처 정책의 방향 · 257
　4차 산업혁명에서 살아남으려면 대학 교육이 바뀌어야 · 260

21 한국 경제의 미래 · 264
　혁신은 위기의 종점에서 시작해야 · 265
　뉴노멀 한국 경제, 일본에서 배운다 · 269
　지역 혁신과 문화 창조 · 272
　인문학의 역할과 중요성 · 275
　4차 산업혁명은 성공 경제에 의해 완성된다 · 278

주석·참고문헌 · 282

1
PART

추격자에서 선도자로
—
퍼스트 무버의 조건

FIRST
MOVER

01

선발이란 무엇인가

우리는 그동안 후발 추격자로 살아왔다. 그러나 이제는 가지 않은 길을 여는 '선발First'이 필수가 되었다. 경쟁자를 물리치고 최고 Best가 되었어도 또 다른 선발에 의해 한순간 무너지기 십상이기 때문이다.

선도자로 나서기 위해서는 다른 삶을 살아야 한다. 과거와 다른 행동 양식과 성찰이 필요하다. 무엇보다도 명확한 신념과 미래를 보는 안목을 갖추어야 한다. 이를 토대로 자기 정체성을 확립하고 인내와 끈기로 비전 실천을 해야 하며 '전광석화' 실행력으로 기회를 잡아야 한다.

선발로 성공하기 위해서는 1분, 1초 단위의 속도 경쟁으로는 한계가 있다. '때'를 기준으로 하는 카이로스 세계관으로 무장해야 한다. 그리고 사고방식 혁신도 요구된다. 주관적 판단과 객관적 분석력을 뛰어넘어 순수한 초월적 인지 능력을 갖추어야 한다.

선발, 과거와 **다르게 생각**하고 **다르게 행동**하기

한국 경제에 '선발先發'이라는 단어가 떠오르고 있다. 우리 경제가 추격자 길에서 벗어나 선도자First Mover라는 새로운 도전을 선택해야 할 상황에 처했기 때문이다. 그러나 선발이라는 새로운 화두에 대한 깊이 있는 성찰은 아직 부족한 편이다.

지난 50여 년 동안 한국 경제 주체들의 행동 양식을 가장 많이 지배해온 단어는 아마도 '선진先進'일 것이다. 선진 경제, 선진 사회, 선진 교육, 선진 기업 등에서 보듯이 남을 따라잡고 앞서나가는 것이 한국인의 꿈이고 도전 목표였다. 특히 산업화 과정에서 경제 발전 단계가 다른 나라보다 앞서겠다는 강한 의지가 오늘을 만들어냈다.

그러나 2000년대 들어서면서 선진이라는 단어 가치에 대한 국민의 반응이 싸늘해졌다. 급기야 '747'이라는 선진 경제 목표를 내건 이명박 정부를 크게 당황시켰다. 국민은 삶의 질과 동떨어진 선진이라는 단어에 피곤을 느꼈고 젊은이들은 일등주의에 대한 거부감을 드러냈다. 남보다 앞서 있는 모습에 '재수 없다'는 반응이 터져나왔고 각 분야에서 양극화 부작용이 사회 문제로 대두되었다. 새로운 가치와 꿈을 추구해야 할 단계가 된 것이다. 아니 이미 지났을지 모른다.

한편 새로운 화두, '선발'은 남보다 먼저 일을 시작하거나 아무도 가보지 않은 길을 먼저 떠나는 것을 의미한다. 선발이 의미하는 행동 양식은 소위 '첫 번째 펭귄'으로 잘 표현된다. 첫 번째 펭귄은 수백, 수천 마리 펭귄들이 먹이를 찾아 천적들이 우글대는 바닷속으로 뛰어들도록 이끈다. 첫 번째 펭귄의 위험을 두려워하지 않는 행동이 다른 펭귄의 행동을 촉발한다.

사람들은 가장 먼저 뛰어든 선도자 펭귄을 높이 평가한다. 하지만 첫 번째 펭귄이 그 이후에 어떻게 되었는지는 잘 모른다. 누구보다도 큰 먹이를 차지했을 수도 있다. 아니면 미리 노리고 있던 물범의 밥이 되었을 가능성도 크다. 그 위험 때문에 나머지 펭귄들은 오늘도 선도자가 되어 바닷속으로 쉽사리 뛰어들지 못한다. 선발이란 그런 것이다.

하지만 선도자가 위험을 감수한 덕분에 시장에서 누릴 수 있는 이점은 크다. 첫째, 연구 개발 성과와 특허를 무기로 기술적 리더십을 발휘할 수 있다. 둘째, 누구보다도 먼저 희소한 자산을 선취함으로써 이점을 얻을 수 있다. 셋째, 고객과 먼저 친해지고 브랜드라는 진입장벽을 쌓을 수 있다.

그러나 이러한 선도자 우위Advantage가 얼마나 지속될 수 있는지 아직 명확한 연구 결과가 부족하다. 비즈니스 경험에 의하면 선도자보다는 후발 주자 입장이 전략적으로 더 유리하다는 평가도 많다. 여러 경쟁자 속에서 '최고Best'가 되는 것이 '선발First'로 나서는 것보다 나을 수 있다는 뜻이다. 후발 주자가 누릴 수 있는 다음과 같은 이점들이 존재하기 때문이다.[3]

첫째, 무임승차 효과이다. 후발 주자는 선도자가 제품 개발, 고객 확보, 인재 양성 등에 먼저 투자해놓은 것을 저렴하게 활용할 수 있다. 선도자가 어렵게 개발한 기술을 모방하거나 선도자가 교육·훈련시킨 숙련 노동력을 데려옴으로써 비용과 위험을 크게 줄일 수 있다.

둘째, 기술 상품화에 필요한 보완 자산을 활용해 더 큰 이점을 얻을 수 있다. 선도자가 아무리 뛰어난 기술을 보유하고 있더라도 해당 분야에 대한 기초 지식, 유통망, 마케팅 경험 등이 없으면 그 보완 자산을 소유한 후발 주자에게 주도권을 빼앗기기 십상이다.

셋째, 후발 주자는 개선된 기술이나 고객 불만 사항을 이용함으로써 이점을 얻을 수 있다. 기술과 소비자 욕구는 계속 변화하며 이러한 변화에 신속하게 반응함으로써 경쟁 우위를 뒤집을 수 있다.

넷째, 선도자의 타성과 허점을 이용할 수 있다. 이미 규모가 커진 선도자는 상대적으로 고정자산 투자가 많고 조직도 유연하지 못한 경우가 많다. 반면에 후발 주자는 변화에 유연하고 민감하게 대응함으로써 이점을 얻을 수 있다.

이와 같이 후발 추격자가 누릴 수 있는 이점은 적지 않다. 그럼에도 선도자가 되려는 이유는 무엇일까. 아마도 이념적으로 선도자가 되려 하거나, 더 나은 전략 대안이 없기 때문일 것이다. 미국의 '아메리칸 드림'과 프런티어 정신은 경제 주체들로 하여금 선도자로 나서게 하는 이념적 기반이 되었다. 이 기반 위에서 산업화와 정보화, 창조화 시대를 모두 거치면서도 선도자 위치를 유지할 수 있었다.

한편 한국 경제는 선도자 전략 외에는 다른 대안이 마땅치 않은 상황으로 점점 내몰리고 있다. 이에 따라 우리에게 '선발'이란 새로운 꿈이자 도전 목표가 되고 있다. 이때 선발은 과거와 다르게 생각하고 다르게 행동하는 것을 의미한다. 즉 후발 추격자 시절에는 미래 목표를 정하고 계획하는 것이 중요했지만, 선도자 입장에서는 성장 계획보다는 생존이 중요하고 기회를 기다릴 줄 아는 인내가 중요해진다. 진정한 선도자가 되려면 새로운 행동 양식을 익혀야 한다.

베스트^{Best}와 퍼스트^{First}

뛰어난 선도자라도 최고^{Best}를 지향하는 후발 추격자에게 한순간에 따라잡힐 수 있다. 그래서 '최고가 선발을 꺾는다^{Best beats first}'는 말이 생겼다.[4] 이 말을 가장 잘 실천한 회사가 바로 삼성이다. 지난 30년간 삼성전자는 제일주의를 지향하며 기술 기업으로서 전 세계를 상대로 가장 흥미로운 성공을 이루어냈다.

삼성을 비롯한 한국 기업들은 후발 주자로서 주어진 과제를 가능한 빠른 속도로 해결해낼 수 있는 혁신 프로세스를 실천했다. 그것은 과제 해결을 위해 새로운 것을 고안하기보다는 이미 주어졌거나 남이 보유한 기술과 정보를 결합하고 활용함으로써 그때그때 닥친 문제를 신속히 해결해나가는 융합적 접근이었다.

한국식 현대 경영을 완성한 삼성 웨이^{Samsung Way}를 살펴보자. 1993년 신경영으로 비롯된 삼성식 융합 혁신은 삼성 웨이라는 독자적인 패러다임을 구축하기에 이르렀다. 예를 들면 스피디한 생산 체계를 구축하기 위해 협력과 경쟁을 공존시키는 융합을 시도함으로써 대량생산 방식 속에서 유연한 생산 시스템을 가동할 수 있었다. 또한 개발 과정에서도 기획 단계부터 개발, 마케팅, 생산, 부품 공급 등 여러 관련 조직과 인력들이 함께 아이디어와 정보를 융합함으로써 속도를 높여나갔다.

이러한 융합 혁신은 상호 모순되는 경영 요소들을 공존시키고 절충하여 새로운 시너지를 만드는 효과가 있었다. 예를 들면 경영 방식에 있어 일본식 경영과 미국식 경영의 장점을 동시에 취한 후 이를 우리 문화와 자사 현실에 맞추어 변형시킴으로써 고유한 형태를 만들어냈다. 엄정한 조직 기강, 임직원들의 높은 충성도, 지속적인 현장 개선과 꼼꼼한 품질 관리 방식 등은 일본식 경영의 대표적인 장점을 도입한 것이다.[5] 그러나 비전 설정과 과감한 위험 감수, 현장 지향형의 신속한 결정과 실행, 파격적 인센티브를 통한 구성원들의 능력 발휘 유도, 핵심 인재의 외부 영입 등은 삼성이 수용한 미국식 경영의 장점들이다. 삼성은 이러한 장점들을 도입하는 데 머물지 않고 이들의 화학적 결합을 통해 삼성식 경영으로 재창조하는 단계로까지 나아갔다.[6]

이렇듯 삼성 웨이는 한국 기업들이 일반적으로 당면하는 갈등적 관계의 경영 요인들을 생산적으로 결합함으로써 속도 경쟁력을 획기적으로 높였다. 특히 경영 과정에서 패러독스 관계에 있는 문제들을 해결함으로써 경쟁력을 제고시켰다. 예를 들면 집중화와 다각화, 원가와 품질, 통제와 자율, 차별화와 원가 우위 등의 상호 모순적 개념들을 모두 수용하는 성과를 거두었다고 할 수 있다.[7] 그 결과 대규모 조직임에도 재빠르고, 다각화되었으면서도 주요 사업 분야에서 전문적 경쟁력을 확보할 수 있었다.

그러나 한국식 현대 경영의 완성본이라는 평가를 받는 삼성 웨이도 아직 한국의 미래 경영에는 미치지 못한다. 속도 경쟁력을 살리는 융합 혁신이 미래에도 필요하겠지만, 한계에 봉착한 한국 기업들의 경쟁력을 제고시키기 위해서는 새로운 혁신 방식이 필요하기 때문이다. 퍼스트가 베스트에 의해 한순간 추월될 수 있듯이, 베스트 역시 추월의 위험에 노출되어 있다. 베스트가 현재의 먹거리에 안주하다가는 새로운 선도자에 의해 기존 시장을 빼앗길 수 있다.

삼성은 베스트, 즉 빠른 후발 추격자 전략으로 큰 성공을 거두었다. 하지만 스마트폰 사업에서 보듯이 현재 중국과 애플 사이에서 샌드위치 신세가 되었다. 더욱이 미래 성장을 담보할 수 있는 사업군이 현재로서는 잘 보이지 않으며 기존 경영 방식도 창조적 혁신에 걸림돌이 되고 있다. 특히 수직적이고 위계적인 의사결정 구조와 다양성을 수용하지 못하는 획일적인 조직 문화는 조직 구성원들이 창의적인 아이디어를 내는 것을 어렵게 만들고 있다.

한국의 미래 경영은 차라리 SNS^{Social Network Services} 플랫폼 사업에서 세계적 선도자 반열에 오른 네이버 웨이^{Naver Way}에서 찾아야 할 것 같다. 네이버는 한국을 대표하는 선도자로서 라인이라는 세계 3위 모바일 메신저 사업을 키워냈으며 2016년 9월 기준 시가총액 29조 원을 상회함으로써 국내 4위를 기록했다. 이러한 선도자 신화를 만들어낸 네이버 웨이를 살펴보면 기존 경영 방식과 판이하게 다르다.

첫째, 건강한 지배 구조를 가지고 있다. 내부 지배 구조를 보면 창업자는 회사의 미래와 기업 전체의 전략을 자문하는 역할을 맡고, 일반 경영은 전문 경영인이 이끈다. 그리고 사외이사들은 수평적 위치에서 의견을 제시하는 협력적 형태이다.[8] 외부 지배 구조 또한 총수 일가가 순환출자에 의해 계열사들을 지배하는 기존 대기업 방식과 다르다. 네이버가 자회사 지분을 100% 소유하는 투명한 형태를 보이고 있다. 그리고 창업자 개인이나 가족 누구도 계열사 지분을 보유하지 않고 있다.

둘째, 진화적 전략 수립 방식을 채택했다. 네이버에는 공식적인 전략기획 부서가 존재하지 않는다. 전략을 수립할 때는 개별 사업부에서 현장 경험을 기반으로 스스로 알아서 진행한다. 즉 전략 수립을 위해 예측하고 계획하는 전담 부서가 없다. 그 대신 회사의 커다란 방향이 정해지면 다소 치밀하지 못하더라도 일단 행동을 시작한다. 그러면서 시장 환경 변화에 지속적으로 대응해나간다. 이러한 방식은 불확실성의 정도가 극한으로 높은 사업 환경에 대처하기 위한 것이라고 할 수 있다.

셋째, 유연한 조직 구조를 지향한다. 한때 네이버도 조직이 거대화하면서 기능 전문화, 업무 프로세스의 정형화 등 기존 경영 방식을 도입했다. 그러나 주어진 업무 수행의 효율성은 높아졌을지 모르나 새로운 시장 기회를 위한 신속하고 다양한 혁신적 시도를 할 수 있는 능력은 떨어졌다는 평가가 나왔다. 이에 따라 네이버는 셀 단위로 조직을 재편했다. 셀 조직은 소규모 조직으로 기획, 개발, 디자인 등 해당 서비스를 개발하고 운영하는 데 필요한 모든 인력과 자원을 자체 보유하며 독자적으로 의사결정할 수 있는 자기 완결형 조직의 형태이다. 네이버는 셀 조직 단위를 소규모화하여 초기 벤처 기업의 절박함과 기업가 정신을 살리려 했으며 필요한 인력과 자원,

의사결정 권한을 부여함으로써 고객 중심주의와 현장 중심주의를 구현하고자 했다.

넷째, 인간 중심적이고 개방적인 조직 문화를 구축해나간다. 네이버는 인간에 대한 긍정적 가정을 바탕으로 직급제를 폐지하여 조직을 수평화했다. 인사평가에서도 핵심성과지표Key Performance Indicators나 평가등급제 등을 모두 폐지했다. 대신에 구성원 상호 간 비공식적인 리뷰를 통해 스스로를 성찰할 수 있는 피드백 방법을 사용한다. 전통적인 교육은 모두 폐지하고 일을 통해 지식을 공유하는 데 중점을 둔다. 또한 직원들은 자신이 원하는 다른 부서로 전직할 수 있는 권한이 있으며 각 부서들은 스스로 자원 배분의 우선순위를 정할 수 있는 자율성이 주어진다.

이와 같은 네이버 웨이가 갖는 의미는 한국식 미래 경영의 지평을 열었다는 데 있다. 베스트를 추구하는 삼성 웨이가 한국식 현대 경영을 완성했다면, 앞으로는 네이버 같은 선도자들이 새로운 도전과 실험으로 한국식 미래 경영을 엮어나갈 것이다.

선도자 사용법

오늘날 개인이나 기업 등 경제 주체들에게 선도자가 되어야 한다는 미션이 주어졌다지만 당사자들은 정작 선도자의 본질은 잘 모르는 것 같다. 선도자가 되기 위해서는 후발 추격자와는 근본적으로 다른 생각을 가지고 다르게 행동해야 한다. 후발 추격자가 앞선 자를 살펴서 재빨리 따라가는 데 목적을 둔다면, 선도자는 스스로 깨달아서 그것을 실천하고자 하는 의지의 힘으로 나아가야 한다. 다시 말해 세상에 없는 새로운 개념을 만들어내고 설계하여 미래 어느 시점에 드디어 그것을 실현시킬 기회를 포착하는 것을 목적으로 한다.

선도자의 핵심 특징을 살펴보면 다음과 같다.

첫째, 생각 차원을 보면 선도자는 명확한 신념을 전제로 한다. 즉 남이 가보지 않았거나 아직 세상에 존재하지 않는 것을 위해 모든 것을 던질 수 있는 뜻과 의지로부터 출발한다. 이 신념은 일생을 바쳐 간절하게 이루고자 하는 절실함을 만들어낸다. 따라서 선도자는 이러한 신념에 기반을 두고 미래에 대한 믿음이 있으며 극한의 불확실성을 헤쳐나갈 수 있다.

그러나 신념만으로는 부족하다. 맹신으로 인한 지나친 용기가 화를 부르기 십상이기 때문이다. 따라서 기회를 알아보는 안목이 중요하다. 성공으로 이끄는 기회의 포착은 안목이 있어야 가능하다. 남들보다 먼저 기회를 알아보게 만드는 천재성은 바로 안목에서 만들어진다. 안목은 남이 볼 수 없는 것을 먼저 볼 수 있게 만들고 어려운 여건에서도 때를 미리 준비할 수 있게 한다.

둘째, 신념과 안목을 갖추었으면 행동으로 기회를 실현시켜야 한다. 그러나 기회라는 것이 언제 올지, 얼마나 걸릴지 누구도 알 수 없는 것이 극한적 불확실성이다. 강태공은 무려 30년 동안 낚시질로 시간을 보낸 끝에 기회와 만났다고 한다. 이처럼 선도자의 행동에서 가장 중요한 것은 '낚시질로 비유된' 반복이다. 극한적으로 불확실한 환경에서는 자기 정체성을 확립하고 일상 과업을 지속적으로 실천하며 때를 기다리는 것이 유일한 성공 비결이 될 수 있다. 이때 생존 라인을 우선적으로 확보하는 것이 절실하다. 그래야 기회가 올 때까지 인내하며 기다릴 수 있다.

극지 탐험 사례를 보자. 1911년, 인류 역사상 최초로 남극점에 도착해 깃발을 꽂은 아문센 팀이 다른 경쟁 탐험대와 달랐던 성공 요인은 하루 '15마일 일정한 전진'이었다고 한다. 주변 환경 변화에 관계없이 정해진 목표를 향해서 매일매일 전진한 것이 극한 환경의 남극을 이겨낸 가장 큰 성공 요인이었다. 실제로 경영학자 짐 콜린스 Jim Collins의 연구 결과를 보면 예측 불가능한 상시 위기 상황에서도 다른 기업보다 10배 이상 성과를 거둔 성공 기업들은 일정한 목표를 세우고 일관된 실천을 수행하는 경향이 있다고 한다.[9]

반복과 함께 중요한 또 다른 행동 차원은 전광석화 실행이다. 선도자에게 때가 차오를 때까지는 대부분 지루할 정도로 오랜 시간이 걸리지만, 기회는 어느 순간 불현듯 솟아오른다. 그 기회를 포착하여 신속하게 실행하는 것이 무엇보다 중요하다. 기회의 창이 예상보다 훨씬 빨리 닫히기에 적시에 대응하지 않으면 주어진 기회도 한순간에 날아갈 수 있다.

선도자는 빨리만 움직여서는 성공할 수 없다. 하지만 이때다 싶으면 속도계 안에 넣어둔 전광석화 실행력을 재빨리 꺼내 쓸 수 있어야 한다. 기회가 올 때까지는 느리게 생각하며 섣불리 나서지 않다가도, 결정적인 순간에는 시장 기회를 낚아채는 것이 중요하다.

독일의 바스프는 세계 최초로 화학 비료 공장을 설립한 이래 무려 150년 동안 세계 1위 종합화학 회사 위치를 지키고 있다. 청바지에 쓰이는 인디고 염료, 오디오 및 비디오테이프 등 화학 분야에서 끊임없이 새로운 기회를 창출해냈다. 지금도 진혀 새로운 신소재들을 생산하면서 여전히 선도자 위치에 서 있다.

이러한 바스프의 150년 선도자 비결은 반복과 전광석화 실행의 과정에 있다. 꼭 해내야 하는 신기술 개발은 처음 시도해 실패하면 다시 시도하고 그래도 안 되면 될 때까지 끈기 있게 계속한다. 그리고 일단 성과가 나오면 전광석화 같은 실용화로 기회를 낚아챈다. 혁신 성과를 최대한 빨리 상품화하는 것이 이 회사 모토이며 시장성이 있겠다 싶은 신기술은 빠른 속도로 사업화하는 것을 생명으로 한다.[10]

결론적으로 선도자는 명확한 신념으로 출발해 미래를 보는 안목에 의해 그 자격이 만들어진다. 그리고 이러한 생각과 사고 능력을 바탕으로 끈기 있는 반복 과정을 통해 드디어는 기회를 만나며 전광석화 실행력으로 새로운 기회를 선점해야 한다.

크로노스 속도 경쟁에서 카이로스 세계관으로

극한적 불확실성 속에서 경제 주체들이 추구해야 하는 성공 방식은 과거와 총체적으로 다르다. 따라서 미래 새로운 강자는 카이로스Kairos 시간 개념에 익숙한 주체들이 될 것이다.

카이로스 세계관이란 의식적이고 주관적인 시간 흐름 속에서 기회 인지와 결단을 중요시하는 태도를 말한다. 카이로스 세계에서 사람들은 각각 다른 시간을 살고 있다고 할 수 있다. 모두 똑같은 시간을 사는 것 같지만 사람에 따라 시간의 의미와 속도가 다르다는 뜻이다. 행복한 순간이든, 고통스러운 순간이든 개인마다 특별한 의미가 있는 시간들은 다르다. 바로 이 시간을 기회의 신, 카이로스가 지배한다. 이러한 '카이로스 시간'은 주체가 마음먹기에 따라 달라질 수 있다.

조각상으로 형상화된 그리스 신화의 카이로스 신의 모습을 보자. 카이로스 손에 추가 달린 저울을 받쳐 들고 있다. 때가 찼는지를 정확하게 가늠하기 위해서라고 한다. 카이로스 신에게 똑같은 간격으로 연속해서 흐르는 크로노스의 시간 자체는 무의미하다. 오로지 자신이 움직일 때가 되었는지, 즉 '때가 언제 차는가?'만이 중요하다.

또 다른 풍모로서 머리 모양을 들 수 있다. 카이로스는 앞머리는 길지만 뒷머리가 벗겨진 미소년으로 나타난다. 또 두 다리에는 날개가 달려 있다. 이것은 기회가 포착되면 재빨리 잡아야지 그 순간을 놓치면 영영 놓치고 만다는 의미라고 한다.

이에 반해 우리에게 익숙한 '크로노스Cronus 시간'은 과거부터 미래로 일정한 속도로 기계적으로 흐르는 시간을 의미한다. 크로노스 세계관은 이러한 일반적인 시간을 기준으로 생각하고 판단하는 태도를 말한다. 이 세계관은 지구의 공전과 자전에 맞춘 물리적 시간이 중심이며 산업화 이후 우리 삶을 지배하고 있다.

이제 우리는 이 두 세계관을 균형 있게 활용할 때가 되었다. 크로노스적 사고는 속도와 이익을 중시함으로써 효율성을 제고시킨다.

반면에 카이로스적 시간은 방향과 가치를 더 중요시하며 창조성 제고에 기여한다. 전자가 주로 후발 주자들의 성공 전략에 적합했다면 후자는 선도지 즉 퍼스트 무버가 되기 위해 필요하다. 후발 주자가 쉽게 선도자로 발전할 수 없는 것은 다른 세계관을 수용해야 하기 때문이다.

카이로스 세계관의 원형을 보자. 중국의 『여씨춘추』와 『사기』에 등장하는 강태공(본명은 강상)이라는 인물이 있다. 잘 알려진 대로 강태공은 30년이 넘는 시간을 그저 강가에서 낚시질로 흘려보낸다. 하지만 바늘 없는 낚싯대를 드리우고 자신의 계획을 실행에 옮길 때를 끈기와 정성으로 기다렸다. 즉 카이로스 시간을 잡기 위함이었다. 드디어 주나라 문왕을 만나 재빨리 기회를 낚아채 준비된 사업 계획을 신바람 나게 실행해나갔다.

이와 같은 창발적 기회 추구 원형은 우리 단군신화에도 나온다. 바로 웅녀 이야기다. 단군 자손인 한민족은 웅녀의 기회 추구력(?) 덕분에 미래가 열렸다고 기술되어 있다. 단군신화에서 곰 토템 족으로 추정되는 웅녀는 쑥과 마늘을 가지고 동굴 속으로 들어가 정진한 끝에 삼칠일(21일) 만에 드디어 사람의 몸을 얻고 환웅과 결혼해 단군을 낳는다.

우리는 웅녀 이야기에서도 강태공과 유사한 핵심 과정을 관찰할 수 있다. 첫째, 뜻과 비전을 분명하게 세웠다. 둘째, 자신의 모든 것을 거는 절실함으로 새로운 세계를 개척하고자 했다. 셋째, 기회가 왔을 때 재빨리 계획을 실행에 옮겼다. 이러한 핵심 과정에서 1분 또는 1초라는 물리적 시간은 의미가 없다. 오로지 때가 찼는지 여

부가 중요할 뿐이다. 따라서 카이로스 시간에서는 그들에게 주어진 20일이나 30년은 참고 견뎌야 할 똑같은 '인고의 시간'이다.

카이로스 세계관은 바로 '인고의 시간'을 관리하는 데 필요한 사고 바탕이 된다.

'인고의 시간'은 근본적으로 카이로스 신이 지배하며, 끈기와 정성으로 채워져야 기회가 주어진다. 그리고 이렇게 주어진 기회를 재빨리 알아보고 실현시키는 것이 창발 혁신의 핵심이다. 속도보다는 방향, 단기적 경제 이익보다는 정신문화적 가치, 효율성 제고보다는 창조성 발휘가 점점 더 중요해진다면 이는 분명 카이로스 세계관의 필요성을 알리는 신호임에 틀림없다.

지난 50여 년이라는 크로노스 시간 위에서 한국 경제는 비약적 발전을 했다. 이때 작동한 성공 방식은 '하면 된다'의 추진력과 '빨리빨리'의 학습력이 결합한 속도 경쟁력이다. 지금은 카이로스 시간 위에서 새로운 성공 방식이 작동하기 시작했다. 그것은 '될 때까지'의 끈기와 정성, 즉 기회 추구력이다.

21세기에 성공하는 경제 주체

21세기는 스스로 성공하는 삶을 살아가는 경제 주체, 즉 성공자成功者들에게 더 많은 기회가 주어지는 시대이다. 성공한 조직에 기대어 그저 월급쟁이로 '남의 삶'을 사는 주체들에게 주어지는 이익과 행복 지수는 점점 더 낮아질 것이다. 하지만 새로운 기회를 잡는 것은 결코 쉽지 않다. 이를 위해서는 자금, 남다른 아이디어, 혁신적 기술 등보다 더 중요하고 필요한 요소가 있다. 그것은 끈기 있는 실천과 시의적절한 결정을 가능하게 하는 사고방식이다.

과연 어떤 사고방식이 성공을 만들어내는가? 어떻게 생각하고 궁리해야 기회를 낚아챌 수 있을까? 남들이 볼 수 없는 기회를 알아보고 과감한 도전에 성공할 수 있는 사고방식을 갖추어야 할 것이다.

일반적으로 성공자들은 수준 높은 인지 능력을 통해 과감한 결정을 내리면서도 성공 가능성을 높인다. 하지만 보통 경제 주체들은 주관적인 사고방식을 가지고 있다. 자신의 욕구 체계에 따라 보이는 것을 보고 하고 싶은 일을 하는 경향이 있다. 그러나 사고방식 대부분을 주관적인 것으로 채운다면 자기밖에 모르는 나쁜인 즉 '나쁜 주체'에 머무르게 된다. 이 '나쁜 주체'는 남을 해치는 악한 사람보다 나을지 모르지만 성공한 주체가 되지는 못한다. 성공자가 되기 위한 조건을 보자.

첫째, 사고방식을 먼저 객관적인 것으로 돌려야 한다. 그래야 치우치지 않는 결정을 할 수 있다. 하지만 객관적 사고방식에만 머문다면 남을 지나치게 의식하는 약점에서 벗어나기 어렵다. 남들이 좋다는 방향으로만 가서는 새로운 것을 발견해내기 어렵다.

둘째, 주관과 객관 모두에서 벗어나 순수하게 대상의 가치성과 필요성을 평가할 수 있는 수준으로 사고방식을 더 발전시켜야 한다. 이것은 초월적 사고방식이라 부를 수 있는데, 주관적 욕구에서 벗어나 있고 객관적인 평가에 휘둘리지 않는 수준을 의미한다. 성공한 기업가들은 공통적으로 자신의 창업 활동을 돌이켜볼 때 스스로 욕구에 안주했으면 해낼 수 없었을 것이라고 이야기한다. 그리고 주위 사람들이 부정적 평가를 내리거나 심지어는 말리는 사업 아이템을 채택한 경우가 다반사다.

물론 우리 의사결정들이 주관과 객관으로부터 완전하게 벗어날 수는 없다. 보통 경제 주체들의 사고방식을 100으로 보았을 때 성공자의 사고를 갖기 위해 대략 주관적 30, 객관적 30, 초월적 사고방식 40 정도의 비중을 두어야 할 것 같다. 경제 주체가 시장에서 성공을 이루어내기 위해서는 자신의 주관적 관심과 판단이 필요하며 이에 대한 객관적 평가도 중요하다. 그러나 이것만 가지고는 기업가 정신의 성공 비밀을 캐낼 수 없다. 왜냐하면 자신이 원하고 성공 가능성이 높아 보이는 사업 아이템을 골라, 주위로부터 객관적 평가를 고려해 실천한다고 해서 성공할 수 있는 현실이 아니기 때문이다.

무엇보다도 새로운 현상이나 대상이 어떤 가치를 가지는지 그리고 사회에 어떤 필요성을 제공하는지를 주관과 객관에서 벗어나 순수하게 평가할 수 있는 인지 능력을 가져야 할 것이다. 이러한 초월적 인지 능력은 후발 주자보다는 선도자에게 훨씬 중요해진다. 왜냐하면 후발 주자의 경우 초월적 인지 능력을 필요로 하는 새로운 현상이나 대상이 상대적으로 많지 않기 때문이다.

이제는 초월적 인지 능력에 대해 관심을 집중하고 이를 근원적으로 제고시킬 수 있는 방법을 찾아야 한다. 오랜 동안 존경받는 성공 기업들의 비결을 찾다 보면 대부분 창업 때부터 견지해온 경영 철학으로 귀결되며 거기에는 세상을 사랑하고자 하는 내용들이 담겨 있는 경우가 많다. 이들이 실현시킨 대박 아이템들은 초월적 인지 능력의 산물이며 이는 소비자와 사회를 대상으로 한 '사랑 실천'의 철학에서 비롯된 사례가 잦다.

동서고금의 성현들도, 사랑은 사고방식 수준을 높임으로써 인지 능력을 총체적으로 강화시키는 근원적 힘이 된다고 강조한다. 사랑은 곧 초월적 사고방식과 연관됨으로써 경제 주체를 성공시키는 에너지가 된다. 이 에너지를 기업 활동에 적용하면 기업이 사회와 선순환 관계를 만들어내는 데 핵심 역할을 한다.

경제 주체가 물질론에 입각했을 때는 '물리치고 파괴하는' 위력威力에 의존해 더 큰 이익에 집착할 수밖에 없다. 산업화 이후 우리 대기업들이 상생과 동반 성장 노력이 부족했던 이유도 물질론에 입각한 사고방식 때문이다. 하지만 정보론에 입각한 경영철학은 '모으고 끌어당기는' 선순환을 통해 좋은 관계를 형성하고 더 좋은 정보를 축적·공유함으로써 세상에 선순환을 일으킬 수 있다. 요즘 세계적으로 성공한 주체들이 만들어내는 브랜드 이미지, 문화적 동질감, 팬덤Fandom 등은 대부분 이러한 힘에 의해 형성되고 있다.

앞으로는 점점 더 초월적 인지 능력과 사랑 에너지가 중요해질 것이다.

02

선도자의 행동: **창발 혁신**

선도자의 공통 특징은 예측이 불가능한 극한적 불확실성에 대한 도전이다. 기업뿐 아니라 젊은이도 이러한 선발 상황에 직면해 있다. 따라서 선도자로 성공하려 할 때 예측과 목표 설정을 전제로 한 기존 혁신 방법으로는 한계가 있다. 창발 혁신이라는 새로운 행동 양식에 익숙해야 한다.

첫째, 신념과 비전으로 강력하게 충전해야 한다. 둘째, 확고한 원칙 위에서 단순한 규칙을 만들어내어 일정한 반복을 한다. 셋째, 남들이 갖지 못하는 안목과 반보 앞선 예측으로 기회를 포착한다. 넷째, 전광석화 실행으로 찰나에 닫히는 '기회의 창'에 진입한다.

우리는 이렇듯 창발 혁신에 의해 선도자로 성공한 사람을 천재라 부른다. 그러나 그 사람은 타고난 재능으로 성공한 것이 아니라 꿈을 이루기 위해 끈기 있게 반복하면서 남들이 보지 못한 기회를 포착한 후천적 천재이다.

새로운 환경에서는 **새로운 성공 방식**이 필요하다

우리 기업들은 점점 더 '극한적 불확실성'이라는 새로운 환경에 노출되고 있다. 경영 환경이 점점 더 불확실해진다는 이야기를 자주 듣지만 지금은 한 치 앞을 내다볼 수 없는 상황이다. 극한적 불확실성이 일반적 불확실성과 차별되는 가장 큰 요인은 목표 지점이 전혀 안 보인다는 것이다. 전대미문 극지 탐험에 비유되는 환경 조건과 유사하다. 우리 기업들은 그동안 험난한 시장 환경에서도 잘 버텨왔다. 그나마 누구를 따라갈 것인지 다음 단계가 무엇인지 어느 정도 가늠이 되었다. 즉 방향타가 되는 선도자나 기술 개발 목표 정도는 가지고 불확실성에 맞설 수 있었다.

그러나 요즘 우리 기업들은 스스로 선도자가 되어야 하는 상황으로 몰리고 있다. 마치 망망대해에서 한정된 자원만을 싣고 스스로 좌표를 정하면서 모든 위험을 감내해야 하는 상황에 비유할 수 있다. 이러한 극한적 불확실성은 기업뿐 아니라 이 시대를 살아가는 젊은이들에게도 똑같이 작용한다. 이에 따라 우리 젊은이들은 '아프니까' 청춘이 아니라 극한적 불확실성에 정면으로 맞서야 하는 '불안하니까' 청춘이다. 이들에게는 하고 싶은 일을 '이룰 때까지' 하는 성공 방식이 요구되며 위로받는 '힐링'보다는 뜻과 의지로 스스로를 충전시키는 '히팅'이 더 중요하다.

극한적 불확실성은 다음과 같은 3가지 특성들로 구성된다.

첫째, 무경계성Boundaryless이다. 기술 융합화 추세 때문에 산업 간, 업종 간 구분이 점점 더 흐릿해지고 전혀 다른 분야에서 새로운 역량과 경험을 가진 기업이 순식간에 기존 시장에 침투하는 현상이 드물지 않게 발생한다. 이를테면 오랜 동안 제품 개발과 공장 생산성에 막대한 투자를 하고 수백 개 협력 기업들과 촘촘한 공급자 네트워크를 구축한 삼성전자가 샤오미같이 창업한 지 불과 4년밖에 되지 않은 소프트웨어 기업에 속수무책으로 시장 점유율을 내주었다. 또한 알리바바 같은 IT 인터넷 기업이 규제 산업인 금융업에 손쉽게 진출하기도 한다.

둘째, 예측 불허성이다. 불과 4~5년 전만 해도 3개년 계획을 입안하는 기업들을 쉽게 찾아볼 수 있었지만 지금은 6개월 단위 매출 계획도 세우기 어려운 기업들이 많다. 더욱 심각한 점은 상대적인 제조 경쟁력 감퇴와 시장 수요 축소로 인해 성장 전략 입안 자체가 어려워지고 있다는 사실이다.

셋째, 상시 위기와 급변성이다. 우리는 최순실 사건, AI 확산, 메르스 사태, 테러, 천재지변 등이 경제 전반에 끼치는 충격파를 수시로 경험하고 있다. 최근 우리 제조업에서는 빠른 기술 변화로 하루 아침에 매출이 급감하는 사례가 적지 않게 관찰되고 있다.

이러한 극한적 불확실성은 기존 성공 방식을 무력화시킨다. 지금까지 기업들은 어려운 선택과 집중을 통해 차별적인 포지셔닝에 성공함으로써 지속 가능한 경쟁 우위를 확보할 수 있었다. 그러나 무경계성은 이와 같은 '선택과 집중' 효과를 제거할 수 있다. 가치 창출에 필요한 활동들을 직접 수행하지 않아도 외부 협력 네트워크를 통해 순식간에 경쟁력을 만들어낼 수 있기 때문이다. 애플이나 샤오미 사례에서 보듯이 공장이나 이렇다 할 영업·유통망 없이도 글로벌 시장을 주도할 수 있다.

이와 함께 예측 불허성은 각종 계획 시스템을 복잡하게 만들면서도 정작 효과를 보지 못하게 한다. 시나리오 경영으로 어느 정도 대처할 수 있지만 수많은 경우의 수에 대응하기에는 한계가 있다. 또한 상시 위기와 급변 상황에서 신중한 의사결정이 갖는 장점보다는 시기를 놓침으로써 발생하는 폐해가 더 클 수 있다. 매뉴얼 관리로 위기에 대응해보지만 AI와 메르스 사태에서 보듯이 경험하지 못한 사건에는 속수무책일 수 있다.

극한적 불확실성 아래에서는 지금까지 금과옥조로 여긴 성공 방식이 제대로 작동하지 않는다. 이를테면 이러한 환경에서 무작정 빨리 간다고 성공하지 못한다. 오히려 속도가 독이 될 수 있다. 목표 지점이 정해지지 않은 상황에서 중요한 것은 방향이지 속도가 아니기 때문이다. 그렇다고 속도가 필요 없는 것은 아니다. 우리가 자랑하는 속도는 속도계 안에 잘 넣어두었다가 필요할 때 그 실력을 유감없이 발휘하면 된다.

극한적 불확실성 속에서 성공을 일구어내는 첫 단계는 분명한 비전 제시와 함께 그 길로 가고자 하는 뜻과 의지를 세우는 것이다. 여기서부터 출발한다. 이렇게 충전된 에너지를 바탕으로 일정한 가치 활동을 중단 없이 반복하면서 불현듯 다가오는 기회를 재빨리 획득해야 한다. 이것이 우리가 새로이 추구해야 할 성공 방식이다.

충전이 **성공**을 부른다

성공이란 '뜻한 바를 이루는 것'이다. 지금까지 우리는 먹고살기 위해서 또는 경쟁자를 쫓아가기에 바빠서 진정한 성공에 대해 깊이 성찰하지 못한 경향이 있다. 하지만 지금 우리는 뜻과 의지로 성공을 일구어야 하는 창조화 시대를 살고 있다.

뜻과 의지는 창발 혁신의 출발이자 성공에 도달하게 하는 원동력이다. 21세기 극한적 불확실성을 참고 이겨낼 수 있는 믿음과 용기가 여기에서 나오기 때문이다. 미래 기회는 대부분 끝을 알 수 없는 반복과 시행착오를 통해 획득되기 때문에 강력한 뜻과 의지로 충전된 경제 주체가 성공을 부른다.

네이버와 라인을 창발시킨 이해진 이사회 의장은 성공을 위해서는 환경에 일방적으로 적응하기보다는 환경을 변화시킬 만한 열정과 정체성이 있어야 한다고 강조한다.[11] 물리학 관점에서 보면 질량이 큰 물체의 주변 공간은 구부러져 있다. 이와 마찬가지로 열정이 가득한 사람은 환경을 변화시킬 수 있다.

오늘날 K-팝 한류를 창발시킨 이수만 프로듀서에게 성공 비결을 물어보면 "함께 꿈을 꾸면 세상을 바꿀 수 있다"고 답한다.[12] 이수만 프로듀서는 1969년 당시 세계적 아이돌(?)이던 클리프 리처드 Cliff Richard 내한 공연에 열광하는 국내 여성 팬들의 모습을 보았다. 자존심이 상했지만 '우리 음악 외국 진출'이라는 꿈을 꾸기 시작했다. 이러한 뜻과 의지가 비전이 되어 2000년대 이후 보아, 소녀시대, 동방신기, 엑소 등으로 이어지는 수많은 대박 콘텐츠들을 탄생시켰다.

지금도 그는 '셀러브리티와 로보틱스의 결합'이라는 새로운 꿈을 꾸며 비전과 도전 에너지를 충전시키고 있다.

얼마 전 서울대학교 공과대학 석학들이 『축적의 시간』이라는 책을 출간하며 한국 산업계와 경제에 화두를 던졌다. 현재 우리 산업이 처한 본질적 위기는 창의적 개념 설계 역량이 없기 때문이라고 지적했다. 이것은 창의적이고 근본적으로 새로운 개념을 제시할 수 있는 역량을 의미한다. 이 역량은 "시행착오를 거치며 시간을 들여 경험과 지식을 축적하고 숙성시켜야" 비로소 확보되는 것이다.[13]

이와 함께 서울대 교수들은 엄청난 속도로 굴기하고 있는 중국과 반격에 나선 선진국에 맞서기 위해서 우리 경제 주체들이 힘을 합쳐 창조적 축적 과정을 지향하는 사회 시스템과 문화를 구축해야 한다고 주장한다. 이러한 창조적 축적 과정은 바로 뜻과 의지로 충전된 경제 주체들에 의해 실천될 수 있을 것이다.

그렇다면 함께 꿈을 꾸며 조직 전체를 충전시키는 방법은 무엇인가? 뜻과 의지를 비전으로 분명하게 그리고 체계적으로 표현하고 관리하는 방법이 필요하다. 이때 비전이란 앞으로 되고자 하는 뚜렷한 그림이나 앞으로 존재하기를 희망하는 미래상을 의미한다. 이 비전은 다음과 같은 4가지 요소로 구성된다.[14]

첫째, 핵심 가치와 믿음이다. 이것은 가장 추상적 단계의 요소이며 근본적으로 지향하고자 하는 철학과 원칙을 말한다.

둘째, 목적으로서 존재 이유를 의미한다. 앞의 핵심 가치와 믿음을 위해 어떤 일을 하고 어떤 길로 나아가야 하는지 방향을 나타낸다. 이것을 한두 문장으로 간단하게 요약하면 기업 이념이 될 수 있다.

셋째, 실천 기준이 되는 행동 규범을 정한다. 공식적인 것으로는 법령, 규칙, 윤리 강령, 선언문 등이 있다. 비공식적인 것으로는 선례, 관습, 기대감 등인데 조직 문화에 녹아 있다.

넷째, 단기 사명으로서 당장 수행해야 할 단기 목표다. 이것은 구체적이고 달성 시한이 명시되는 것이 좋다. 이를 통해 구성원들이 달성하고자 하는 의욕을 북돋을 수 있어야 한다.

이 4가지 요소들이 한 묶음으로 체계화된다면 오늘 행동을 미래상에 연결시키면서 지속적으로 그 비전을 실천해나갈 수 있을 것이다. 즉 궁극적으로 어떤 핵심 가치를 지향하고 존재 목적이 무엇인지, 어떤 행동 규범을 가지고 무슨 단기 사명을 완수하고자 하는지에 대한 명쾌한 대답을 제시함으로써 스스로 성공 확률을 배가시킬 수 있다.

그러나 그 끝을 예측할 수 없는 목표 지점에 도달하려면 에너지를 지속적으로 충전시킴으로써 추진 동력을 확보해야 한다. 극한적 불확실성 속에서 미래에 대한 확고한 신념과 믿음은 그 자체가 중요한 동력이 된다. 이 동력으로 '반복 → 기회 포착 → 성취 → 또다시 충전'이라는 창발 프로세스를 완성시켜나갈 수 있다.[15]

창조화는 평범한 사람들이 성공하는 시대를 만들어간다. 이러한 창조화 시대에서는 '뜻과 의지' 에너지를 충만하게 함으로써 스스로 기회를 찾아야 하므로 사람에 따라 성공 확률은 크게 달라질 수 있다. 뜻과 의지로 강력히 충전된 사람에게 훨씬 많은 성공 기회가 찾아올 것이다.

일정한 반복이 세상을 바꾼다

신념에 기반을 둔 반복은 21세기 극한적 불확실성을 극복하기 위한 핵심 수단이 된다. 우리는 종종 평범한 일상이 반복되다가 어느 순간 큰 혁신이 만들어지는 경험을 한다. 다람쥐 쳇바퀴 돌듯 무의미해 보이던 일상이 누적된 결과 대변화가 일어나기도 하기 때문이다. 중국 『사기』에 등장하는 강태공은 수십 년 동안 강가에서 낚시질을 반복하다가 드디어 주군을 만나 재상에 등극한다. 고흐나 비틀즈도 일상적 작품 활동을 반복하면서 어느 순간 역사에 남는 세계적 예술가 반열에 오른다. 이 모두가 반복의 미학이라고 할 수 있다.

이러한 일정한 반복은 창발 혁신을 위한 필수 요소이다. 예측과 통제가 거의 불가능한 변화 소용돌이 속에서 나약한 경제 주체에게는 정성을 다해 본연의 과업을 반복하면서 간절하게 때를 기다리는 자세가 필요하다. 이를 위해서는 변화를 쫓아다니는 데 에너지를 쓰기보다는 자기 정체성을 확립하면서 일상 과업을 지속적으로 실천하는 것이 중요하다. 자신의 때를 기다리며 본연의 과업을 반복하는 과정이 쌓여 변화를 만들어내기 때문이다.

'일정한 반복'은 남극점 탐험 같은 극지 탐험 사례에서도 성패를 갈랐다.[16] 1911년, 스콧Robert Falcon Scott과 아문센Roald Amundsen이 국가의 자존심을 걸고 인류 최초의 남극점 탐험 경쟁을 벌였다. 노르웨이의 아문센이 12월 15일 최초로 남극점에 도착해 깃발을 꽂은 반면 한 달 늦게 도착한 영국의 스콧 탐험대는 돌아오는 길에 목숨을 잃었다. 훗날 두 탐험대의 전략을 분석한 결과를 보면 아문센이 더 운

50

이 좋거나 리더십이 뛰어나서 성공한 것이 아니었다고 한다. 오히려 영국 고위 장교 출신 스콧이 훌륭한 인품과 리더십으로 부하로부터 존경을 받던 인물이었다.

그렇다면 극한 상황에서 운명을 가른 요인은 무엇이었을까? 그것은 '일정한 전진의 규칙'이었다. 아문센 탐험대는 변화무쌍한 남극의 기후 조건에서도 매일 15마일을 꾸준히 반복해서 전진하는 전략을 철저히 실천하였다. 반면에 스콧 탐험대는 기후 조건에 따라 일관성 없는 탐험을 전개했다. 이것이 성패를 가른 가장 중요한 요인으로 꼽혔다.

지금 우리 경제 주체들이 처한 상황은 예측과 통제가 어려운 운의 바다를 항해하는 모습에 비유할 수 있다. 하지만 장기적 관점에서 평가할 때 모든 기업에게 주어지는 좋은 운과 나쁜 운의 총량은 비슷하다고 한다. 다만 운을 경영하는 전략이 다를 뿐이다. 극한적 불확실성에 맞서 기업들이 활용해야 할 성공 전략은 다음과 같다.

첫째, 뜻과 비전에 기초해 확고한 경영 원칙을 마련하고 이것을 고수한다. 이를 통해 구체적이고 체계적이며 일관성 있는 행동 규칙을 확보한다. 이러한 경영 원칙과 행동 규칙은 한 치 앞을 내다볼 수 없는 극한적 불확실성에서도 일정한 반복을 지속할 수 있게 해준다.

둘째, 생존 라인을 우선적으로 확보하고 그 위에서 반복을 지속한다. 어떤 기업에게나 위험은 존재한다. 이것을 회피하고 생존권을 먼저 지켜내는 것이 우선이다. 특히 모든 활동이 치명적 위험에서 벗어난 상태에서 이루어지도록 세심하게 관리해야 한다.

셋째, 분명한 기준이 되는 몇 개의 단순 규칙을 만들어 주요 핵심 프로세스를 지속적으로 실행한다. 예를 들면 투자 우선순위, 개발 프로젝트의 시작과 포기 시점, 혁신 속도 등을 단순한 규칙에 의해 결정하고 실천해나갈 수 있다.

안정된 시장 환경에서는 경영자가 미래를 어느 정도 예측할 수 있어 오히려 복잡하고 정교한 전략에 의존해 성공할 수 있다. 그러나 복잡하고 빠르게 변화하는 환경에서는 간단한 규칙과 몇 가지 중요한 프로세스를 통해 시장 기회를 잡아야 한다.

지금은 기업이 스스로 감당하기 어려울 정도로 빠르고 위협적인 환경 변화가 일상화되고 있다. 우리에게 이러한 환경 변화는 위기로 다가오지만 때로는 엄청난 기회를 가져다주기도 한다. 이러한 변혁적 환경에서는 복잡하고 정교한 전략이 효과를 발휘하기 어렵다. 차라리 단순하고 유연한 전략이 기회를 획득하는 데 효과적이다. 예를 들면 하루가 다르게 변화하는 모바일이나 콘텐츠 산업에서는 아예 전략 부서나 기획팀 자체가 없는 기업들이 많다. 현장 부서에서 스스로 전략을 만들어 실천할 뿐이다. 즉 일상적인 대응 자체가 전략인 것이다.

창발 혁신이란 이렇듯 현장에서 이루어지는 일정한 반복들이 쌓여 어느 순간 기회의 창이 열리고 세상에 변화를 일으키는 특징이 있다.

기회 포착의 비밀은 안목과 절실함에 있다

전쟁 영웅 나폴레옹Napoleon Bonaparte은 "기회 없는 능력은 소용이 없다"는 말을 남겼다. 요즘 글로벌 경제 환경을 정확하게 표현하는 문구라고 할 수 있다. 스마트폰 최강자 노키아^{Nokia}는 애플에 비해 4~5배나 많은 연구 개발비를 쓰며 우월한 기술 능력을 보유하고도 스마트폰 시장 기회를 놓침으로써 몰락했다. 노키아는 이미 애플보다 7년이나 앞서 버튼 하나로 움직이고 터치스크린을 적용한 스마트폰을 개발해놓았다. 코닥, 소니, 필립스 등도 그 분야에서 세계 최고 기술력을 보유하고 있었음에도 디지털화하는 시장 기회를 놓침으로써 하루아침에 시장을 빼앗겼다.

이러한 현상을 일컬어 학자들은 '역량 파괴적 환경'이라고 부른다. 세계 최고 역량도 한순간에 무가치하게 만들어버리는 환경 변화를 의미한다. 우리는 소비자들이 오프라인에서 온라인, 다시 모바일로 그 중심을 옮김에 따라 시장을 주름잡는 새로운 강자들이 등장하는 사례를 목도하고 있다. 애플, 아마존, 구글, 페이스북 등이 대표적이다. 국내에서는 네이버, 카카오 등을 들 수 있다.

이들은 대부분 오랜 세월 기술 역량을 쌓아온 기업이기보다는 새로운 변화로부터 남보다 앞서 기회를 움켜쥔 기업이다. 이들의 성공 비결은 무엇일까? 이 성공 기업의 창업자들은 공통적으로 "하고 싶은 일을 될 때까지 하면 성공한다"고 그 비결을 밝힌다. 이 말을 달리 표현하면 '끈기 있는 기회 추구'가 노하우라는 것이다.

그렇다면 기회 추구는 어떻게 해야 할까? 보통 이들의 기회 추구 과정은 블랙박스 속에 감추어져 있다. 왜냐하면 성공 요인을 그저 창업자의 천재성 덕분으로 치부해버리기 때문이다.

엄밀히 말해 이들은 대부분 결과적으로 천재이지 타고난 천재는 아니다. 만약 성공하지 못했다면 그저 특이하거나 좀 심하면 '또라이(?)'로 취급받았을 인물들이 대부분이다. 그들의 천재성은 반보 앞선 미래 예측과 준비로부터 나온 것이다. 그리고 이러한 선견지명은 일정한 기회 추구 과정을 끊임없이 반복하면서 생겨났다.

기회 추구 과정을 자세히 살펴보면 천재성은 궁극적으로 안목과 절실함으로부터 창출됨을 알 수 있다. 즉 무엇이 성공할 수 있는지를 가늠하게 해주는 안목과 반드시 이루고자 하는 절박감이 남이 볼 수 없는 것을 먼저 볼 수 있게 만들고 어려운 여건에서도 때를 미리 준비하게 한다는 뜻이다.

안목과 절실함이 없는 미래 투자는 백전백패이다. 하지만 이것이 갖추어지면 하는 것마다 성공이다. 마치 미다스의 손을 가진 것처럼 보인다. 하지만 안목과 절실함은 거저 얻어지지 않는다. 자기 일에 대한 열정과 집중력이 넘쳐야 나올 수 있다. 그리고 그 열정과 집중력은 자기 분야에 대한 관심으로부터 생겨난다. 특정한 것에 관심이 없는 데 열정과 집중력이 나올 리 없다.

그렇다면 관심은 어디에서 나오는 것일까? 그것은 자기 주체성으로부터 비롯된다. 즉 자신만의 뜻과 의지 그리고 그것이 미래로 투영된 비전이 명확하다면 그 분야에 대한 깊은 관심이 샘솟듯 생겨날 것이다.

요약하면 자기만의 뜻과 의지 그리고 비전에 기반을 두고 특정 분야에 대한 관심이 커지고 그로부터 자신의 일에 대한 열정과 집중력이 생기며, 이후 서서히 안목을 갖추고 목표에 대한 애착과 절실함으로 드디어 천재성을 발휘하게 된다는 것이다. 이렇듯 우리를 놀라게 하는 천재성은 타고난 영재가 만들어내기보다는 일정한 기회 추구 과정을 끈기 있게 반복하는 '바보스러운(?)' 사람에 의해 발현될 가능성이 높다.

'뜻과 의지 → 관심 → 집중과 열정 → 안목과 절실함 → 반보 앞선 예측과 준비'라는 과정을 반복하다가 불현듯 기회를 만날 때 성공 신화가 만들어진다. 앞에서 성공 창업자들이 이야기하는 "될 때까지 한다"는 말은 이 과정을 의미한다.

21세기는 축적된 역량만을 발휘해 성공하기에는 지나치게 변화 폭이 깊고 빠르다. 변화로부터 창출되는 틈새 기회를 남보다 먼저 알아보고 그 틈새 창으로 재빨리 들어가야 성공할 수 있다. 물론 기회 창 진입을 위한 역량은 필요조건이다. 그러나 많은 사례에서 보듯이 역량이 더 크다고 기회 창에 먼저 진입할 수 있는 것은 아니다. 역량이 부족하더라도 먼저 진입하면 기회가 오고 그 덕분에 더 큰 역량을 쌓을 수도 있다. 스펙(역량) 쌓기 신화가 무너지고 있는 이유가 여기에 있다.

역량 축적 시대는 가고 기회 추구 시대가 온 것이다.

전광석화 실행은 창발 혁신의 필수 조건이다

남들이 미처 알아보지 못한 기회를 알아보는 인지력은 21세기 창발 혁신을 위해 매우 중요하다. 그러나 이렇게 기회를 인지하더라도 시장에서 재빨리 구현하지 못하면 소용이 없다. 왜냐하면 기회의 창은 예상보다 훨씬 빨리 닫히기 때문이다. 창발 혁신의 전 과정을 살펴보면 때가 차오를 때까지 대부분 지루할 정도로 오랜 시간이 걸린다. 그러다 불현듯 기회가 솟아오른다. 하지만 그 기회는 내우 짧은 시간 동안 머물렀다가 이내 사라지는 성향이 있다.

평소 기회의 창이 열렸을 때 재빨리 들어가 그 기회를 실현시켜야 한다는 사실을 강조했던 국내 유명 정치인은 다음과 같이 이야기한다. "기회라는 괴물은 예고 없이 온다. 그때 괴물의 목덜미를 대담하게 잡아라. 야망은 실현된다." 우리가 지향해야 할 선도자, 즉 퍼스트 무버First Mover란 가장 먼저 괴물의 목덜미를 움켜쥐는 모험을 감행하는 사람이요, 기업들이다.

150년 동안 선도자 위치를 유지해온 독일 바스프의 사례를 보자. 이 회사는 세계 최초로 화학 비료 공장을 설립한 이래 세계 1위 종합화학 회사 위치를 지키고 있다. 물론 그 비결은 화학 분야에서 끊임없이 새로운 기회를 창출해낸 덕분이다. 청바지에 쓰이는 인디고 염료, 오디오 및 비디오테이프 등에서 그렇다. 하지만 지금은 우리가 알고 있던 제품들을 거의 생산하지 않는다. 새로운 신소재들을 생산하면서 여전히 세계 1등이다.

바스프의 150년 선도자 비결 중 하나가 전광석화 같은 실용화이다. 혁신 성과를 최대한 빨리 상품화하는 것이 이 회사 모토다. 시장에서 되겠다 싶은 신기술은 전속력으로 사업화해낸다는 것이다. 물론 그 앞 단계에 피를 말리는 인내의 과정이 있음은 물론이다. 꼭 해내야 하는 신기술 개발은 처음 시도해 실패하면 다시 시도하고 그래도 안 되면 될 때까지 계속하는 끈기가 또 다른 숨은 비결이다.[17]

여기서 우리가 반드시 유념해야 할 것이 있다. 그것은 속도에 대한 관념이다. 1초, 1분을 측정해 빠르고 효율적인 속도를 만들어내는 시테크는 20세기 산업화 이후 생산성 증대에 결정적 역할을 했다. 그러나 지금은 느림과 빠름을 동시에 수행해낼 수 있는 다차원적 접근이 필요하다. 예를 들면 초고속 스포츠에서는 1초의 1000분의 1인 밀리 초 단위에서 승부가 나며 50밀리 초 정도의 근소한 차이를 좁히는 것만으로도 승패가 결정된다고 한다. 이때 훌륭한 프로 선수는 모름지기 누구보다도 빨리 움직일 수 있는 속도를 가지고 있기 때문에 가능한 여유 있고 느리게 행동할 수 있다. 야구 선수라면 타격에 필요한 최소 시간을 남겨두고 누구보다도 길게 마지막 순간까지 결정을 늦출 수 있다.[18]

속도란 빨리 움직이기 위해 필요하지만 역설적으로 늦추기 위해, 천천히 결정하기 위해서도 필요하다. 즉 세심히 관찰하고 정보를 수집·처리한 후 가장 마지막 순간까지 기다리다 결행할 수 있는 느림의 강점은 전광석화 실행력에 의해 실현될 수 있다.

시간이란 초와 분으로 나뉘어 누구에게나 똑같이 흐르는 것 같지만 실상은 그렇지 않다. 초고속 스포츠에서 보듯이 최고 선수들은 시간 자체를 확장하고 늦추어 필요한 정보를 가능한 많이 수집한 다음 최적의 속도와 각도로 공을 타격할 수 있다. 마찬가지로 선도자들은 항상 빨리만 움직여서 성공하는 것이 아니다. 전광석화 실행력은 속도계 안에 넣어두었다가 필요할 때 재빨리 꺼내 쓸 수 있기 때문에 성공할 수 있는 것이다. 재빠른 반응을 얼마든지 할 수 있지만 때가 올 때까지 섣불리 나서지 않고 느리게 움직이다가 결정적인 순간에 시장 기회를 낚아챈다.

시장 기회를 정확히 인지했다면 투자를 결행해야 한다. 바로 이때 속도계 안에 소중히 간직했던 각종 속도 경영 기법들을 꺼내어 유용하게 활용해야 한다. 아무리 기회의 창에 들어갔다 하더라도 경쟁자들과의 헤게모니 싸움은 피할 수 없다. 따라서 적시에 대응하지 않으면 주어진 기회도 한순간에 날아갈 수 있다.

그러나 전광석화 실행으로 이익 창출에 성공했다고 해서 끝나지 않는다. 끊임없이 변화하는 시장 니즈에 대응해야 하며 기존 경쟁자들은 물론 새로운 진입자들과도 싸워야 한다. 재빨리 기회를 잡아 시장에서 일인자 지위를 확보한 기업들도 급변하는 시장 상황에 노심초사하는 이유가 여기에 있다.

창발 혁신 과정은 이러한 전광석화 실행 단계로 끝나지 않는다. 다시 1단계인 '충전'으로 돌아가 뜻을 확장하고 비전을 성숙시킴으로써 계속적으로 선순환을 일으켜야 한다. 이것이 선도자들의 장수 비결이다.

선도자가 되려면 '천재'가 되어야 한다?

지금 한국 경제에서 많은 경제 주체들이 재빠른 후발 주자에서 선도자로 위치를 바꾸어야 지속 가능한 경쟁력을 확보할 수 있게 되었다. 그러나 선도자가 되기 위해서는 새로운 사고방식과 경영 노하우로 무장해야 한다. 미래로부터 다가오는 기회를 남보다 먼저 알아보고 이를 재빨리 낚아채는 재능이 있어야 한다. 우리는 이러한 재능을 발휘하는 사람을 '천재'라 부른다.

이때 '천재'란 월등한 미래 예측과 흐름 파악 능력을 지닌 사람을 말한다. 이것은 평상시 미래와 친하고 미래를 가까이 하는 성향으로부터 나온다. 앞으로 이러한 천재성이 3세대 기업가 정신의 성패를 좌우할 것이다. 즉 천재성이 충만한 창업가에게 커다란 성공 기회가 주어질 것이다. 과거에는 거대 자본가나 기술 지식이 뛰어난 엔지니어에게 사업 기회들이 주어졌다. 하지만 미래에는 그에 못지않은 기회들이 평범하지만 미래와 친한 사람에게 돌아갈 것이다.

요즘 세계적으로 성공을 거둔 기업가들을 직접 만나보면서 그 평범함에 놀라곤 한다. 실제로 이들은 스스로 천재로 불리기를 거부한다. 그들은 타고난 천재성보다는 성공 기회를 만나게 해준 운運에 더 감사한다. 그들 대부분이 수많은 시행착오를 반복하며 이루고자 하는 꿈에 천착하다가 불현듯 기회에 접했기 때문이다. 다시 말해 자신의 꿈을 이루어줄 미래에 달라붙어 끈기와 절실함으로 일상을 반복했다. 그러다 어느 순간 성공을 이루어냈다고 할 수 있다.

디지털 시대에서는 한 사람으로부터 나온 기발한 아이디어가 짧은 시간 안에 큰 성공으로 이어지는 경향이 있다. 지금은 아이디어가 퍼지는 세상이다. 변방의 작은 아이디어도 순식간에 전 세계로 확산될 수 있다. 따라서 남보다 뛰어난 재능을 선천적으로 타고난 사람만이 성공을 만들어내는 시대가 아니다. 과거에는 소수 천재적인 발명가나 석·박사 인력으로 구성된 대규모 연구 개발 조직에서 중요한 혁신이 이루어져왔다. 하지만 지금은 다양한 외부 아이디어 원천을 적극 활용하는 개방적 혁신이 대세다.

21세기 창발 혁신 시대에서는 신입사원도 회사 운명을 바꿀 수 있는 아이디어를 낼 수 있다. 미래와 친하고 미래에 가까이 있는 사람이라면 자본이나 과학적 지식이 부족하더라도 세상을 바꿀 수 있는 기회를 잡을 수 있다. 그러므로 미래에 대한 열정으로 충전된 다수의 창조 인력들을 경쟁력 원천으로 삼아야 한다.

지금까지 산업화와 정보화를 이루는 과정에서 개인이나 조직 성공을 위해 학습력이 핵심 역할을 했다. 선도자의 지식과 경험을 얼마나 빨리 배우느냐가 중요했기 때문이다. 특히 경험과 역사로부터 지식과 교훈을 얻게 해주는 지성知性은 학습력을 높이는 데 중요하게 작용했다. 그러나 지금은 지성에만 머물러서는 성공하기 어렵다. 새로운 기회를 획득하게 해주는 실험 정신을 확보해야 한다.

그렇다면 천재성이란 구체적으로 어떻게 얻어지는가. 일본에서 시작해 지금은 전 세계 5억 명 이상 사용자 확보에 성공한 SNS 플랫폼 서비스 '라인Line' 사례를 보자. 일반 사람들 눈에는 창업자 이해진이라는 타고난 천재가 하루아침에 일확천금 사업을 일으킨 것으로 보일 수도 있다. 하지만 그것은 전체 사업 전개 과정 중 '빙산의 일각'에 불과하다.

이 사업이 새로운 기회로 떠오를 때까지 11년간 끝을 알 수 없는 기다림이 있었다. 2000년, 일본에서 성공하고자 현지 법인을 설립한 이래 한 차례 철수와 재진입을 반복하면서 인터넷 관련 사업에 투자한 비용만 어림잡아 4,000억 원이 넘는다. 이러한 라인 사례에서 보듯이 미래 탐험이란 천재가 만들어내는 족집게 투자가 아니다.

자신의 꿈을 위해 끝을 알 수 없는, 그래서 '미련하고 바보스러운(?)' 반복 과정을 거쳐야 비로소 '천재성'이 형성된다.

　따라서 선도자가 되기 위한 혁신을 원한다면 주어진 시간과 공간에 천재성을 제고시키기 위한 계획을 심어놓아야 한다. 개인이나 조직은 강력하게 충전된 꿈과 비전을 바탕으로 본연의 활동을 정성스럽게 반복하는 과정에서 어느 순간 뛰어난 그 천재성을 발휘하게 된다. 이것이 남들에게 없는 안목을 소유하게 하고 반보 앞선 예측을 할 수 있게 만든다.

03

선도자의 전략

선도자의 전략 패러다임은 다르다. 아래 그림처럼 처음부터 퍼스트 무버의 길을 가겠다는 확고한 전략적 의도로부터 출발한다. 그리고 그것을 구현하기 위해 차별화된 전략 내용(프레임)과 혁신 프로세스를 작동시킨다. 즉 원가 우위나 제품 차별화 같은 기존 경쟁 전략 프레임을 뛰어넘어 기회 추구의 전략 프레임을 사용하며, 앞 장에서 살펴본 창발 혁신 프로세스를 가동한다. 그 전략과 프로세스를 실천하기 위해 개방적이고 실패를 허용하는 창의적인 조직을 만들기 위한 리더십과 문화를 구축한다.

그 결과 시장으로부터 선도자로서 일정한 경영 성과가 주어진다. 그러나 후발 추격자들의 계속된 도전으로 지속 가능한 경쟁 우위로 이어지기 어렵다. 따라서 선도자는 새로이 개척한 시장에 안주하지 말고 일시적인 경쟁 우위를 반복할 수 있게 끊임없이 '혁신 가치'를

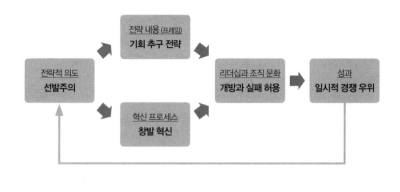

만들어내야 한다. 이것이 선도자의 전략 패러다임이다.

선도자가 **걸어야** 하는 길

선도자란 '세상에 없는 새로운 가치를 만들어내어 가장 먼저 새로운 시장에 진입함으로써 경쟁력을 획득하는' 경제 주체를 말한다. 이것이 한국 경제를 위한 미래 방향임에 틀림없다. 하지만 선도자는 알 수 없는 미지의 목적지를 향해 가야만 하는 숙명을 안고 있다. 아무도 가본 적이 없는 곳을 향해 영감과 통찰력에 의존해 자신만의 여행을 떠나야만 한다. 이는 과거로부터의 단절과 세상에 대한 근본적인 시각 변화를 요구한다.

추격자 패러다임으로 성장해온 한국 경제에서 선도자의 길이란 전략적 대전환을 의미한다. 이러한 전략적 대전환에 성공한 경제 주체들은 새로운 성장 기회를 잡고 존경도 받을 수 있지만 기존 틀에 묶여 변화하지 못하는 대기업은 도태될 것이다. 진략적 대전환을 이루어내기 위해서는 다음 요인들을 반드시 고려해야 한다.

첫째, 추격자 패러다임으로부터 벗어나서 선발이라는 새로운 꿈, 즉 새로운 전략적 의도가 생각과 행동을 지배해야 한다. 전략적 의도란 현재 자원과 역량으로는 이루기 어렵지만 미래에 반드시 이루어내고자 하는 뜻과 의지를 말한다. 자원과 역량의 한계를 딛고 세상에 없는 새로운 가치를 만들어내어 가장 먼저 신시장을 개척하는데 광적인 집착을 해야 한다. 이 목적의식은 기존의 전략, 혁신 프로세스, 관리 방법 등을 총체적으로 바꿀 것을 요구한다.

둘째, 기회 추구 전략에 중점을 두어야 한다. '더 싸게, 더 성능 좋게' 또는 '더 빠르게, 더 강하게'라는 전략 틀만으로는 한계가 있다. 누구도 예측하지 못한 시장을 찾아내어 거기서 남보다 먼저 기회를 획득하는 것을 핵심으로 삼아야 한다. 이러한 전략 틀에 의해 기존 비즈니스를 해체하고 새로운 비즈니스 모델을 창출해낼 수 있어야 한다.

셋째, 혁신 프로세스를 업그레이드해야 한다. 주로 제조 공장에서 강력한 집단 단결력으로 생산성 향상을 이루는 운영 혁신이나, 선진 지식과 기술을 학습해 좀 더 개선된 제품을 개발해내는 제품 혁신만으로는 선도자가 될 수 없다. 공장과 제품 단위의 혁신으로부터 사업(비즈니스 모델) 단위 혁신으로 업그레이드해야 선발 가치를 창조할 수 있다. 페이스북, 라인, 포켓몬고 등에서 보듯이 어느 순간 떠오르는 비즈니스 기회를 남보다 먼저 알아보고 전광석화같이 사업화할 수 있는 새로운 혁신 방법이 필요하다.

넷째, 실패를 긍정 자산으로 해석하고 활용할 수 있는 리더십과 문화가 없으면 어떤 전략과 혁신 프로세스도 실패하기 십상이다. 선도자를 위한 전략과 혁신은 다른 경영 방식을 요구한다. 예를 들면 선도자의 본거지라 할 수 있는 실리콘밸리에서 사업 성공 확률은 1% 미만에 불과하다. 새로운 제품이 시장에 선보여서 성공할 확률도 1% 미만이라고 한다. 이처럼 선도자는 성공보다는 실패할 가능성이 훨씬 높은 상황을 본질로 한다. 따라서 99번의 실패로부터 1개의 빛나는 성공을 건져 올릴 수 있는 경영 능력이 필요하다.

결론적으로, 선도자의 길이란 전략적 의도, 전략 틀, 혁신 프로세스, 경영 방식을 총체적으로 바꾸는 것을 의미한다. 앞으로 한국 기업들은 선발이라는 전략적 의도에 집착해, 끝까지 생존하면서 떠오르는 기회를 잡아내려는 전략 틀과 혁신 프로세스를 구축해야 한다. 그리고 개방적이고 실패를 활용할 줄 아는 경영 방식을 채택해야 한다.

그런데 반드시 유의해야 할 점은 선도자로 성공한다고 해서 그것이 끝이 아니라는 사실이다. 세상을 바꿀 만큼 커다란 혁신 가치를 제공해 전 세계 고객들이 인정하는 진정한 선도자가 된다고 해도 확보한 시장 지배력을 지켜나가기가 쉽지 않다. 왜냐하면 선도자가 위치하는 시장 환경은 성장률이 매우 높고 끊임없이 새로운 기술이 출현하는 불연속성으로 후발 진입자들에게도 선도자를 무력화시킬 수 있는 기회가 주어지기 때문이다.

한 치 앞을 내다볼 수 없는 미래를 위해 고단한 혁신의 길을 쉴 새 없이 걸어야 하는 것이 선도자의 숙명이고 한국 경제의 미래다. 하지만 이리한 숙명을 충실히 따르면 한국 경제는 어느 순간 업그레이드될 것이다. 지금 우리는 과거 성취와 기득권을 버리고 과감히 길을 떠나야 할 때다.

선발이라는 **전략적 의도**에 대하여

경영 전략 용어에 '전략적 의도Strategic Intent'라는 말이 있다. 전략적 의도란 현재 자원과 역량으로는 이루기 어렵지만 미래에 반드시 이루어내고자 하는 꿈과 의지를 뜻한다.[19] 기업이나 개인은 명확한 전략적 의도 위에서 목적과 수단을 조화시켜야 성공할 수 있다. 따라서 전략적 의도는 비록 눈에 보이지는 않지만 성공을 이루어내는 강력한 힘으로 작용한다.

지금까지 우리나라는 '추격'이라는 전략적 의도를 일상화함으로써 '선진국 따라잡기'에 집착해 성장했다. 그 목적을 이루기 위해 누구든 찾아가 무엇이라도 배우겠다는 자세로 학습하고 혁신을 이루어냈다. 그 덕분에 세계 1위의 제철소, 조선소, 반도체 공장을 보유하게 되었다.

그러나 지금 우리 경제는 전략적 의도를 추격에서 선발로 대전환해야 할 상황을 맞이했다. 추격할 선진 목표들이 사라진데다가 굴기하는 중국 경제로 인해 황급히 선발로 나서지 않을 수 없는 입장이 된 것이다.

사전적 정의로 선발은 '남보다 먼저 길을 떠나는 것'을 뜻한다. 성경 『창세기』를 보면 인간은 처음 에덴동산을 떠났다. 그러나 그때는 선발이 아니라 강제로 쫓겨난 것이었다. 『창세기』에서 처음 눈에 띄는 '선발'은 아브라함이 야훼 하느님의 명령에 순종해서 고향을 등지고 새로운 땅을 향해 떠난 사건이다. 새 세상의 꿈과 믿음을 가지고 알 수 없는 장소로 용감하게 길을 떠난 아브라함의 '선발' 덕분에, "셀 수 없을 만큼 많은 믿음의 자손이 생겼다"고 성경은 기록하고 있다.

또한 선발은 종종 '퍼스트 펭귄'에 비유된다. 위험한 바다로 가장 먼저 뛰어드는 첫 번째 펭귄의 선발이 중요함을 강조한다. 그러나 이 선발이라는 개념 속에는 도전과 용기, 그 결과로 얻어지는 선취 이상의 내용이 포함되어 있다. 즉 보유한 강점과 자산 그리고 기득권을 내려놓고 새로운 길로 들어서거나 위험한 바다로 뛰어드는 대전환이 내포되어 있다. 따라서 한국 경제에서 '선발'은 우리에게 익숙하고 경쟁력의 근간을 이루어온 것들을 과감히 덜어내고 버리는 작업을 시사한다.

우리에게 익숙하지만 이제는 과감히 없애거나 넘어서야 하는 것들을 찾기란 그리 어렵지 않다. 기업 조직 안에서 일상화된 엄격한 상하 관계, 형식주의에 치우친 행동과 규정, 상사 의견에 의존하는 의사결정 등이 그것들이다. 이것들로부터 벗어나지 못하면 세상에 없는 가치를 만들어낼 창의성은 만들어지지 않는다. 선발이란 형식보다는 실용, 상하 관계가 아닌 파트너십, 눈치 보기로부터 진정한 가치 추구로 전환하는 길이다.

선도자로서 아브라함과 퍼스트 펭귄의 전략적 의도를 보면 공통점이 있다. 모두 1등이 되고자 하지 않았다는 것이다. 대신에 세상에 없거나 무리에서 아직 시도하지 않은 일을 처음으로 시도했고 그 결과 세상과 무리 자체를 변화시켰다.

선발의 본질은 세상 변화를 쫓아 경쟁자를 상대하는 것이 아니다. 크든 작든 남들이 못하는 새로운 가치 창조에 집착하는 것이다. 다행히 언젠가 세상과 무리가 알아봐 주고 인정해준다면 그때는 그들이 나를 쫓아 변하게 될 것이다.

따라서 본질적으로 선도자와 시장 환경과는 괴리가 존재한다. 시장 환경이 알아봐 주고 인정해주기 전까지 고립된 존재로 남기 십상이다. 각 나라 사회에서는 이러한 개인 존재들을 다양한 용어로 표현한다. 괴짜를 뜻하는 우리말 '또라이', 영어 '프리크Freak', 일본어 '오타쿠', 중국어 '꾸아이런怪人' 등이 있다. 괴짜가 모두 선도자가 되지는 못하겠지만 잠재력을 가진 존재임을 인정할 필요가 있다.

선도자는 넘버원보다는 '온리 원Only One'을 지향한다. 그래서 선도자들 중에는 수십 년 동안 세상에 단 하나뿐인 제품을 개발하거나 독창적인 회사가 되고자 꾸준히 노력하다가 우연한 기회에 시장에서 1등으로 자리 잡은 기업들이 많다.

결론적으로 선발형 전략 의도는 세상이나 무리에 없는 새로운 가치를 창조하려는 꿈과 의지이다. 이를 실현시키기 위해서는 새로운 길로 과감히 들어서서 위험을 감수하며 실패와 시행착오를 반복하면서 자신을 더욱 성숙시키려는 태도를 가져야 한다. 그래야 절박한 상황 속에서 오랜 기간 인내할 수 있다. 선도자는 그 대가로 결국 기회를 찾아내 그것을 재빨리 실현시킴으로써 시장 환경 자체를 변화시킬 수 있다.

현재 한국 경제는 선발이라는 새로운 전략적 의도를 작동시켜야 하는 단계에 있다. 이 전략적 의도의 실현 여부에 따라 뒷걸음치든지 아니면 한 단계 더 도약하든지가 결정될 것이다.

선도자의 '재미없는' 전략

비즈니스 세계에서 전략은 흥미진진한 이야기를 담고 있다. 약자가 10분의 1밖에 되지 않는 전력을 가지고도 강자를 넘어뜨리는 승리를 거두고 하늘이 무너지는 위기 상황에서 '솟아날 구멍'을 찾아 사태를 반전시키기도 한다. 이런 드라마는 전략 없이 만들어낼 수 없다.

그러나 21세기에 들어와 전략 당사자 입장에서 재미없는 상황이 연출되고 있다. 과거 비즈니스 전략은 성공하면 지속 가능한 경쟁 우위를 획득하면서 상당 기간 독점적 이윤을 확보할 수 있었다. 하지만 이러한 해피엔딩은 갈수록 오래가지 못하고 있다. 특히 정보통신 기술의 발달과 모바일 인터넷 인프라 위에서 뉴미디어와 혁신 기술들이 등장함에 따라 산업 간 경계가 허물어지고 있다. 경쟁 판도가 산업 구조 틀에서 벗어나 소비자 경험을 중심으로 재편되고 있기에 기존 시장 질서를 깨고 수시로 경쟁의 틀이 바뀌기도 한다.

20세기 후반에 주로 연출된 '재미있었던(?)' 전략 이야기를 살펴보

자. 본래 전략이란 선택과 집중으로 미래를 준비하는 과정이라 할 수 있다. 가장 먼저 선택과 집중으로 재미를 보았던 전략 프레임은 위치 선점(포지셔닝)이다. 속해 있는 산업의 구조 속에서 매력적인 시장을 찾아 위치를 선점하고 방어하는 데 주안점을 두는 전략이다.[20]

1980년대부터 정립된 경쟁 전략^{Competitive Strategy} 이론은 연구 개발, 구매, 생산, 영업, 인적 자원 관리 등 차별적인 기업 활동들로 구성된 가치 사슬을 만들어냄으로써 이익 잠재력이 큰 위치(포지션)을 선점하는 것이 핵심이다. 지속 가능한 이익을 창출할 수 있는 위치 선점 형태로는 비슷한 품질과 성능의 제품을 경쟁자들보다 더 낮은 가격으로 제공하는 원가 우위, 높은 가격임에도 소비자들이 기꺼이 구매할 만큼 프리미엄 제품을 제공하는 제품 차별화 등이 있다. 우리 대기업들은 대부분 수직 계열화를 기반으로 글로벌 수준에서 가치 사슬을 구축함으로써 우수한 품질로 '더 싸게' 만들 수 있는 위치 선점으로 경쟁력을 유지했다.

두 번째 전략 프레임은 내부 능력과 핵심 역량을 구축하는 데 집중한다. 즉 기업 내부 자원과 역량을 축적하고 적절하게 활용함으로써 지속적인 경쟁 우위를 획득하는 데 주안점을 두는 것이다.[21] 남들이 따라 하기 어려운 자원과 역량을 꾸준히 구축함으로써 경쟁 우위를 확보하는 전략이다. 과거 일본 기업들이 자동차와 전자 산업 등에서 전형적으로 보여주어 주목받은 바로 그 전략이다. 오랜 기간 광적인 집착으로 그 기업만의 고유한 기술과 능력을 축적함으로써 다른 기업들이 쉽게 모방하기 힘들게 만든다. 우리 기업들도 1990년대 정보화 흐름에 맞서 '더 빠르게' 학습함으로써 '더 강한'

기술 역량을 구축하는 데 성공했다.

그러나 최근 들어 이러한 전략 프레임들이 한계를 노출하고 있다. 선택과 집중으로 오랜 기간 막대한 투자를 해 원가 우위나 제품 차별화로 진입장벽을 쌓아도 전혀 다른 산업 영역에 있던 작은 기업이 손쉽게 침입할 수 있을 정도로 무경계성Boundaryless이 시장을 지배한다. 샤오미 같은 신생 소프트웨어 업체가 삼성전자의 스마트폰 글로벌 공급 사슬망을 뚫고 들어올 수 있는 것도 이 때문이다. 또한 급속한 기술 융합 추세는 세계 최고 수준의 혁신 능력을 일순간에 무력화시키는 역량 파괴적 상황을 연출하고 있다. 모토로라, 노키아, 소니, 코닥 등 많은 기업이 세계 최고 기술력을 보유하고도 한순간에 쇠락해버렸다.

이제는 시대 환경에 적합한 새로운 전략 프레임이 필요하다. 선도자가 되기 위해서는 기존 비즈니스를 해체하고 새로운 비즈니스 모델을 창출해내야 한다. 따라서 '더 싸게, 더 우수하게'에 의한 포지셔닝이나 '더 빠르게, 더 강하게'를 통한 역량 구축으로는 한계가 있다. 이보다는 '기회 추구'의 전략 프레임을 따라야 한다.[22] 누구도 예측하지 못한 시장을 찾아내어 거기서 남보다 먼저 기회를 획득하는 것이 진입장벽을 쌓고 핵심 역량을 보유하는 것보다 더 중요해졌기 때문이다.

기회 추구 전략 프레임은 아무도 가보지 않은 극한적 불확실성 속에서 기회를 포착하고 실현시키는 데 초점을 맞춘다. 이 프레임에서는 명확한 정체성과 단순한 규칙에 의존한 네거티브 의사결정 시스템 그리고 그 위에서 작동하는 핵심 프로세스가 경쟁력의 원천이

된다.

그러나 기회 추구 전략 프레임에 따라 선도자로 성공했다 하더라도 과거처럼 한 번 창출해놓은 시장 독점적 지위와 진입장벽을 지속적으로 유지하면서 재미를 보기가 쉽지 않다. 계속되는 기술 변화와 후발 주자들의 진입으로 일시적 경쟁 우위만을 향유하기 십상이다. 따라서 기회 추구 전략 프레임은 일시적 경쟁 우위를 전제로해야 하며 계속해서 새로운 기회를 획득하기 위한 노력을 수행해야한다. 즉 일시적 경쟁 우위를 반복적으로 누리기 위해 '치고 빠지는Hit & Run' 식의 역동적 선도자가 되어야 한다. 따라서 미래에는 고단하고 '재미없는' 전략 이야기가 계속될 가능성이 크다.

퍼스트 펭귄은 그 후 어떻게 되었을까

온갖 위험을 무릅쓰고 바다에 처음 뛰어든 퍼스트 펭귄은 과연 우리가 생각하듯이 큼직한 먹이를 얻거나 무리를 혁신으로 이끈 영웅으로서 존경을 받고 있을까. 소위 선도자 이점First Mover Advantage이 얼마나 크고 지속 가능한지 궁금하다.

이러한 선도자 이점에 관한 논의는 경영·경제학에서 비교적 활발한 편이다. 지금까지 연구 결과를 보면 새로운 시장에 먼저 진입한 기업일수록 더 좋은 경영 성과를 내는 경향이 있음은 분명하다. 즉 선도자 이점이 존재한다. 그러나 그것의 지속성에 대해서는 부정적이다. 왜냐하면 후발 주자들이 혁신적인 비즈니스 모델을 개발해 끊임없이 선도자를 공격하기 때문이다. 특히 빠른 기술 융합 추세와 초경쟁 시장 상황 때문에 지속 가능한 경쟁 우위는 더욱 기대하기 어렵게 되었다.

선도자 이점은 주로 3가지 원천으로부터 나온다. 첫째는 기술적 리더십이다. 신시장에 가장 먼저 진입해 관련 기술에 대한 이해와 개발을 심화시키고 그 기술을 특허 등으로 보장받음으로써 기술적 우위를 지속할 수 있다. 둘째는 희소 자산 선취이다. 생산 입지, 정부 승인, 유통 채널, 공급업자와의 관계 등 유·무형의 주요 자산을 우선적으로 획득할 수 있다. 셋째는 구매자의 전환 비용이다. 선도자 제품에 먼저 익숙해진 구매자들이 다른 제품을 구입하기를 꺼리게 된다.

그러나 이와 같은 선도자 이점은 종종 신시장이 갖는 속성 그 자체로 인해 타격을 받는다. 첫째, 신시장은 성장성이 뛰어난 경우가 많다. 그런데 이러한 높은 시장 성장성은 후발 추격자들의 시장 진입을 도와주는 역할을 한다. 즉 시장 규모가 커지기 때문에 굳이 선도자와 힘든 싸움을 하지 않아도 고객 기반을 쉽게 구축할 기회를 제공한다. 둘째, 신시장에서는 기술 변화가 심한 편이다. 이러한 기술 불연속성 역시 후발 진입자들에게 기회의 창을 열어준다. 변화무쌍한 스마트폰 시장을 보면 세대별 통신 기술의 단절적 변화, 두 자릿수 시장 성장률 등으로 인해 수많은 후발 진입자들이 등장해서 선도자 이점을 무력화시키고 있는 것을 발견할 수 있다.

시장이 빨리 성장하고 기술 불연속성이 심한 신시장에서 선도자 이점을 지속적으로 누리기가 어려워진다. 퍼스트 펭귄이 걱정되는 이유이다. 이에 대해 기존 연구들은 한 번의 성공에 결코 안주하지 말고 후발 진입자들에게 반응해서 혁신적인 비즈니스 모델을 계속해서 제시할 것을 권유한다. 예를 들면 신시장에서 목표로 하는 평균 소비자Average Consumer를 정하고 낮은 가격으로 이들과 함께 성장할 수 있는 방안을 강구해야 한다. 그리고 브랜드 이미지, 고객과의 커뮤니케이션, 유통망 등을 구축함으로써 대중 시장Mass Market을 공략할 수 있어야 한다. 또한 핵심 공급자와 보완재 생산자 등과의 제휴를 통해 핵심 자원을 통제할 수 있어야 한다.

선도자는 최초의 시장 진입자로서 새로운 시장을 창조한다. 그렇다고 해서 성공이 보장되지는 않는다. 그저 일시적인 경쟁 우위Temporal Advantage를 향유할 수 있을 뿐이다. 따라서 새로이 만들어진 시장에서 반복적으로 일시적 경쟁 우위를 창출해낼 수 있는 전략이 필요하다. 처음 선도자로 올라서기 위해서 거대한 혁신이 필요했을지 모른다. 그러나 후발 주자들의 공격에 대응해서 이점을 유지하려면 작은 혁신이라도 끊임없이 이어가는 것이 더 중요해진다. 결국 크든 작든 지속적 혁신만이 선도자 이점을 유지하는 최선의 전략임을 연구들은 강조한다.

세상을 바꿀 만큼 커다란 혁신적 가치를 제공해 고객에게 인정받는 기업이 선도자이다. 그리고 그 대가로 확보한 시장 지배력과 진입장벽을 기반으로 상당 기간 경쟁 우위를 유지할 수 있다고 전제해왔다. 하지만 앞에서 살펴보았듯이 신시장 특유의 특성으로 말미암아 후발 진입자들에게도 기회의 창을 열어줄 뿐 아니라 인터넷과 모바일을 필두로 한 정보 기술의 발달로 공고하던 산업의 진입장벽이 무너지고 소비자들을 쉽게 묶어놓을 수 없게 됨에 따라 선도자 이점은 일시적인 것이 되었다.

그러므로 선도자는 자신만의 혁신 가치를 찾아 지속해서 새로운 선도자로 거듭나야 한다. 과거처럼 한 번 창출해놓은 시장 독점적 지위 위에 진입장벽을 구축하고 지키기에는 한계가 있다. 선도자가 되었어도 새로운 시장 공간을 계속 창조해 자유롭게 옮겨 다니며 일시적 이점에서 오는 경쟁 우위를 반복해서 누리는 '역동적인 선도자'를 지향해야 한다. 이를 위해서는 '가장 빨리 성장하는' 기업보다는 '끊임없이 세상에 없는 가치를 만들어내는' 기업이 되어야 한다.

2

퍼스트 무버, 그들은 누구인가

선도 경영 성공 사례

FIRST
MOVER

04

선도자들의 특징

오늘날 세계 경제는 수많은 선도자가 만들어낸 새로운 가치 위에서 진화·발전하여왔다. 경제 사회를 이끌어온 이들의 특성과 영향에 대해 살펴보자.

첫째, 선도자들은 극한적 불확실성에 도전하는 존재다. 극한적 불확실성이란 미래에 대한 정보가 거의 없는 예측 난망의 상황을 말한다. 이것은 한 번도 가본 적 없는 극지를 탐험하는 존재에 비유할 수 있다. '뜻 있는 곳에 길이 있다'라는 격언에 의지해 '이루고자 하는' 자신의 신념에 길을 물으며 미래를 헤쳐나가는 존재다. 이들은 도전 과정에서 필연적으로 겪게 되는 위기 상황을 전략적 지혜로 돌파한다. 그래서 '하늘이 무너져도 솟아날 구멍'을 스스로 찾아내곤 한다.

그러므로 선도자에게는 명확한 비전과 고유의 문화가 있다. 이러한 비전과 문화는 주로 창업자에 의해 주도된다. 그렇다고 오너 경영에 의해서만 효과를 발휘하는 것은 아니다. 오너 창업자의 독주보다는 비전과 문화를 시스템으로 이어가는 것이 더 중요하기 때문이다. 물론 가업 승계로 비전과 문화를 이어갈 수 있지만 창업자, 전문 경영인, 외부 이해관계자 등이 협력 체제를 구축함으로써 건강한 지배 구조를 만들어내는 것이 지속 가능 경영을 하는 데 더 큰 기여를 할 수 있다.

둘째, 선도자들은 독특한 혁신 활동과 경영 방식을 실천한다. 예를 들면 전광석화 같은 개발 능력이 있어도 기회가 올 때까지 수십 년 동안을 연구 개발에 매진할 수 있는 전략적 인내심과 끈기가 있다. 그 과정에서 무수한 실험과 반복 투자는 일상이며 심지어는 대를 이어 반복 실험을 하는 무한 추구의 정신을 실천하기도 한다.

이들은 무한 추구를 위한 반복을 위해 일찍부터 생존 라인을 확보해 그 위에서 위험을 감수하는 지혜를 발휘한다. 그리고 운명을 건 의사결정을 위해 과학적이고 세심한 관리를 중시하며, 내부 역량에만 의존하지 않고 M&A나 외부 인재 영입을 적극적으로 활용한다. 특히 시장을 설득하고 후발 주자들의 추격에 맞서기 위해 유연한 경쟁 전략과 창의적 마케팅에 힘을 쏟는다.

셋째, 선도자들의 성공과 실패는 그 자체로 끝나지 않고 그 성과와 경험이 축적되어 지역 사회와 국가 범위로 확산된다. 선도자들의 본산지 실리콘밸리는 결코 정부나 지자체가 만들어낸 정책적 산물이 아니다. 휴렛팩커드와 스탠퍼드 대학 같은 선도자가 만들어낸 국가 자산이다. 미국은 이러한 자산을 기초로 미래 기술을 주도하고 있다.

원래 선도자는 황무지나 다름없는 지역에서 열악한 여건을 극복하면서 세계적인 기업으로 명성을 떨치는 경우가 많다. 그러나 그 성공이 주변으로 확장되어 그 지역이 명소가 되고 국가 경쟁력을 업그레이드시킬 수 있다. 이와 같은 선도자들의 영향력을 믿는다면 경제 정책의 틀을 근본적으로 바꿀 필요가 있다. 우리는 국가의 경제정책이라 하면 하향식 접근만을 생각해왔다. 정부가 계획을 세우고 예산을 투여해 산업을 일으키고 그 위에서 기업이 부를 창출하고 그 속에서 국민이 경제적 삶을 영위하도록 하는 것이 곧 국가가 할 일이라고 여긴다. 그러나 하향식 경제 정책이 효과를 발휘하는 영역은 급속히 축소되고 있다. 이와는 반대로 미래는 행복하고 창의적인 경제 주체가 기회를 잡고 새로운 가치를 창출해야 지역과 국가가 부강해질 수 있다. 이제는 상향식 경제 정책을 생각할 때다.

넷째, 한국 경제에서 성공한 선도자들이 갖는 가장 중요한 특성은 처음부터 외국 진출을 목표로 한다는 점이다. 협소한 국내 시장을 탈피해 글로벌 시장에서 비전을 추구하는 것이 가장 중요한 성공 요건이 된다. 그리고 한 번의 성공에 안주하지 않고 지속 가능성 확보를 위한 계속된 도전과 투자가 장기 생존에 결정적 기여를 했다.

현재 한국의 선도자들은 IT 제조와 인터넷·모바일은 물론 바이오, 엔터테인먼트 등 특정 분야에 국한하지 않고 다양한 사업 영역에서 활동하고 있다. 특히 이들은 수직적 통제와 족벌 경영 체제에서 벗어난 한국식 미래 경영을 실험하고 있다.

05

독일 **바스프**

150년 기회 추구 **전략**

바스프^{BASF}는 1865년 루트비히스하펜^{Ludwigshafen}에 염료 공장과 염료의 원료가 되는 소다 공장 설립으로 시작했다. 이후 무려 150년 동안 선도자로서 세계 1위 종합화학 회사 위치를 지키고 있다. 그 비결은 무엇일까.

이 회사는 1869년 첫 히트 상품인 빨간색 염료 '알리자린^{Alizarin}' 개발에 성공했고 1897년에는 청바지에 쓰이는 인디고 염료를 처음으로 양산했다. 이처럼 합성염료 산업에서 시작했지만 이후 질소비료 등 다양한 화학 산업 분야로 사업을 확장했고 1951년에는 '스티로폼^{Styrofoam}'을 개발해 단열재 및 완충 포장재의 고유명사가 되었다. 오디오와 비디오테이프 상표로도 유명했던 이 회사는 현재 전 세계적으로 석유, 천연가스, 화학 제품, 비료, 플라스틱, 합성 섬유, 염료 및 안료, 칼륨 및 소금, 인쇄 용품, 전자 녹음기 부품, 화장품 주성분, 약품 및 기타 관련 설비와 제품 등 8,000여 개 이상의 제품을 생산하고 있다.

바스프가 이처럼 지속적으로 성공할 수 있었던 비결은 화학 분야에 집중해 기회 추구 전략를 수행한 것으로 축약해 설명할 수 있다. 현재 CEO인 쿠르트 복Kurt Bock 바스프 회장은 회사의 성공 전략에 대해 "지속 가능한 미래를 위해 화학을 창조한다We create chemistry for a sustainable future"는 문장으로 대답한다. 쿠르트 복 회장은 "성공의 비법은 창립 연도인 1865년부터 변한 적이 없다. 우리는 대중의 요구를 파악하고, 연구 개발을 통해 끊임없이 시대가 요구하는 새로운 해결책을 찾고 있다"고 말한다.[23]

그러나 기회 추구 전략을 성공시키기란 결코 쉬운 일이 아니다. 한 번의 성공이 결코 미래를 보장하지 않기 때문이다. 특히 화학 산업은 경쟁이 치열한 곳이다. 바스프는 장기적으로 경쟁자에 비해 뒤처질 것으로 보이는 제품들은 과감히 손을 뗐다. 100여 년 전 세계 최초로 일구어낸 화학 비료 사업을 2012년 러시아 회사에 매각했고 인디고 등 염료 제품이나 비디오테이프 역시 더는 생산하지 않는다. 더 잘 만들어낼 수 있는 경쟁자가 있는 제품은 시장에서는 비록 수익성이 있다 하더라도 미련 없이 빠져나오는 것을 원칙으로 한다.

그러다 보니 회사가 가진 유일한 생존 방법이자 핵심 경쟁력은 혁신뿐이다. 혁신을 통해 새로운 기회를 추구하는 것이 핵심 전략이라는 뜻이다. 그 결과 범용 상품이 돼버린 제품군에서 빠져나오는 대신 지금은 전기차용 2차 전지 산업, 화장품·기저귀의 기초 원료 등 새로운 산업에 진출하여 계속해서 선도자 지위를 유지하고 있다.

바스프는 창업 당시 폐기물 취급을 받던 콜타르에서 가치 있는 화학 제품인 염료를 만들어냄으로써 선도자 반열에 올라섰다. 그러나 이후 회사는 지속적인 혁신을 통해 지금은 전혀 다른 회사로 변모했다. 그 과정 속에는 기회가 올 때까지 10년 넘게 연구 개발에만 매달려야 했던 위기 상황들이 여러 번 존재했다. 하지만 꼭 해내야 하는 신기술 개발은 다시 시도하고 그래도 안 되면 될 때까지 끈기 있게 계속했다. 그리고 일단 성과가 나오면 전광석화 같은 실용화로 기회를 낚아챘다.

결론적으로 바스프의 150년 성공을 만든 기회 추구 전략은 끊임없는 재창조 과정에 의해 달성되었다고 할 수 있다. 이 재창조 과정에 대해 쿠르트 복 회장은 '우리가 여전히 경쟁력이 있나?', '우리가 하는 일을 시장이 원하는가?', '적용 가능한 더 좋은 기술은 없나?' 란 질문을 계속하는 것으로 설명한다. 그리고 이를 성공시키려면 "적정 수준의 위기감을 갖고 주변에서 어떤 일이 벌어지는지 끊임없이 관찰해야 한다"고 강조한다.[24]

사례 분석

창업과 성장

바스프는 1865년 프리드리히 엥겔혼Friedrich Engelhorn의 '물이 잘 빠지지 않는 염료를 생산해 팔면 어떨까'란 아이디어에서 출발했다. 독일 루트비히스하펜에 염료 공장과 염료의 원료인 소다 공장을 동시에 설립함으로써 사업을 시작했다. 합성 염료 사업을 성공시킨 이후 1913년 질소비료 공장을 세계 최초로 가동했다. 1951년에는 발포 폴리스틸렌 제품인 '스티로폼'을 개발했는데, 이는 세계적인 성공을 거두어 단열재 및 완충 포장재의 고유명사가 되었다.

이후 플라스틱 개발을 통해 사세를 키운 뒤 현재는 화학, 전자 소재, 농업 솔루션, 에너지 등으로까지 생산 범위를 넓히며 세계에서 가장 큰 화학 업체로서 지속 성장했다. 전 세계에 376개의 생산 공장과 11만 2,000여 명의 직원을 둔 바스프는 2014년 약 740억 유로 (약 101조 원) 매출액과 영업 이익 73억 유로(약 10조 원)를 올리며 글로벌 경쟁사인 듀폰, 다우케미칼 등을 따돌렸다.

바스프는 독자적인 물류 및 공급 사슬망을 구축함으로써 화학 산업에서의 성장 발판을 마련했다. 페어분트Verbund란 독일어로 'Integration', 'Combination', 'Interconnection', 'Network'의 의미를 가지고 있다. 즉 페어분트 시스템을 개발해 전 공장을 파이프로 연결함으로써 원자재 수송에서 발생되는 낭비와 비효율성을 최소화했다. 공정들을 자연스럽게 연결함으로써 방출되는 열에너지를 효율적으로 사용하게끔 만들어줌으로써 획기적인 생산성 증대와 에너지 절감 효과를 거두었다. 이 통합적 생산 체계는 전 세계 화학 공장들에 표준으로 적용되었다. 본사인 루트비히스하펜 외에 미국의 프리포트와 가이스마, 벨기에의 앤트워프, 말레이시아의 콴탄, 중국의 난징 등 총 6개 도시에 대규모 페어분트 시스템 공단을 두었다.

경영 특징

① 기술력에 기반을 둔 생존 전략

엥겔혼은 1865년 루트비히스하펜에 염료 공장과 염류의 원료가 되는 소다 공장을 세웠다. 엥겔혼은 당시 최고의 화학자 하인리히 카로Heinrich Caro를 영입해 1869년 첫 히트 상품인 빨간색 염료 '알리자린' 개발에 성공했다. 이후 1885년 청바지의 파란색을 내는 인디고를 처음 상용화했다. 이 인디고 개발에 13년을 매달렸고 이 때문에 거의 파산 직전까지 가기도 했다. 이때부터 바스프의 '기술 중시 경영'이 공식화되었고 R&D 투자를 최우선 순위에 두는 한편 특허 전담 관리 부서를 만들었다. 현재 바스프는 화학 업체들 중 최대 규모인 1만 1,000여 개 특허를 보유하고 있다.

② 화학 회사로서의 정체성 확립

바스프는 그동안 비료, 카세트테이프 소재, 자동차용 페인트 등으로 사업 영역을 넓혀왔지만 화학 업계의 발전이라는 정체성을 유지한 덕분에 화학 업계 선도자 지위를 지속할 수 있었다. 그 결과 300개 필수 기초 화학 물질 중 200여 개를 만들었다. 이 회사는 2002년 CI 작업을 하면서 기업 로고에 'The Chemical Company'라는 문구를 넣었다. 사업 영역을 확대하더라도 '화학 기업'이라는 DNA를 버리지 않겠다는 것이다.

③ 직원을 감동시키는 경영

2차 세계대전 당시 루트비히스하펜 공장은 폭격을 맞아 초토화되었다. 폐허에서 바스프가 다시 일어난 것은 근로자들의 충성심 덕분이다. 전쟁이 끝나고 폐허가 된 공장 부지에 근로자들이 자발적으로 모여들어 공장을 재건했다. 이것은 바스프가 창업 초기 당시 상상하기 어려운 직원 복지 투자를 한 덕분이다. 이 회사는 창업 1년 뒤부터 직원들에게 무료 의료 서비스와 주택을 제공하고 도서관과 유아원을 갖춘 독일 최초의 직원 복지 시설을 건립했다.

④ 페어분트 시스템

바스프는 '페어분트(통합) 시스템'이라는 독보적인 생산 체제를 만들어냈다. 창업 당시에는 2개의 공장만 연결했지만 나중에는 단지 내 수백 개 공장들을 파이프로 촘촘히 연결하는 시스템으로 진화했다. 한 공장의 폐기물은 파이프를 타고 이동해 다른 공장의 원료로 사용된다. 바스프는 이 시스템으로 총생산 비용의 10% 이상을 절감한다. 이러한 생산성 증대 효과는 1960년대 불황과 1970년대 오일 쇼크 때 위력을 발휘했다고 한다.

⑤ 안전과 환경 문제에 적극 대처

바스프는 1921년 루트비히스하펜의 한 공장에서 폭발 사고가 발생한 것을 계기로 안전·환경 감시 시스템을 회사 외부로 확장했다. 공장 인근 지역 주민과 연결되는 핫라인 전화를 설치하고 공기 중이나 라인 강에 이상한 낌새가 보이면 주민 누구나 전화를 걸도록 해 주민에게도 감시 역할을 맡겼다. "화학 기업이 오래 생존하려면 끊임없이 감독하는 게 중요하다"는 것이 이 회사 방침이다.

성공 요인

현 CEO인 쿠르트 복 바스프 회장은 성공 비결에 대한 질문에 "지속 가능한 미래를 위해 화학을 창조한다는 전략은 바스프가 지금까지 어떻게 성공을 거두었고, 그 성공을 어떻게 이어가고 있는지를 압축하는 문장"이라고 강조했다. 쿠르트 복 회장은 "성공의 비법은 창립 연도인 1865년부터 변한 적이 없다. 우리는 대중의 요구를 파악하고, 연구 개발을 통해 끊임없이 시대가 요구하는 새로운 해결책을 찾고 있다"고 말했다.[25]

쿠르트 복 회장은 바스프의 혁신 전략에 대해 다음과 같이 설명한다.

바스프는 창립 당시부터 혁신 기반 기업이었습니다. 재미있는 점은 창사 당시부터 우리가 대학 및 연구소와 협업을 통해 R&D를 했다는 점입니다. 창사 때부터 우리는 대학을 찾아가서 대학 실험실에서 발명된 것을 어떻게 하면 상용화할지 고민했습니다. 이는 우리뿐 아니라 19세기 독일 화학 기업들이 공통적으로 하던 일이었고, 그 때문에 산업혁명의 후진국이던 독일이 19세기 말 화학 분야에서 세계 최고의 경쟁력을 보유할 수 있었습니다. 오늘날에도 우리는 회사 밖의 사람들과 긴밀하게 협업하고 있습니다. 우리는 회사 내에 1만여 명의 R&D 인력을 두고 있지만 동시에 회사 외 기관들과도 많은 R&D 프로젝트를 진행 중입니다.

예를 들어보죠. 2015년, 창사 150주년을 맞아 우리는 본사에서 회사 외부의 젊은 전문가들을 초청, 에너지에 대한 과학 심포지엄을 열 예정입니다. 이 심포지엄에서 나오는 아이디어 대부분은 전혀 새로운 것들입니다. 그 아이디어들을 상용화하는 데는 10년 이상이 걸릴 겁니다. 하지만 세계 각지의 과학자들과 머리를 맞대고 논의를 하는 것 자체가 매우 중요합니다. 또 어떤 프로젝트를 진행하면 매우 끈질기게 해야 합니다. 그린 바이오 기술 프로젝트는 15년 전에 시작됐지만 상용화하는 데까진 아직도 많은 시간이 걸립니다. 우리 회사는 한국의 대기업들과 비슷합니다. 장기적 관점을 갖고 있고 R&D에 과감하게 투자합니다. 만약 처음 시도에서 성공하지 못하면 다시 시도하고, 그래도 안 되면 될 때까지 계속 노력합니다.[26]

06

덴마크 레고[27]

세대를 잇는 **실험**과 **혁신**

레고Lego는 덴마크의 빌룬트Billund라는 가난한 농촌 마을에서
시작되었다. 그 마을 목수 출신인 올레 키르크 크리스티얀센이 '잘
놀자'라는 '레그 고트leg godt'의 첫 두 글자를 조합해서 레고라는 이름
의 회사를 설립했다. 회사명에 반영되었듯이 '아동의 성장에 자신의
삶과 회사를 바치겠다'는 철학을 바탕으로 레고는 한 세기 가까이
혁신을 지속하며 오늘날 가장 존경받는 기업이 되었지만 그 과정은
결코 순탄하지 않았다.

창업 초기는 고난의 연속이었다. 창업자는 아내의 사망과 재혼,
어린 아들 넷의 육아, 2차 세계대전, 공장 화재 등 아주 많은 좌절
을 겪으며 거의 감당할 수 없는 지경에 이르렀다. 그러나 1944년 잿

더미 위에서 새출발을 다짐한 창업자 올레 키르크는 조립 라인식 생산 공장을 세웠다. 이때 창업자는 공장만 세운 것이 아니라 '미래의 건설자들'을 섬기고 '최고만을 만든다'는 2가지 원칙도 함께 정립했다.

1950년, 상무가 된 2세 고트프리드 키르크 크리스티얀센은 영국 발명가의 발명품인 '자체 결속 블록'에 관심을 가지고 10년 동안 레고 블록을 위한 실험을 반복했다. 그러나 여전히 결속력에 문제가 있었다. 1950년대 초반까지 레고 블록은 기껏해야 전체 매출의 5~7%에 그쳤다. 레고 블록은 끝이 나지 않을 것 같은 실험을 통해 1958년 특허로 등록되었고 드디어 아이들이 무엇이든 상상한 모양으로 쌓을 수 있게 해주는 장난감으로 재탄생했다.

고트프리드는 구체적인 기회를 포착하기 위해 몇 가지 원칙을 세웠다. 작지만 상상력을 제한하지 않은 크기, 합리적 가격, 단순·튼튼하고 풍부한 변화 제공, 남녀 아동 및 전 연령대에 재미 제공, 유통 용이성 등이다. 그는 이 원칙들을 기준으로 200여 가지에 이르는 나무와 플라스틱 제품으로 구성된 폭넓은 대안들을 검토했다. 마침내 돌기와 원통으로 결속하는 현대식 블록을 개발해내는 데 성공한다.

고트프리드는 더 나아가 이 블록에 집중하기 위해 당시 매출액의 90%를 차지하던 나무 장난감 제조를 과감하게 포기했다. 이와 함께 최초 구매를 결정하는 유통 업체를 적극적으로 지원하고 판매 영역을 서유럽에서 미국, 아시아, 호주, 남아프리카 등으로 넓히면서 시장 판도를 신속하게 바꾸어나갔다. 2대에 걸친 창발 혁신의 사이

클은 이렇게 완성되었다.

그 결과 1970년대 초 레고 그룹은 빌룬트 본사에 1,000명의 직원을 두고 덴마크 전체 수출에서 약 1%를 차지할 정도로 성장했다. 그러나 이후 제품 라인업이 진부화되고 크리스마스 매출이 부진하는 등 심각한 정체기를 맞이한다. 이 정체기를 돌파할 혁신은 3세대의 몫이었다.

1979년, 창업자의 손자인 켈 키르크 크리스티얀센Kield Kirk Christiansen이 31세 나이로 사장에 임명되었다. 켈은 '레고의 스티브 잡스'로 불릴 정도로 탁월한 성과를 거두었다. 1970년대 말부터 1990년대 초까지 5년마다 거의 2배 규모로 레고 그룹을 급속 성장시켰다. 켈은 회사의 사명을 다듬고 재정립함으로써 '미래 건설자들을 자극하고 계발한다'는 회사 목표를 명확히 했다. 또한 앞 세대에서와 같이 그역시 제품마다 수년간 실패한 실험을 견뎌내면서 베스트셀러들을 만들어냈다.

그러나 2000년대에 들어와 레고 그룹은 급속한 시장 변화에 뒤처지면서 느린 회사가 되었고 역동성과 즐거움을 잃었다는 평가를 받는다. 자긍심과 자족감에 사로잡힌 나머지 무절제한 혁신으로 파산위기를 맞게 된 것이다. 다행히 레고 그룹은 또다시 성공적인 개혁을 완수해 지금은 강력한 혁신 기업으로 거듭나 있다.

이러한 레고 사례는 세대를 잇는 끈질긴 실험이 획기적 혁신을 낳는다는 사실을 보여준다. 하나의 포괄적이고 야심찬 전략보다는 끊임없는 실험들로부터 시장 판도를 바꾸는 혁신이 창출된다는 것이다. 레고 그룹은 수많은 실험들로부터 끈기 있게 건져낸 기회에 배

팅함으로써 세대를 넘어 선도자 위치를 이어갔다.

사례 분석

창업과 성장

1932년, 덴마크 빌룬트라는 가난한 농촌 마을의 목수였던 올레 키르크 크리스티얀센^{Ole Kirk Christiansen}은 목공소에서 나무 장난감을 만들기 시작했다. 1934년, 장난감에 '레고'라는 이름을 붙였다. 이는 덴마크어 '레그 고트'를 줄인 말로 '잘 논다^{play well}'는 뜻이다.

1947년부터 플라스틱 장난감도 생산하기 시작했으며, 1949년에는 영국의 블록 완구를 모방하여 플라스틱 조립식 블록을 만들기도 했다. 그러나 나무 장난감에 익숙한 소비자들의 외면으로 판매율은 매우 저조했다. 1950년부터 사업에 참여한 창업주의 아들 고트프리드^{Godtfred}는 1958년에 오늘날과 같은 형태의 레고 블록을 출시했다. 그해에 창업주 올레 키르크는 세상을 떠났다.

1963년, 강도가 높고 탄력이 강한 플라스틱 ABS를 재료로 채택했다. 1966년에는 레고의 가장 성공작 중의 하나인 '레고 트레인 시스템^{Lego train system}'을 출시했다. 1968년, 본사가 위치한 빌룬트에 '레고랜드 파크'를 개장하여 레고 블록으로 지은 미니어처 타운을 선보였다. 1969년에 큰 사이즈의 블록으로 된 유아용 '듀플로 시스템^{Duplo system}'을 출시했다.

레고 블록은 1958년 특허로 등록된 뒤 50여 년 동안 수많은 아동과 성인들의 상상력에 불을 지폈으며 창의성을 발휘하는 보편적인 도구가 되었다. 2007년, 레퓨테이션 인스티튜트^{Reputation Institute}에서는 레고를 세계에서 가장 존경받는 기업으로 선정하였고 2010년에는 '역사상 가장 인기 있는 장난감'으로 뽑히기도 했다. 레고는 80여 년 역사 동안 끊임없이 실험과 혁신을 반복했다. 그 결과 전 세계 4억 명의 손과 머릿속 그리고 마음속에 자리잡은 장난감 회사가 되었다.

레고는 좁은 내수 시장을 탈피하기 위해 일찍이 1956년에 독일로 진출하기 시작해 현재 140여 개 국가에서 판매하고 있다. 그동안 레고는 북미 시장 확장에 주력해왔으며 현재까지 미국이 가장 큰 시장이다. 일본·대만·홍콩·싱가포르 등 아시아 시장에도 적극 진출했으며 최근 중국 매출을 보면 2013년, 2014년 각각 50%씩 증가했다. 2012년, 레고 그룹은 아시아 시장 특히 중국 시장에 집중하겠다고 선언했다. 2015년부터 중국 내 레고 생산 공장이 가동되기 시작했다. 2017년 이후에는 아시아가 북미 시장을 누르고 세계 최대 장난감 시장으로 등극할 전망이다.

경영 특징

레고의 성공 비결은 근본적으로 아이들이 질리지 않게 새로운 제품을 꾸준히 시장에 내놓는 것이다. 그러나 새로운 기회를 끊임없이 포착해야 성공적인 신제품을 만들 수 있다. 그래서 레고는 효과적으로 혁신 대안들을 찾아내고 새로운 기회를 포착하기 위해 '규칙에 의한 경영^{Management By Rules}'을 도입했다.

이를테면 최고의 히트 제품인 레고 블록을 개발한 2대 CEO 고트프리드는 블록 제품을 개발하기 위해 다음과 같은 6가지 규칙을 세웠다. ① 작지만 상상력을 제한하지 않은 크기, ② 합당한 가격, ③ 단순하고 튼튼할 것, ④ 풍부한 변화를 제공하는 제품, ⑤ 남녀 아이 및 전 연령대에 재미를 주는 제품, ⑥ 유통 용이성. 고트프리드는 이 규칙들을 기준으로 200가지가 넘는 나무 또는 플라스틱으로 구성된 폭넓은 제품 대안을 검토했다. 그리고 플라스틱으로 만들어진 레고 블록이 이 6가지 특성에 가장 근접하면 대량생산과 판매가 가능한 최선의 기회를 제공한다고 판단했다.

고트프리드는 블록에 배팅할 것을 결정한 즉시 나무 장난감 제조를 포기했다. 사실 회사 매출의 90%를 차지하는 제품을 포기하기란 쉬운 결정이 아니었다. 그러나 대안이 아주 많으면 새로운 종류의 놀이 경험을 창출하려는 혁신을 방해할 것을 우려했다. 그래서 오히려 줄임으로써 더 많이 얻고자 하는 전략을 택했다. 실제로 고트프리드는 레고 블록의 범위를 엄격하게 통제했으며 디자이너들은 한정된 색과 모양 안에서 개발할 수밖에 없었다. 이러한 시도는 디자이너들이 중요한 것에 집중하도록 만듦으로써 오히려 창의성을 촉발했다.

이후 레고는 블록을 전 세계로 확장시키는 데도 다음과 같은 규칙들을 사용했다. ① 야심찬 사명, ② 줄기찬 실험, ③ 시스템적 사고, ④ 절제와 초점, ⑤ 현실적 매력, ⑥ 고객에게 영감 부여, ⑦ 유통 업체 우선. 레고는 이 규칙들을 활용해 1960년대 서유럽 전역은 물론 미국, 아시아, 호주, 남아프리카 등으로 활동 범위를 확대하고 시장 판도를 바꾸었다.

이와 함께 레고는 새로운 제품을 개발하고 출시하는 데도 명확한 규칙을 정하였다. 즉 예측 불가능하게 변화하는 아이들의 취향을 그때마다 따라가기보다는 신상품을 만들 때 지켜야 할 5가지 원칙을 먼저 정해놓고, 그 기준에 맞춰 새로운 제품을 출시한다는 것이다. 그 규칙은 다음과 같다.

① 제품만 보더라도 레고가 만든 것인지 알아차릴 수 있는가? ② 아이들이 놀면서 배울 점이 있는가? ③ 경쟁사보다 우수한 품질인가? ④ 부모들이 아이들이 가지고 놀 수 있도록 거리낌 없이 허락할 수 있는 것인가? ⑤ 아이들의 창의성을 자극할 수 있는가? 이 5가지 규칙 중 어느 하나라도 만족시키지 못하면 그 제품은 시장에 나갈 수 없다.

성공 요인과 위기 극복

레고의 가장 큰 성공 비결로는 창업 이후 꾸준히 지켜온 핵심 가치를 꼽을 수 있다. 아동의 성장에 자신의 삶과 회사를 바치겠다는 창업자 올레 키르크의 신념은 '좋은 놀이가 아동기의 창의적 삶뿐 아니라 이후 성인기의 삶까지도 풍성하게 만든다'는 회사의 기본 철학으로 정립되었다. 이 철학은 레고가 한 세기 가까이 살아남게 해주었다. 이를 기초로 레고는 수십 년 동안 아동들에게 '건설의 즐거움과 창조의 자긍심'을 주고 상상력과 창의성을 자극하며 '우리 각자의 내면에 있는 아이Kid를 육성'한다는 사명을 다듬고 재정립했다.

레고는 전후戰後 호황과 베이비붐 시대를 맞으며 생산이 판매를 따라가지 못할 정도로 황금기를 누렸다. 그러나 1990년대 후반 들어

출산율 저하와 플레이스테이션 등 비디오 게임의 공세에 위기를 맞았다. 이를 극복하기 위해 레고는 신제품 출시 확대와 함께 아동복 등으로 사업 영역을 확장하고 놀이공원 레고랜드도 늘렸지만 결국 잇따라 실패하며 파산 위기에 놓였다.

《포춘Fortune》과 영국장난감소매협회가 레고 블록을 세기의 장난감으로 선정한 지 3년밖에 지나지 않은 2003년, 레고 그룹은 역사상 최대 손실을 발표했다. 세계에서 가장 사랑받는 브랜드 중 하나인 레고가 독자적인 기업으로 살아남을 수 없을 것이라는 예측과 함께.

다행스럽게 레고는 성공적인 개혁을 완수해 강력한 혁신 기업으로 거듭났다. 세계 최초 조립식 액션 피규어 라인, 아이들이 프로그래밍할 수 있는 레고 로봇을 만들 수 있는 '지능형 블록', 이 밖에 조립·분해·재조립이 가능한 보드 게임 시리즈 등을 개발하는 성과에 힘입어 또다시 도약한다.

레고의 재도약 비결로는 먼저 사업 구조 측면에서 무리한 확장주의 전략을 버리고 블록에 집중하는 전략을 채택한 것을 들 수 있다. 이에 따라 아동복, 출판 등의 사업들은 라이선스 방식으로 전환하고, 레고랜드 지분은 매각했다. 제품 측면에서는 신제품 출시에만 급급하던 방식을 버리고 레고의 전통적 재미인 '조립'을 다시 최우선으로 강조했다. 새 고객층을 노린 제품도 전략적으로 내놨다. 이와 함께 블록의 종류를 줄이고 범용성을 높여 생산 및 재고 관리 비용을 절감해 공급망의 효율성을 높였다. 레고는 전략을 바꾸었지만 '하나하나의 블록을 완벽하게 만든다'는 핵심 가치는 철저히 지킴으로써 경쟁력을 회복할 수 있었다.

2008년 이후 세계 장난감 업체는 최악의 환경을 맞았다. 경제 위기에 사람들은 장난감 소비를 줄였다. 그리고 스마트폰이 일상화되면서 아이들은 장난감보다 모바일 게임을 더 즐겼다. 2009년에는 모바일 블록 쌓기 게임인 〈마인크래프트^Minecraft〉가 선풍적인 인기를 끌었다. 이에 대응해 레고도 모바일 게임인 〈레고 유니버스^LEGO Universe〉를 내놨지만 곧 접었다. 모바일 붐에 휩쓸리는 대신 생산 공장에 투자하기로 결정했다. 제조업의 전통적 가치에 집중하기로 한 것이다. 그 결과 생산 단가를 크게 낮출 수 있었다. 《파이낸셜타임스^FT》는 "레고는 시장에서 거래되는 플라스틱 가격보다도 싸게 블록을 만든다"고 평가했다.

이와 함께 레고는 신기술을 적극 활용했다. 예를 들면 다른 완구 업체는 3D 프린터를 자신의 제품을 불법 복제할 수 있는 위기로 인식했지만, 레고는 오히려 맞춤형 레고를 갖고 싶어 하는 성인 시장을 공략할 기회로 보았다. 그 결과 세계 장난감 시장 규모가 북미와 유럽 등지에서 감소하거나 정체되었음에도 레고의 실적은 비약적으로 증가했다. 2009~2013년 사이 매출은 2배, 영업 이익은 4배 가까이 늘었다. 장난감 업계에서는 독보적인 실적이다. 여기에는 제품에 스토리를 입히는 스토리 마케팅과 전통 제조업 가치에 집중한 경영 전략이 특히 적중했다.

07

소프트뱅크[28]

디테일 있는 **비전** 경영

소프트뱅크SoftBank Corporation는 지난 30여 년 동안 일본의 정보 산업을 선도한 선도자다. 이 회사는 1981년 도쿄에서 설립된 이래 고속인터넷, 전자상거래, 이동통신 분야에서 신화를 써왔으며 최근에는 세계 인터넷과 모바일 시장에서 영향력을 발휘하고 있다. 자본금 1억 엔의 소프트웨어 유통 업체로 출발한 이래 대형 M&A를 통해 사세를 확장해 800여 개 계열사를 거느린 세계적인 기업으로 성공한 비결은 한국계 일본인 손정의 회장의 비전 경영에서 찾아야할 것이다.

손 회장은 전 생애를 통해 실천하고 있는 비전 경영은 먼저 강력한 신념(뜻과 의지)으로부터 비전을 만들어내고 그 비전으로부터 새로운 기회를 획득하려는 일련의 과정을 말한다. 일본에서 가장 영향력 있는 혁신가로 꼽히는 손 회장은 "포기하지 않고 자신이 믿는 것을 꾸준히 실천한다면 이 세상에 불가능한 일은 없다"고 강조한다. 손정의 회장이 써 내려간 비전 경영의 역사는 '모두가 행복하게 일할 수 있는 기업'을 만들고자 하는 어린 시절 막연한 꿈으로부터 시작했다. 그리고 이를 실현시키기 위해서는 구체적이고도 확고한 뜻과 의지가 필요했다. 이 신념은 미국 유학을 통해 컴퓨터 산업에 대한 비전으로 구체화되었다.

그 비전을 세우고 1980년 일본으로 귀국하지만 1년 반 동안 아무 일도 하지 않은 채 비전을 구체화하기 위한 계획에 몰두한다. 1981년 9월, 허름한 사무실에서 창업한 그가 맨 처음 한 일은 직원 2명을 앞에 두고 회사 목표를 발표한 것이었다.

"우리 회사는 세계 디지털 혁명을 이끌 거다. 30년 후엔 두부 가게에서 두부를 세듯이 매출을 1조, 2조 (엔) 단위로 세게 될 것이다!"

신기하게도 손 회장의 비전과 목표는 지난 30여 년 동안 거의 그대로 실현되었다.

처음에는 소프트웨어 납품과 컴퓨터 관련 출판 사업을 시작했다. MS 소프트웨어 일본 독점 판매권을 따내며 일본 소프트웨어 시장 60%를 점유했다. 둘째로는 1994년 기업을 공개하고 단숨에 대규모 자금을 끌어모아 미국 포털 사이트 야후에 투자하고 야후 재팬을 설립했다. 이 야후 재팬은 일본 포털 1위를 기록했다. 셋째로는 2001년 초고속인터넷 사업에 뛰어들었다. 매년 1조 원이 넘는 적자로 고전했지만 포기하지 않고 사업을 계속해 4년 만에 흑자 전환에 성공했다. 그 결과 손 회장은 일본 최고 부자 자리에 올랐다. 넷째로는 2000년대 들어 닷컴 붕괴로 어려움을 겪자 이동통신 사업이라는 새로운 성장 동력으로 눈을 돌렸다. 2004년, 닛폰텔레콤을 인수하고 2006년에는 보다폰 일본 법인을 1조 7,500억 엔에 사들여 일본 역사상 최고액의 인수 합병을 성공시켰다. 다섯째로는 2007년, 중국 인터넷경매 업체 알리바바닷컴을 홍콩 시장에 상장시킴으로써 사상 최대 이익을 기록했다. 손 회장이 알리바바닷컴 지분 33%에 투자한 돈은 20억 엔이지만 상장 후 지분 가치는 1조 엔을 넘어 투자 대비 500배 이상의 수익을 거두었다.

2010년, 손 회장은 정기 주주총회에서 '신 30년 비전'을 발표했다. 이 비전 역시 '정보 혁명으로 사람들을 행복하게 하겠다'는 이념으로 시작해 구체적인 목표와 전략을 담고 있다. 이와 같은 소프트뱅크의 비전 경영에서 주목할 점은 주도면밀한 전략과 치밀한 계획이다. 과학적 디테일이 뒷받침되었다는 것이다. 이 회사는 M&A 이전에 온갖 데이터를 동원해 그야말로 가능한 모든 변수를 계산하고 이를 바탕으로 신속하고 확고한 결정을 내린다. 1995년, 매출 600억 엔 정도에 불과한 회사가 1년 6개월 새 무려 3,100억 엔 규모의 국제적 M&A를 성사시킬 수 있었던 것도 이 때문이다. 즉 '수치數値 매니지먼트'와 '압도적 속도'가 비전 경영의 디테일인 것이다.

사례 분석

창업

소프트뱅크는 1981년 자본금 1억 엔의 소프트웨어 유통 업체로 시작한 이래 대형 M&A를 통해 급속 성장해 창업 30여 년 만에 800여 개 계열사를 거느린 매출 3조 엔(약 41조 원)의 세계적인 기업으로 성장했다. 창업자 손정의 회장은 2013년 《닛케이비즈니스》에 의해 일본에서 가장 영향력 있는 혁신가로 선정되었으며 일본 부자 3위를 기록했다.

사업가가 되겠다는 막연한 꿈을 지닌 손정의 회장은 17세에 미국으로 유학을 떠났다. 2년 만에 세라몬테 고등학교와 홀리네임스 칼리지를 거쳐 버클리 대학으로 편입했다. 대학 3학년이던 19살에 '인생 50년 계획'을 세운다. 어떤 일이 있어도 20대에는 반드시 사업을 일으켜 이름을 떨치고, 30대는 적어도 1,000억 엔의 자금을 모으고, 40대에는 인생 최고의 도박을 하고(커다란 사업을 일으킨다는 의미), 50대는 사업에서 큰 성공을 이루고, 60대는 다음 경영자에게 사업을 물려준다는 계획이다. 손 회장은 이 계획을 실현시키기 위해 당장 무엇을 해야 할지 철저하게 따져본 결과 1년 동안 특허 연구와 실용적인 발명을 하기로 결심하고 행동에 옮겼다.

1980년, 손 회장은 버클리 대학을 졸업하고 어머니와의 약속을 지키기 위해 일본으로 귀국했다. 일본에서 최고 기업을 만들겠다는 목표를 실현하기 위해 비전과 계획을 정립하는 데 1년을 넘게 소비한 후 평생을 바칠 수 있는 영역이 컴퓨터 분야라고 결정한다. 그는 그 신념과 비전을 실현시키기 위한 첫걸음으로 허름한 목조 건물의 사무실 한구석에 사과 박스를 놓고 그 위에 서서 사원과 아르바이트생들을 상대로 다음과 같이 연설했다.

"매출은 5년 뒤에 100억 엔을 돌파하고, 10년 후에는 500억 엔을 돌파할 겁니다. 30년 후에는 두부 가게에서 두부를 세듯이 매출을 1조, 2조 단위로 세게 될 것입니다."

창업 당시 업종은 소프트웨어 납품과 컴퓨터 관련 출판 사업이었다. 그러나 손 회장은 뜻밖에도 만성 간염으로 건강상 위기를 맞았다. 의료진은 생존을 장담하지 못한다는 진단을 내렸지만 병을 이기고 사업을 지키겠다는 목표를 정한 다음 3년 반 동안 입·퇴원을 반복하며 병마를 이겨냈다. 손 회장은 이때 병상에서 4,000여 권의 책을 읽으며 소프트뱅크 특유의 경영 전략인 '제곱병법'을 창안했다. 이것은 『손자병법』을 간단히 핵심적으로 재정리한 것이다. 그 내용은 '지는 싸움은 하지 않는다', '전투는 도박이 아니다. 과학이며 이론이다', '싸우지 않고 이긴다(이를 위해 인수 합병을 적극 활용한다)' 등이다.

M&A와 기업 성장

1986년, 회사에 복귀한 손 회장은 회사의 부채를 NCC BOX라는 발명품으로 극복하고 조직을 재정비하였다. 이후 소프트뱅크는 시대 트렌드를 예측해 방향을 정하고 과감하게 투자함으로써 신화를 창조해나갔다. 1990년대에 들어와 손 회장은 여러 차례 미국을 방문해 빌 게이츠^{Bill Gates}를 만나 MS 소프트웨어 일본 독점 판매권을 따냈다. 이를 계기로 소프트뱅크는 빠르게 성장했고 일본 소프트웨어 유통 시장을 장악해나갔다.

1994년, 기업을 공개하고 2,000억 엔의 자금을 끌어모아 1996년 미국 포털 사이트 야후와 제휴해 야후 재팬^{Yahoo Japan}을 설립했다. 이후 야후 재팬은 일본 포털 1위로 성장했다. 2001년에는 초고속인터넷 사업에 뛰어들었다. 매년 1조 원이 넘는 적자로 고전했지만 포기하지 않고 사업을 계속해 4년 만에 흑자 전환에 성공하였고 그 결과 손 회장은 일본 최고 부자 자리에 올랐다.

2000년대 들어와서는 닷컴 붕괴로 어려움을 겪자 이동통신이라는 새로운 성장 동력으로 눈을 돌렸다. 2004년, 닛폰텔레콤을 인수하고 2006년에는 보다폰 일본 법인을 1조 7,500억 엔에 인수해 이동통신 사업에 진출했다. NTT도코모와 KDDI에 이어 업계 3위였던 이동통신 사업은 2008년 애플 아이폰을 독점 공급하면서 전환점을 마련했다. 또한 2007년에는 상반기 사상 최대 순익을 기록했다. 소프트뱅크가 33%의 지분을 보유한 중국 인터넷경매 업체 알리바바닷컴이 홍콩 증시에 상장했기 때문이다. 알리바바닷컴에 투자한 돈은 당초 20억 엔 정도였지만 상장 뒤 33% 지분 평가액은 1조 엔이 넘었다. 투자 대비 500배 이상의 수익을 거둔 것이다. 2013년에는 미국 3대 이동통신 업체인 스프린트 넥스텔^{Sprint Nextel Corporation}을 인수해 외국 이동통신 시장에 진출했다.

디테일이 있는 비전 경영

소프트뱅크의 비전 경영은 1994년 주식 상장에 성공한 이후 본격적으로 가동되었다. 예를 들면 1995년 막 인수한 세계 최고 IT 미디어 잡지인 《지프 데이비스Ziff Davis》의 에릭 히포Eric Hippeau 사장에게 인터넷 시대의 창업할 만한 주력 회사에 관해 자문을 구했다. 야후를 추천받은 손 회장은 지체하지 않고 야후 지분 5%를 확보했다. 곧이어 1억 달러를 더 투자해 야후 지분 29%를 추가 확보한다. 그는 지분 거래를 완료하기 전 마이크로소프트의 빌 게이츠, 넷스케이프의 짐 클라크, 시스코의 존 챔버스John Chambers, 썬마이크로시스템즈의 스콧 맥닐리Scott McNealy 최고경영자에게 "누구라도 반대하면 포기하겠다"는 내용의 이메일을 보냈다. IT 생태계에서 거대한 적을 만드는 상황을 피하려는 의도였다.

당시 야후는 연 매출 100만 달러에 적자가 200만 달러인 보잘것없는 회사였다. 그런 야후가 불과 한두 해 뒤 세계 인터넷 시장을 석권하리라는 걸 당시에는 누구도 짐작하지 못했다. 소프트뱅크는 M&A 전 온갖 데이터를 동원해 가능한 모든 변수를 계산하고 이를 바탕으로 신속하고 확고한 결정을 내렸다. '수치 매니지먼트'와 '압도적 속도'가 회사의 기본 방침이었다.

이러한 과학적 계산에 기초한 전광석화 실행력은 손 회장의 치밀한 성격과도 밀접한 관계가 있다. 예를 들면 손 회장은 '100번의 노크'라는 경영 진단 시스템을 창업 전부터 구상해 사용하고 있었다. 특정 사업에 대한 100가지 지표를 그래프화해 일목요연하게 살필 수 있으며 검토 항목을 1만 개까지 늘릴 수 있게 설계했다. 30년을 내다보는 원대한 비전도 오늘 내릴 의사결정을 신속·정확하게 하지 않으면 실현될 수 없다는 것을 믿었기 때문이라고 한다.

손정의 회장의 비전 변천사

시기	비전
청소년기	•인생 50년 계획 첫째, 20대에 이름을 떨친다. 둘째, 30대에 1,000억 엔의 자금을 모은다. 셋째, 40대에 일생일대의 승부를 걸어 사업을 확장시킨다. 넷째, 50대에 사업을 완성시킨다. 다섯째, 60대에 사업을 후계자에게 물려준다.
유니손 월드 창업 시 (미국 시절)	첫째, 5년 후 매출액 100억 엔 달성 둘째, 10년 후 매출액 500억 엔 달성
소프트뱅크 창업 시 (일본 시절)	첫째, 마이크로프로세서가 인간의 미래를 완전히 바꿀 것이다. 둘째, 매상을 두부 헤아리듯 1조, 2조로 따지는 기업이 된다(일본어로 두부를 헤아릴 때 쓰는 단위 '丁'의 발음이 조兆와 같은 데서 유래).
최근 (2010~)	•소프트뱅크 신 30년 비전 첫째, 이념 – 정보 혁명으로 사람들을 행복하게 하겠다. 둘째, 비전 – 30년 후 시가 총액 200조 엔, 계열사 5,000개를 거느린 세계 TOP 10 기업이 되겠다. 셋째, 전략 – 사업 영역을 유지하고, 파트너십을 통해 성장하고, 자율·분산·협조형·전략적 시너지 그룹을 만든다.

출처: 이장우, 『창조경제에서의 경영전략』, 법문사, 2013, 97쪽

2010년 6월 25일, 손정의 회장은 정기 주주총회 종료 후 '신 30년 비전'을 발표했다. "지금까지 내 인생에서 가장 중요한 연설"이라고 밝힌 뒤 약 140개 슬라이드를 차분하게 설명했다. 그 내용들은 손 회장의 리더십은 물론 경영진의 이해와 협력, 검토위원회의 헌신적 노력, 그룹 사원 2만 명의 지혜를 모아 완성한 결과였다. 손 회장은 이 자리에서 다음과 같이 선언한다.

"비전은 만들어서 발표하는 것으로 끝이 아닙니다. 소프트뱅크의 새로운 30년은 이제 막 시작되었습니다. 지금부터 그 진가를 확인하실 수 있을 겁니다."

이어서 2010년 7월 6일과 7일, 도쿄 닛폰부도칸日本武道館에서 소프트뱅크 창립 30주년 사원대회인 'Soft Bank NEXT 30'이 열렸다. 이틀 동안 그룹 전 사원 2만 명이 모인 가운데 대회가 펼쳐졌다. 단상에 오른 손정의 회장은 '정보 혁명으로 사람들을 행복하게'라는 슬로건 아래 '신 30년 비전'을 설명했다. 이와 함께 후계자 및 리더 육성을 위해 소프트뱅크 아카데미아, 소프트뱅크 유니버시티 등에 관한 구상도 발표했다.

08

일본 **도레이**

선도자로의 **환골탈태**

일본 도레이東レ株式会社는 탄소 섬유 산업에서 세계 시장 점유율 40%로 독보적 1위 위치에 있다. 이 회사는 현재 보잉과 BMW에 탄소 섬유 관련 소재를 독점 공급하고 있다. 그러나 이렇게 선도자 위치에 올라서기 위해서 40여 년에 걸친 끈질긴 인내와 기다림이 필요했다.

도레이는 1926년 미쓰이물산의 면화 부서가 독립해 탄생했다. 도레이는 동양의 레이온이라는 뜻이다. 인류 최초의 화학 섬유인 레이온은 1884년 특허로 등록되고 1910년 아메리칸 비스코스에 의해 상용화되었다. 도레이는 후발 주자로서 나일론, 폴리에스테르, 아크릴 등을 꾸준히 개발하며 일본 대표 기업으로 성장했다.

화학 섬유 회사로서 도레이는 1970년대 들어와 중대한 전략적 전환기를 맞이한다. 후발 주자인 한국과 대만 업체들이 기존 시장에 무섭게 진입하자 주력 업종을 탄소 섬유로 바꾼 것이다. 하지만 당시 서구 기업들도 탄소 섬유에 진출했지만 2~3년 안에 모두 철수해버렸다. 변변한 시장 수요가 없었기 때문이다. 반면에 도레이는 이후 30년간 적자를 보면서도 끈기 있게 연구 개발에 투자하여 드디어 2011년에 이르러 보잉사에 납품하기에 이르렀다. 개발로부터 무려 40년이 걸린 셈이다.

무엇이 이러한 인내와 끈기를 가능하게 한 것일까.

첫째, 명확한 전략적 선택이다. 위기는 종종 전략적 전환을 요구하며 새로운 선택의 기회를 준다. 도레이는 남들이 가지 않는 길을 선택했다. 위기 순간에 시류時流에 영합하는 판단보다는 핵심 기술에 집중하고 사업 내용을 미래에 맞게 고도화한 것이다. 예를 들면 '주요 수입원이 될 것이냐'보다는 '세상에 필요한 소재인가'를 먼저 고려했다.

둘째, 생존 라인을 확보했다. 탄소 섬유의 상용화를 1971년부터 시작했지만 항공기 소재 납품은 쉽지 않은 일이다. 경제적 공백을 메꿀 전략을 세워야 했다. 도레이는 탄소 섬유를 낚싯대, 골프 클럽, 테니스 라켓같이 신소재를 받아들이기 쉬운 스포츠용품부터 시작했다. 혼마 골프채에도 적용했지만 유니클로의 히트텍 같은 의류용 신소재에도 응용했다. 진입하기 쉬운 부문에 들어가 수익을 올리면서 기술을 갈고닦았던 것이다.

셋째, 일본 특유의 장인 정신으로 오랜 기간 연구 개발에 투자해 핵심 기술을 축적했다. 도레이는 경기 불황에도 연구 개발 투자를 줄이지 않는 회사로 유명하다. 그 결과 탄소 섬유에서 50년 이상, 수 처리막에서 40년 이상 축적된 기술을 보유하고 있다.

이와 같은 도레이의 전략적 전환은 특유의 조직 문화와 경영 시스템이 뒷받침한 덕분에 가능했다.

첫째로는 기존 기술력의 한계를 지속적으로 뛰어넘으려는 '극한 추구'의 기업 문화다. 이 회사는 창업 이후 모든 사업 분야에서 극한 추구를 진행해왔다. 탄소 섬유 개발 과정도 기술력의 한계를 넘는 노력의 산물이다.

둘째로는 기본과 현장을 중시하는 경영이다. 시장의 요구에 휘둘리기보다는 기본을 충실히 다지는 것이 중요하다는 것이다. 그리고 재무제표에 나오는 숫자보다는 현장에서의 경험과 실제 상황을 기준으로 판단하는 경영을 한다.

끝으로 주목할 것은 전문 경영인 체제의 구축이다. 현재 CEO인 사카키바라 회장은 2002년 입사한 이래 35년 만에 최고경영자 자리에 오른 신화적인 인물이다. 사카키바라 회장은 CEO로 재직한 10여 년 동안 탄소 섬유 등 고부가 가치 상품의 세계 시장 공략에 전력을 다했다. 그 결과 영업 이익은 5배 증가했다. 특히 1999년 글로벌 생산 거점인 도레이 첨단 소재의 한국 설립을 주도하기도 했다.

사례 분석

창업과 성장

도레이는 1926년 미쓰이^{三井}물산의 면화 부서가 독립해 설립되었다. 도레이^{東レ}는 동양의 레이온 회사라는 뜻이다. 인류 최초의 화학 섬유인 레이온은 1884년 프랑스인 샤르도네^{Chardonnet}에 의해 특허로 등록되었고, 1910년 아메리칸 비스코스$^{American Viscose}$에 의해 상용화되었다. 후발 주자로서 도레이는 레이온에 이어 나일론, 폴리에스테르, 아크릴 등의 신소재를 지속적으로 개발해 일본을 대표하는 화학 섬유 회사로 성장했다.

도레이의 주요 사업은 섬유, 플라스틱-화학, 정보통신 재료 기기, 탄소 섬유 복합 재료, 환경 엔지니어링, 생명과학, 기타 분석 및 조사 연구 서비스 등을 포함하고 있다. 특히 탄소 섬유 분야는 전 세계 시장 점유율 40%로 1위를 차지할 만큼 독보적이다. 이 회사는 탄소 섬유 산업을 주요 미래 성장 동력으로 인식하고 중점 육성하고 있다. 예를 들면 사업 부문은 크게 섬유·화학, 탄소 섬유·정보통신 재료, 환경·생활과학 등으로 나누어지는데 탄소 섬유·정보통신 재료 부문은 매출 20% 정도 비중이지만 영업 이익은 전체 3분의 1 이상을 차지하는 전략 사업으로 핵심 역할을 하고 있다.

도레이의 성장은 연구 개발 투자가 뒷받침하였다. 이 회사는 경기 불황에도 R&D 투자를 줄이지 않는 기업으로 유명하다. 이 회사는 연구 개발에 연간 약 6,000억 원을 투입하고 있으며 전 세계에 3,000명이 넘는 연구 인력을 보유하고 있다.

현재 도레이는 주요 소재 부문의 70~80%를 외국에서 생산하고 있다. '현지 생산에 의한 현지 발전'이 기본 사업 이념이기 때문이다. 일본 내외에 200여 개 계열사와 4만 명이 넘는 직원을 두고 있다. 도레이는 1999년 한국에 진출한 이후 도레이 첨단 소재를 통해 연간 1조 원이 넘는 매출을 올리고 있으며 구미 공장을 그룹 전체 탄소 섬유의 글로벌 생산 거점으로 키운다는 계획을 가지고 있다.

선도자로의 환골탈태

2011년, 보잉사에 탄소 섬유 납품을 시작한 이래 2015년에는 1조 엔 규모의 수주를 올렸다. 향후 10년간 보잉 동체 제작용 탄소 섬유를 독점 공급한다는 계약을 체결했다. 또한 이 회사는 BMW에도 탄소 섬유 공급 계약을 체결하고 차체 골격용 소재 생산을 위해 멕시코 공장의 생산 시설을 2배로 확장하고 있다.

도레이가 탄소 섬유를 개발하기 시작한 것은 1970년대 초부터이다. 그전까지 화학 섬유에 주력했던 도레이는 한국과 대만 등 후발 주자들이 무서운 기세로 시장에 진입하자 위기를 파악하고 탄소 섬유 개발에 뛰어들었다. 하지만 당시 서구 기업들도 탄소 섬유에 진출하였지만 2~3년 만에 모두 철수해버릴 정도로 시장이 존재하지 않았다. 반면 도레이는 이후 30년간 적자를 보면서 끈기 있게 연구 개발에 투자했다. 그 결과 무려 40년 만에 보잉사에 납품을 시작하게 되었다. 드디어 섬유 업체에서 첨단 소재의 선도자로서 환골탈태한 것이다.

도레이는 소재를 개발할 때 '주요 수입원이 될 것이냐'보다는 '세상에 필요한 소재인가를 먼저 고려한다. 미래를 보면 항공기의 경량화가 세계적 추세가 될 것이라고 판단해 탄소 섬유 상용화를 1971년부터 시작했다. 그 전략적 결정을 40년 동안 지속한 결과 2011년부터 보잉에 본격적으로 납품하는 데 성공했다.

그동안 이 회사는 탄소 섬유를 낚싯대, 골프 클럽, 테니스 라켓 같은 스포츠용품에 적용했다. 스포츠 같은 취미 산업은 신소재가 받아들여지기 비교적 쉬운 편이다. 스포츠용품 시장에서 번 자금을 연구 개발에 지속적으로 투자했다. 이는 기술 발전으로도 이어졌다. 예를 들면 낚싯대를 만들 때 사용되는 정밀 기술이 항공기를 만들 때도 활용되기도 했다.

장인 정신을 발휘해 장기적인 관점에서 끈질기게 기술을 축적했다. 소재 산업은 시간이 오래 걸리지만 경쟁자들이 쉽게 추격할 수 없다는 장점도 있다. 덕분에 도레이는 탄소 섬유는 50년, 수처리막은 40년의 축적된 기술을 보유하고 있다. 앞으로 이 기술들은 항공기·자동차뿐 아니라 우주·로봇용, 의료 기기, 토목·건축용 등으로 확대될 것이라 기대된다.

극한 추구의 경영

도레이가 과거 섬유 산업 강자에서 미래 첨단 소재 선발 기업으로 거듭난 배경에는 기술력의 한계를 지속적으로 뛰어넘는 '극한 추구'의 조직 문화가 바탕이 됐다. 도레이는 창업 이후 현재까지 모든 사업 분야에서 극한 추구를 진행시키고 있다. 탄소 섬유의 경우 1970년대 처음 개발할 당시 성능 기준이 되는 표면 결함의 크기는 마이크론μ, $1\mu=1000$㎚ 수준이었지만 그 한계를 1990년대 서브마이크론$^{100㎚}$ 수준으로 극복한 뒤 2000년대부터 나노$^{㎚}$ 수준으로 떨어뜨림으로써 세계 최고 품질의 탄소 섬유를 만들어냈다.

만약 위기 순간마다 시류에 영합한 판단을 했더라면 이러한 극한 추구의 기술 개발은 어려웠을 것이다. 경영 스타일도 유행을 흉내 내기보다는 사업 내용을 시대에 맞게 고도화하며 기본을 지켜나갔다. 예를 들면 도레이에는 '1-3-10' 경영 원칙이 있다. 10년 앞을 내다보는 장기 전망과 3년 단위 중기 과제를 설정한 후, 매년 수익 목표를 위해 경영하는 방법이다.

한편 도레이는 전문 경영인 체제를 구축하는 데 성공했다. 현 CEO인 사카키바라 회장은 입사 35년 만인 2002년 최고경영자에 올랐다. 그는 CEO로 재직한 10여 년 동안 탄소 섬유 등 고부가 가치 상품의 세계 시장 공략에 성공해 영업 이익을 5배 올렸다. 사카키바라 회장은 미래를 내다보는 안목에 대해 다음과 같이 이야기한다.

"가장 중요한 점은 기본을 충실하게 다지는 것이다. 시장의 요구는 변하기 마련이다. 지금 당장 잘되는 쪽으로 눈이 돌아간다. 하지만 기본에 충실하면 어떤 위기에도 버틸 수 있다. 다음으로 중요한 점은 현장에서 현실을 직시하는 것이다. '현장주의'는 고^{故} 마에다 가쓰노스케^{前田勝之助} 명예회장이 강조한 것으로 '모든 답은 현장에 있다'는 관점이다."

09
미국 **실리콘밸리**[29]

국가 경쟁력을 **업그레이드**한 **선도자**들의 **본산지**

실리콘밸리Silicon Valley는 선도자들이 만들어낸 국가적 자산이
다. 미국은 이러한 자산을 기초로 인터넷과 모바일에 이어 바이오,
AI, 우주 산업 등에서 미래 기술을 주도하고 있다. 원래 선도자들
은 황무지나 다름없는 지역에서 열악한 여건을 극복하면서 세계적
인 기업으로 명성을 떨치는 경우가 많다. 덕분에 그 지역이 명소가
되기도 한다. 여기서 주목해야 할 점은 그 성공이 주변으로 확장되
어 국가 경쟁력을 업그레이드시키는 창조적 자산이 될 수 있다는 것
이다.

역사적으로 IT 산업의 대표적 선도자로 꼽히는 휴렛팩커드는
1939년 팰러알토 시 에디슨 가 367번지 차고에서 창업하였다. 당시

스탠퍼드 대학 프레드릭 터먼 교수가 심각한 실업난에 빠진 지역 경제를 살리기 위해 두 제자에게 창업을 권유한 것을 계기로 오늘날 실리콘밸리의 발상지가 되었다.

현재도 미래 산업을 주도하는 기술들 대부분은 구글, 애플, 페이스북, 테슬라 등에서 보듯이 실리콘밸리 선도자들로부터 나오고 있다. 이것을 부러워한 많은 나라가 수십 년 동안 막대한 투자를 하면서 실리콘밸리를 복제하려 했으나 시원하게 성공한 사례는 거의 없다. 그 이유는 무엇일까?

먼저 이미 잘 알고 있는 실리콘밸리 성공 요인을 보자. 첫째, 산·학·연 협력 체계이다. 스탠퍼드 대학을 중심으로 한 명문 대학들과 지역 기업들 간 유기적인 교류와 협력 인프라이다. 둘째, '실리콘밸리 웨이'로 불리는 개방적 사업 방식과 신뢰를 존중하는 경영 방식이다. 셋째, 풍부한 벤처 자본이다. 벤처 자본의 역사는 1946년 동부 MIT에서 시작되었지만 꽃은 반대편인 서부에 피었다. 성공한 수많은 벤처 기업인이 벤처 자본가로 활동하고 있다. 넷째, 좋은 자연환경, 개방적 지역 문화 등으로 이민 사회의 기여도가 매우 높다. 덕분에 전 세계에서 유능한 인재들이 모여들고 있다.

문제는 대학, 제도, 인재, 자본, 자연환경 등으로 요약되는 성공 요인들을 이미 파악하고 있지만 정작 복제하기가 어렵다는 것이다. 예를 들면 영국 케임브리지 대학은 세계에서 가장 많은 노벨 과학상 수상자를 배출한 곳이다. 영국 정부는 1970년대부터 실리콘밸리를 모방해 이곳에 사이언스 파크Science Park를 조성하고 강력한 신기술 지원 정책을 폈다. 그리고 벤처 자본도 풍부하게 투여했고 교육과 주거 환경, 노사 관계도 양호하다는 평가를 받았다. 그러나 성공하지 못했다.

케임브리지의 실패 이유를 살펴보자. 첫째, 영국 정부는 대기업과 밀착해 방위 산업 예산의 60% 이상을 10대 대기업에 쏟아부었다. 둘째, 대기업과 중소 기업 간 장벽이 높아 상호 교류가 어려웠다. 셋째, 벤처 기업들은 기술이 우수해도 마케팅과 경영 능력이 부족했다. 넷째, 벤처캐피털 회사 수는 많아도 대부분 벤처 경험이 부족한 금융권에서 진입했다. 이것은 우리에게도 익숙한 내용들이다.

실리콘밸리의 성공 노하우는 의외로 간단하다. 창업가, 중소 기업, 대기업, 대학, 정부, 금융 기관 등 모든 경제 주체들이 장벽을 허물고 민감하게 상호 교류하여 협력적 공동체를 만들어간 것이다.

한편 실리콘밸리는 여러 번의 위기를 극복하며 성공 드라마를 써왔다. 1930년대 경제공황 직후 빈곤한 지역 상황으로부터 출발해, 1980년대 중반에는 반도체 산업이 휘청했으며 2000년대 들어와 닷컴 버블을 겪었다. 그러나 실리콘밸리는 이러한 위기들을 특유의 공동체 기반 위에서 기회로 반전시켰다. 그 결과 반도체 → 컴퓨터 → 인터넷 정보통신 → 바이오 및 모바일 → 우주 산업으로 진행된 기술 혁신을 주도하고 있다.

사례 분석

실리콘밸리의 역사

실리콘밸리는 미국 스탠퍼드 대학을 중심으로 샌프란시스코의 남동쪽과 산호세 시까지의 첨단 산업 지역을 말한다. 이 지역은 1970년대 이래로 첨단 기술의 메카로 자리잡아왔으며 수많은 선도자를 글로벌 기업으로 성장시켰다. 반도체와 컴퓨터, 정보통신과 인터넷, 모바일과 바이오 등 기술 혁신을 주도해왔으며 4차 산업혁명에 가장 큰 영향을 끼칠 지역으로 평가된다.

실리콘밸리의 태동은 스탠퍼드를 졸업한 빌 휴렛William Hewlett과 데이비드 패커드David Packard가 1939년 창업한 팰러알토 시 에디슨 가 367번지에서 비롯되었다고 캘리포니아 주정부가 선언했다. 당시 무선공학과 교수였던 프레드릭 터먼Frederick Terman 교수는 유능한 제자들이 일자리 부족으로 지역을 떠나 동부로 좋은 직장을 찾아 떠나는 것을 보고 두 사람을 창업하도록 부추겼다. 이 사건이 오늘날 세계 최고의 첨단 산업 단지를 만든 계기가 되었고 터먼 교수는 실리콘밸리의 아버지라 불리기도 한다.

공과대학 학장이 된 터먼 교수는 정부의 과학 기술 지원 정책을 이용해 대학의 기술 개발을 확대했으며 1953년에는 스탠퍼드 산업 단지를 건립해 첨단 기술을 개발하는 기업들과 산학 협동 체제를 구축했다. 터먼 교수는 대학을 중심으로 엔지니어들의 공동체를 형성해 대학 주변의 첨단 기업체들과 이 기업체들의 동향에 민감한 대학이 상호 협력 관계를 구축한다면 동시에 발전할 수 있다고 생각했다.

실리콘밸리는 1960년대 방위 산업과 항공 산업이 몰리기 시작하면서 첨단 기술 단지로 부상하기 시작했으며 1970년대에는 직장을 그만둔 젊은 두뇌들이 대학에서 개발한 기술을 가지고 벤처 기업을 창업하는 붐이 조성되었다. 이후 이들이 성장함으로써 세계 전자 산업의 심장부로 떠올랐다. 그러나 1980년대 중반부터 1990년대 초까지 실리콘밸리는 냉전 종식과 경제 불황 등으로 심각한 침체기를 맞이했다. 1990년대 후반 이후 닷컴 열풍과 함께 인터넷 정보통신 분야에 다시 자금이 몰리면서 활기를 되찾았다. 최근에는 구글, 애플, 페이스북, 테슬라 등 실리콘밸리 기업들이 미래 기술을 주도하고 있다.

특징

실리콘밸리가 세계적으로 폭발적인 관심을 끈 것은 1990년대 중반부터이다. 1980년대 중반만 해도 이곳도 불황에 허덕였고 많은 인재가 떠났다. 1980년대 초반에는 반도체, 전자공학, 컴퓨터 분야의 발전으로 기술자들과 창업자들이 자신의 꿈을 실현하기 위해 이곳으로 몰려들었다. 하지만 1980년대 중반 들어 일본과 한국 등 아시아 기업들의 도전으로 반도체 산업이 휘청거렸다. 이에 반해 컴퓨터 관련 업체들은 신제품을 출시하고 불황 속에서도 창업을 많이 했다.

이렇듯 주기적으로 위기를 맞은 실리콘밸리는 더 많은 창업으로 어려움을 극복해나갔다. 이곳의 실업률은 매우 낮은 편이다. 전 세계적으로 실업난을 겪고 있음에도 이곳만은 예외이다. 기술 변화로 인한 산업 구조 재편으로 집단 해고가 일어나지만 고용 창출도 함께 이루어지기에 전체 일자리 수는 줄지 않기 때문이다. 즉 새 일자리가 새로운 분야에서 계속해서 만들어진다. 해고 바람과 고용 붐이 공존하는 이곳은 하이테크 산업 특성상 노동의 유연성이 중요한 역할을 하고 있다.

실리콘밸리가 위기 때마다 이를 기회로 전환시키며 세계 기술 흐름을 주도하는 이유는 다음과 같은 지역 특유의 속성 때문이다. 첫째, 다수의 벤처·중소 기업들로 이루어진 네트워크형 산업 구조를 가지고 있다. 대기업이나 방위 산업 등 정부 예산에 의존하지 않으므로 기술과 시장 변화에 신속하고 유연하게 대처할 수 있다. 둘째, 벤처·중소 기업들과 전통적으로 산학 협동을 중요시하는 대학들이 존재한다. 셋째, 성공한 사업가나 기술자 출신의 벤처캐피털이 많아 자금 지원뿐 아니라 다양한 경영 지원 서비스를 기대할 수 있다. 넷째, 개방적이고 실패를 자산으로 인정하는 지역 문화와 인력 이동이 자유로운 노동 유연성을 확보하고 있다. 다섯째, 기업들이 수평적 인간관계와 이익 공유, 종업원 참여를 중시하는 '실리콘밸리 웨이' 경영 방식을 통해 창의성을 효과적으로 활용한다.

스탠퍼드 대학의 역할과 성공 비결

스탠퍼드 대학은 실리콘밸리의 심장 역할을 담당하며 창의적 인재라는 혈액을 공급하고 있다. 해마다 배출되는 스탠퍼드 대학 인재들은 실리콘밸리를 끊임없이 발전시키는는 원동력이 되었다. 구글은 대표 성공 사례이다. 창업자인 래리 페이지Larry Page와 세르게이

브린Sergey Brin은 컴퓨터과학과 대학원생이었고 대학은 이들의 창업을 적극 지원했다. 덕분에 스탠퍼드 대학은 구글의 주식뿐 아니라 기술 특허권도 보유하고 있다. 이렇게 보유한 특허 수만 1,000여 개에 달하고 특허로 인한 한 해 수입이 6,000만 달러가 넘는다.

스탠퍼드 대학 출신이 지금까지 창업한 기업 수는 모두 4만 개에 가까우며 이들의 연 매출액을 합하면 2조 7,000억 달러에 이른다고 한다. 우리나라 국내총생산의 2배가 넘는 규모이다. 한 대학이 웬만한 국가의 재정 규모를 능가하고 있다.

스탠퍼드 대학은 1891년 센트럴 퍼시픽 철도 회사 창업자인 릴랜드 스탠퍼드Leland Stanford에 의해 설립되었다. 그는 다양한 인생 역정 속에서 터득한 지혜를 바탕으로 대학의 실용성을 주창했다. 특히 공학 부문에서 현장 실습과 산학 협동 체제를 강조했다. 이에 따라 이 대학 교수들은 학생들이 실제 사회에 나갔을 때 무엇이 필요한지에 관심을 쏟으며 산업체와 정부 실무자들과 평소부터 협력 체제를 구축하는 전통을 만들었다.

이러한 릴랜드 스탠퍼드의 꿈은 오늘날 신기술과 인재의 원천이자 아이디어 교류 장으로 세계적인 성공 사례를 만들어냈다. 덕분에 대학과 주변 지역은 장벽이 거의 없다. 즉 사람과 아이디어 등의 교류가 쉽게 일어난다. 한걸음 더 나아가 실리콘밸리 지역 기업은 스탠퍼드 대학의 첨단 연구물을 접할 수 있고 이 대학 졸업생을 고용할 수 있다.

이러한 스탠퍼드 대학의 역할과 함께 지역 특유의 산업 구조와 사회 문화는 실리콘밸리만의 역동성을 창조하였다. 특히 중소 벤처 기업 중심의 분권화된 산업 구조와 전문화된 기업 역량은 핵심 역할을 한다. 이와 함께 비공식적 채널을 활용한 활발한 의사소통과 사회 교류, 개방적 문화 풍토는 기업들 간 집단 학습과 기술 혁신을 촉진시킨다. 한 기업의 성공과 실패 경험이 곧 바로 다른 기업들에게 새로운 지식으로 전달되는 것도 이곳의 장점이다.

지금까지 많은 국가가 이러한 실리콘밸리의 역동성을 모방하려 했으나 거의가 실패하거나 지지부진한 상태이다. 눈에 보이는 외형만을 따라 한다고 해서 역동성을 만들어낼 수 없기 때문이다. 벤처 기업들 상호 간, 대기업과 중소 기업 간, 기업과 대학 간, 기업과 금융 기관 간, 정부와 기업 간에 존재하는 눈에 보이지 않는 장벽을 허물고 민감하게 교류하고 협력해야 비로소 지역 특유의 공동체적 역동성을 창출할 수 있을 것이다.

10

네이버[30]

한국의 **대표** 선도자, **네이버**

네이버는 한국 IT 산업에서 대표적인 선도자이다. 새로운 가치를 창출하기 위해 아무도 가보지 않은 시장에 가장 먼저 뛰어든 전형적인 선발First의 행동 양식으로 21세기 들어와 가장 큰 성공신화를 기록했다.

네이버는 1999년 창업자 이해진 의장이 삼성 SDS에서 독립하면서 벤처 기업으로 출발했다. 초기 인터넷 시장에서 백지에 그림을 그려나가듯이 검색 서비스로 시작해 야후, 다음, 라이코스, 엠파스 등 포털 업체들과 생존 경쟁을 벌였다. 2000년, 한게임과 합병해 수익 모델을 확보하고 2002년, '지식iN' 서비스의 출시 등으로 검색 서비스 시장에서 결정적인 기회를 포착했다. 그 결과 국내 인터넷 인구의 95% 이상을 확보하는 일인자가 되었다.

그러나 네이버는 IT 산업의 중심이 인터넷에서 모바일로 옮겨감에 따라 새로운 변화에 직면하게 된다. 이에 대응해 국내 검색 서비스를 창조한 혁신의 과정을 일본 시장에서 반복함으로써 글로벌 메신저 시장으로 진입하는 데 성공했다. 그 결과 글로벌 메신저 서비스인 '라인'이 탄생하고 2016년 3월 기준 전 세계로부터 누적 고객 10억 명을 확보함으로써 한국 기업으로는 유일하게 페이스북, 구글, 텐센트 등 외국 글로벌 IT 기업들과 경쟁하고 있다.

2016년 7월에는 이 라인 사업을 뉴욕과 도쿄에 동시에 상장함으로써 세계 시장에서 그 가치를 인정받았다. 이러한 성공을 바탕으로 네이버의 시가총액은 2016년 9월 말 기준 약 29조 7,000억 원으로 국내 4위를 기록하며 벤처 기업으로 가장 큰 성공을 이루어냈다.

이와 같이 네이버는 창업 이후 국내외에서 각각 창발 혁신에 성공했다. 그 혁신 과정을 보면 창업자 이니셔티브가 절대적이었다. 이해진 의장은 이러한 혁신 과정을 다음과 같이 회고한다.

"인터넷 검색 서비스를 정말 하고 싶어서 네이버를 창업했고, … 창업 이래 성공과 실패를 수없이 반복했다. 늘 새로운 과제에 봉착했고 새로운 고민거리가 생겼다. … 우리는 검색 시장에서 야후를 이기기 위해 100가지도 넘는 아이디어를 내고 수많은 실험과 투자를 했다. 그중 하나가 바로 지식iN이다."

2000년, 일본에 네이버 재팬을 설립한 이후 라인 사업에서도 같은 과정을 반복했다. 2011년, 스마트폰 메신저 서비스에 대한 기회 포착이 이루어질 때까지 10년이 넘는 기다림과 끊임없는 실험이 지속되었다. 드디어 기회를 인지하고 과감한 의사결정을 통해 신시장을 개척하는 데 성공한다. 그런데 그 성공에는 혁신 과정을 뒷받침하는 전략 경영과 조직화가 있었다.

첫째, 전혀 예측할 수 없는 불확실성에 대응하기 위하여 다양한 아이디어를 실험하고 소비자 반응과 시장 변화를 고려하면서 이를 발전시키는 진화적 방식으로 전략 대처를 했다. 따라서 이 회사에는 전략 부서가 따로 없다. '전략은 현장에서 나오는 것이다'가 회사 철학이다. 예측보다는 실험, 기획보다는 현장, 일사분란함보다는 유연성을 중시하는 진화적 전략 경영을 펼치고 있다.

둘째, 소규모 셀 조직 단위를 회사 조직의 기본으로 함으로써 창업 기업의 절박함과 기업가 정신을 구현하고자 했다. 셀 조직은 해당 서비스를 개발하고 운영하는 데 필요한 기획, 개발, 디자인 등 제반 의사결정 권한을 부여한 소규모 자기 완결형 조직이다. 이해진 의장은 다음과 같이 이야기한다.

"모든 성공이 마지막 단계에 나타난다. 절박한 순간 마지막에 터져나오는 게 큰 성공들인 것 같다. 그래서 요즘 회사를 쪼개고 하는 것들이 절박한 환경을 만들어줘야겠다고 생각하기 때문이다."

최근 네이버는 창업자 이해진 의장과 CEO 김상헌 대표가 일선에서 물러나 유럽 시장에 전념할 것을 발표했다. 일본에 이어 새로운 외국 시장을 대상으로 또다시 창발 혁신에 나선 것이다.

사례 분석

창업과 성장

네이버는 이해진 이사회 의장이 1996년 삼성 SDS의 사내 벤처 1호인 '웹글라이더팀'을 통해 검색엔진 개발을 시작한 이래, 1999년 삼성 SDS에서 독립하면서 벤처 기업으로 출발했다. 그러나 창업 초기 야후, 다음, 라이코스, 엠파스, 네띠앙 등 기존의 경쟁 포털 업체들에 비해 사용자 기반이 약했기 때문에 검색 서비스만으로 생존하기 어려운 상황에 직면했다.

네이버는 사용자와 콘텐츠 확보를 위해 2000년 7월 한게임과 합병을 단행하고 2001년 9월 회사 이름을 NHN^Next Human Network 으로 변경했다. 한게임과의 합병을 통해 확보한 회원 수가 1,500만 명을 넘어서면서 포털 업계에서 3~4위권으로 올라섰다. 그리고 게임의 부가 서비스를 유료화함으로써 광고, 전자상거래, 콘텐츠 유료화, 솔루션 영업 등 다양한 수익 모델을 갖춘 종합적인 인터넷 기업으로 성장했다. 2002년, 코스닥 상장과 동시에 사용자 간 질문과 답변을 공유하는 검색과 커뮤니티가 결합된 서비스 '지식iN'을 출시했다. 이는 이때까지 수동적으로 존재하던 검색 사용자들을 능동적으로 참여하게 만듦으로서 인터넷 검색 시장의 새로운 비즈니스 모델을 구축한 것이다. 그 결과 '지식iN' 서비스 출시 당시 약 110만 명이던 이용자 수가 6개월 만에 약 848만 명으로 급증했다.

이러한 지식 검색을 바탕으로 네이버는 웹 문서, 블로그, 카페, 뉴스 등 검색과 결과가 분야별로 정리되는 통합 검색 방식을 완성함으로써 기존 야후의 디렉터리 검색 방식을 따라 하던 국내의 검색 표준을 변화시켰다. 이로 인해 네이버는 2004년부터 검색 광고 시장에서 50% 이상의 점유율을 차지했으며, 2005년에 방문자 수에서 검색 포털 정상에 등극했다. 2016년 기준 국내 인터넷 인구의 95% 이상을 확보하고 있다.

이와 함께 2011년 일본에서 시작한 모바일 메신저 '라인'은 2016년 3월 기준 전 세계로부터 누적 고객 10억 명을 확보함으로써 한국 기업으로는 유일하게 페이스북, 구글, 텐센트 등 외국 글로벌 IT 기업들과 경쟁하고 있다. 2016년 7월에는 라인을 뉴욕과 도쿄에 동시에 상장함으로써 세계 시장에서 그 가치를 인정받았다. 이러한 성공을 바탕으로 네이버의 시가총액은 2016년 9월 말 기준 약 29조 7,000억 원으로 국내 4위를 기록하며 국내 벤처 기업으로서 가장 큰 성공 신화를 이루어냈다.

네이버는 인류가 처음 경험해보는 인터넷 시대에 창업해 국내 시장에서 검색 엔진과 포털 서비스를 선도했으며 IT 산업 중심이 모바일로 이동한 뒤에도 새로운 메신저 서비스와 외국 시장 창출을 통해 커다란 성공을 이루었다.

창발 혁신

기업은 혁신을 실천함으로써 경쟁력을 창출하고 유지할 수 있다. 특히 경영 주체인 기업가의 도전적 행동과 경영 이념entrepreneur's ideology, 환경에 대한 전략적 대응strategy, 전략 실행을 위한 조직 역량 organizing 등 혁신의 핵심 요인들은 시간의 흐름에 따라 상호작용함으로써 기업의 경쟁 우위를 제고시키기도 하고 떨어뜨리기도 한다.

이러한 혁신 요인들 중 기업가 이니셔티브는 기업의 혁신 모멘텀 형성에 매우 중요한 역할을 한다. 특히 인터넷과 모바일 산업 같은 새로운 분야를 개척하기 위해서는 기업가의 이니셔티브가 필수적이다. 네이버의 경우 한국에서의 인터넷 검색 시장과 일본을 중심으로 한 모바일 메신저 시장을 새로이 개척하는 데 기업가의 이니셔티브가 절대적인 역할을 했다.

모바일 플랫폼 시장에서 국제 경쟁력을 확보하는 데 성공한 라인 사업의 예를 보면, 일본 시장에서 먼저 큰 성공을 거두었다. 2011년 3월, 일본 동북부 지역에서 발생한 지진으로 전화보다 스마트폰 메신저 서비스가 유용하게 사용될 수 있다는 사실을 인지하고 곧 바로 개발을 시작한 지 1개월 반 만에 스마트 어플리케이션 시장에 라인 서비스를 등장시켰다. 그것도 안드로이드용과 피처폰(feature phone, 일반 스마트폰)용을 동시에 개발해 재빨리 출시해냈다. 그 결과 2013년 말, 출시 2년 반 만에 사용자 수 3억 명을 돌파해 페이스북보다 2배 이상 빠른 속도의 초고속 성장을 했다. 2014년 상반기에는 전 세계 11개 지역에 4억 5,000만 명의 가입자를 확보했다.

이와 같은 라인의 성공에는 2011년 일본 동북부 지진 이전에 절박한 사업 전개 과정이 있었다. 일본에서 라인 사업이 떠오르기 전인 2011년 2월, 국내에서 이미 유사한 서비스인 '네이버톡'이 출시되었다. 하지만 스마트폰에 특화된 서비스로 사용자가 별도의 등록 없이도 전화번호를 ID로 인식하는 카카오톡에 비해 경쟁력이 떨어져 서비스를 중단해야 할 처지에 놓였다. 게다가 일본에 다시 진출한

4~5년 동안 성과 없는 경영 상황이 반복되다 보니 직원들이 지쳐갔다. 그러던 중 2011년 일본 대지진과 후쿠시마 원전 사고가 일어났고, 이 사고로부터 새로운 사업 기회를 인지하게 된 것이다. 네이버 창업자 이해진 의장은 이 순간을 다음과 같이 떠올렸다.

"가족을 귀국시킨 직원들과 두려움 속에서 밤을 새며 만든 것이 라인이다. 라인 사업으로부터 직원들의 마지막 절박감, 혼이 담긴 느낌을 받았다. 만약 이번에 일본에서 성공하지 못했다면 나도 잘렸을지 모른다."

라인 사업은 하루아침에 운 좋게 성공한 것처럼 보이지만 앞에서 보듯이 그 끝을 예측할 수 없었던 긴 인고의 단계가 있었다. 이 인고의 단계를 보면 2006년 '첫눈'이라는 회사를 인수하고, 이 팀을 중심으로 2007년 일본에 재도전하는 것으로 시작된다. 이후 계속해서 일본 검색 시장에서 반복된 서비스를 지속했다. '될 때까지 한다'는 자세였지만 모두가 지쳐가면서 위기 의식이 팽배했고, 그러한 절박함이 바로 라인이라는 새로운 기회를 만나게 했다.

이와 같은 반복적이고 소모적인 노력과 투자는 사실 창업 시 세운 기업가의 뜻과 비전이 있었기에 가능했다. 이것이 없었다면 아마도 그런 인내와 반복된 투자를 해낼 수 없었을 것이다. 그것은 네이버가 창업 때부터 세운 인터넷 세상에 대한 열정과 비전이었다. 네이버는 창업 이듬해 바로 일본 시장에 진출한 것에서 알 수 있듯이 외국 시장에 대한 비전과 열망이 강했다.

라인 사업은 2000년부터 시작된, 11년간의 끝을 알 수 없는 기다림의 결과라고 할 수 있다. 그 기저에는 창업자의 뜻과 의지, 즉 이

니셔티브가 있었다. 11년간 투자된 금액을 대략 추산했을 때, 2000
년 네이버 재팬 설립으로 인한 투자 및 운영 비용 약 2,000억 원, 마
토매 등 일본 검색 서비스 운영 비용 약 2,000억 원, 첫눈 검색 엔진
인수 비용 450억 원이 투여된 것으로 추산된다. 기업가의 이니셔티브
에 의해 라인 사업에 투자된 비용만 어림잡아 4,450억 원에 이른다.

전략과 조직화

네이버의 성공은 인류가 처음 경험해보는 인터넷과 모바일을 중
심으로 한 디지털 기술의 혁명적인 변화 속에서 이루어진 것이다.
즉 과거 경험치가 없는, 한마디로 불확실성의 정도가 극한적으로
높은 사업 환경에서 성공을 거둔 것이다. 이러한 극심한 불확실성
에 대처하기 위한 이 회사의 전략 경영은 기존 방식과는 많이 달랐
다. 예를 들면 네이버에는 공식적인 전략기획 부서가 존재하지 않는
다. 전략을 수립하는 것은 개별 사업부에서 현장 경험을 기반으로
스스로 알아서 진행한다.

네이버는 전략 수립을 위해 전담 부서에서 예측하고 계획하지 않
는다. 사전적인 분석과 계획보다는 커다란 방향을 정하면 다소 치
밀하지 못하더라도 일단 행동을 시작한다. 그러한 행동에 대한 시
장 환경 변화에 지속적으로 대응해나가는 일련의 '진화적 대응 방
식'으로 전략을 수립해오고 있다.

국내 최고의 검색 엔진과 포털 사이트라는 위상을 가진 네이버
는 조직이 거대화하면서 기능 전문화, 업무 프로세스 정형화, 계층
화된 의사결정 구조가 되었다. 예를 들어 네이버는 2007년 프로젝

트 관리의 표준화를 통한 관리 효율성을 높이기 위하여 PMO^{Project Management Office}를 도입하였다. PMO 등을 통한 업무 프로세스의 표준화는 기획, 디자인, 개발, 품질 관리^{quality assurance} 등 관련 기능 간에 역할 분담을 명확히 하고 조직 구조를 체계화하였으나 기능 간 소통 및 조정의 어려움, 고객 중심 사고와 통합적 사고의 어려움 등 새로운 문제를 야기하였다. 이로 인하여 주어진 업무 수행의 효율성은 높아졌을지 모르나 새로운 시장 기회를 위한 신속하고 다양한 혁신적 시도를 할 수 있는 능력은 떨어졌다. 또한 의사결정 구조가 계층화되면서 다양한 혁신적 시도를 하기에는 의사결정 및 조정 과정이 지나치게 복잡해졌다. 네이버는 이러한 조직 모형으로는 모바일화와 글로벌화가 급격하게 이루어지는 새로운 시장 환경에 빠르게 적응하고 새로운 서비스를 개발하는 데 한계를 느끼게 되었다.

네이버는 2014년 4월, 조직 개편을 통해 웹툰·웹소설, 동영상, 사전, 클라우드 등 모바일을 바탕으로 글로벌 시장 진출 가능성이 있는 분야 6개를 선별하여 '셀'로 분할하였다. 셀 조직은 소규모 조직으로 기획, 개발, 디자인 등 해당 서비스를 개발하고 운영하는 데 필요한 모든 인력과 자원을 자체 보유하고 있으며 독자적으로 의사결정할 수 있는 자기 완결형 조직의 형태이다.

네이버는 셀 조직 단위를 소규모화하여 초기 벤처 기업의 절박함과 기업가 정신을 구현하고자 했다. 기업이 안정적인 사업 기회를 확보하고 성장하면 창업 초기의 기업가 정신과 초기 신시장 기회에 대한 집중력이 떨어지게 된다. 일상적인 운영과 적은 위험으로 수익을 창출할 수 있는 기회가 확보된 상태에서 기존 기업이 높은 불확실성을 수반하는 초기 신시장 기회에 자원과 관심을 집중하기는 쉽지 않다. 그래서 네이버는 소규모 조직인 셀을 도입함으로써 창업 초기 벤처 정신을 회복하려는 시도를 했다.

또한 네이버는 셀 조직에 서비스를 개발하고 운영하는 데 필요한 모든 인력과 자원, 의사결정 권한을 부여함으로써 고객 중심주의와 현장 중심주의를 구현하고자 했다. 고객 중심주의와 현장 중심주의는 이해진 의장이 창업 초기부터 강조한 원칙이다.

"사용자를 늘 보고 받아들일 수만 있다면, 그 회사는 늘 잘될 수 있고, 크게 위험하지 않다. 네이버에는 전략 팀이라는 것이 없고 전략은 현장에서 나오는 것이다."

이해진 의장의 이 말은 불확실성이 높은 환경 아래에서 빠르게 변화하는 소비자의 욕구를 만족시키는 서비스를 개발하는 데 소비자와 현장 목소리의 중요성을 함축하고 있다.

네이버는 2015년 1월, 다시 한 번 조직 개편을 했다. 먼저 셀 단위 조직이 성과가 있다고 판단하고 이를 8개로 확대했다. 본부 조직을 폐지함으로써 의사결정 단계를 '센터 → 실(랩)'의 2단계로 단순화하였다. 이로 인하여 셀뿐 아니라 개별 센터도 많은 의사결정 권한을 가지게 되었고 조직 전체적으로 빠른 의사결정과 실행이 가능해졌다. 2014년, 시범적으로 도입한 자율 근무제에 대해 "직원들의 업무 효율성과 집중도는 더욱 높아지고 의사결정 과정도 신속해졌다"는 판단을 내리고 모든 부서에 정식으로 도입했다.

2016년 9월 30일, 이해진 의장은 프랑스에 기반을 둔 코렐리아캐피털Korelya Capital에 1억 유로를 출자하면서 다음과 같이 선언했다.

"계속 변화해야 한다. … 이 다음에 도전해야 할 곳이 어디인가 많은 고민을 하다가 유럽을 생각하게 됐다."

이를 실현하기 위해 현재 CEO를 맡고 있는 김상헌 대표와 함께 2017년 3월 국내 경영 일선에서 사퇴하기로 결정했다. 일본에 이어 또 다른 외국 시장에서 성공을 이루도록 새로운 도전에 나선 것이다.

11

SM엔터테인먼트[31]

K팝 시장의 창출

세계 음악 산업은 지금까지 서구 팝 시장에 의해 주도되었다. 그러나 2000년대에 들어와 아시아에서는 J팝에 이어 두 번째로 K팝이라는 독자적인 시장이 창출되었다. K팝의 탄생과 약진에는 열악한 국내 시장의 여건을 외국 시장 진출이라는 전략으로 대응한 SM엔터테인먼트 같은 선도자가 결정적 기여를 했다.

SM은 1995년 설립되었지만 그 시작은 가수 시절부터 우리 음악의 외국 진출을 꿈꾸어온 이수만 프로듀서의 비전으로 비롯되었다. 2000년 H.O.T.와 S.E.S.의 중국과 일본 진출을 통해 장기적 기획과 현지 협력사의 필요성을 학습한 이후 지속적으로 혁신적 콘텐츠를 외국에 진출시키며 비전을 구체화하고 성숙시켰다. 보아의 일본 진출에 이어 동방신기와 소녀시대, 수퍼쥬니어와 f(x) 등으로 중국과 아시아에서 인지도를 확보했다.

특히 2012년 엑소^{EXO} 데뷔로 중화권 점유율을 확대해나갔으며 이를 기반으로 전 세계에 SM 버추얼 네이션$^{Virtual\ Nation}$을 건설한다는 더욱 큰 비전을 설정했다. 이를 실현하기 위해 최근에는 NCT$^{Neo\ Culture}$ ^{Technology}라는 플랫폼 개념의 아이돌과 '24시간 디지털 놀이터' 같은 혁신적 프로젝트들에 도전하고 있다.

이와 같은 K팝 콘텐츠들의 성공 요인은 SM의 외국 시장 진출 전략과 이를 뒷받침하는 조직 역량에서 찾을 수 있다. SM이 외국 시장에 진출한 과정을 살펴보자. 진출 초기에는 낮은 인지도와 현지의 높은 문화적 장벽 때문에 현지화 전략으로 시작했다. 즉 현지 음반 회사와 파트너십을 체결하여 그들의 영업망과 마케팅 수단을 이용했다. 하지만 SNS와 유튜브 등 정보통신 기술이 발전함에 따라 콘텐츠 자체를 표준화시키는 전략을 구사했다. 이후 이 두 전략을 통합해 각 나라에서 동시다발적인 마케팅 활동을 하는 통합 전략으로 발전했다.

조직 역량의 뒷받침을 보면, 첫째 현지화의 경우 현지 시장을 면밀하게 조사하여 처음부터 현지 목적에 맞게 캐스팅과 트레이닝을 하고 짧은 시간 내에 성과를 낼 수 있도록 현지 파트너십과 유통망을 확보했다. 둘째, 표준화 전략의 경우, SNS를 적극적으로 활용하는 마케팅을 펼치고 국내에서 축적된 기획 및 제작 능력을 활용해 세계 눈높이에 맞는 글로벌 콘텐츠를 만들어냈다. 셋째, 현지화와 표준화를 동시에 실시한 통합화 전략의 경우, 콘텐츠는 물론이고 아이돌 그룹까지 OSMU One Source Multi Use를 적극 활용하며 그 효과를 극대화시키고 글로벌 네트워크 기반의 실시간 마케팅을 통해 SM 브랜드를 외국 시장에 정착시키고자 했다.

특히 SM의 조직 역량에는 창업자 중심 프로듀서 시스템이 핵심을 이루고 있다. 이것은 캐스팅, 트레이닝, 프로듀싱, 마케팅의 4단계로 이루어진 프로듀서 경영 체제로서 분권화되고 전문화된 조직 구조를 특징으로 한다. 최고경영자가 큰 그림을 그리고 세부 그림을 단계별 전문 프로듀서들이 수행하면서 의사결정 경로는 최소화했다. 그 결과 각 부서들이 하나의 유기체처럼 움직이면서 완성도 높은 콘텐츠를 경쟁자들보다 한발 빠르게 시장에 진입시킬 수 있었다. 그리고 '신상필벌信賞必罰'과 '소통'의 조직 문화가 정착되면서 임직원을 비롯하여 소속 가수들이 효과적으로 관리되고 통제되었으며, 계층의 수평화를 통해 여러 경로에서 아이디어를 수렴하고 이를 프로젝트화했다.

이 같은 특유의 프로듀서 시스템은 외국 진출 전략의 실행에서 결정적인 역할을 했다. 즉 선택과 집중을 통해 불필요한 지출과 업무상 오류를 최소화하며 불확실성을 최대한 줄일 수 있었다. 이를 기반으로 SM은 외국 시장 진출에 꾸준히 투자할 수 있었고, 다양한 콘텐츠와 수익 모델을 만들어내며 지속 성장할 수 있었다.

이수만 총괄프로듀서는 2016년 10월 27일, 아시아를 넘어 세계 미래 변화에 기여한 공로를 인정받아 한국인 최초로 '아시아 게임 체인저 어워즈'를 수상했다.

사례 분석

창업과 성장

1995년 설립된 SM엔터테인먼트는 H.O.T., 보아, 동방신기, 소녀시대, 샤이니, 슈퍼주니어, 엑소 등 수많은 스타를 배출해온 한국을 대표하는 엔터테인먼트 기업이다. SM은 캐스팅(오디션), 트레이닝, 프로듀싱 시스템을 기반으로 초기에는 TV 프로그램 제작물을 공중파와 케이블 방송에 납품하는 외주 프로그램 제작과 함께 신인 발굴과 음반 기획을 병행하는 연예 매니지먼트 사업을 주력으로 하였다. 현재는 외국 자회사 신설, 전략적 제휴 등으로 사업 영역을 지속적으로 확대하며 아시아 그리고 전 세계로 뻗어나가고 있다. 1998년, H.O.T.의 중국 진출로 시작된 외국 진출 사업은 2012년 이후 전 세계의 K팝 열풍을 주도하고 있다. 2000년 4월에는 국내 엔터테인먼트 기업 최초로 코스닥에 상장했다.

현재 SM 소속 가수들은 일본뿐 아니라 전 세계적으로 선풍적인 인기를 얻고 있다. 또한, 2011년 6월 10~11일, SM 소속 가수들의 파리 공연은 단지 아시아 시장뿐 아니라 글로벌 시장에서의 가능성을 보여주는 사례가 되었다. 뉴욕과 도쿄돔 공연에 이어서 유튜브, 페이스북 등 다양한 경로를 통해 남미 등 기존에는 생각지도 못했던 국가에서 공연하며 더욱 넓은 지역의 팬 층과 다양한 사업 기회를 획득하며 글로벌화를 이루고 있다.

이수만 프로듀서의 꿈과 콘텐츠 혁신 과정

SM엔터테인먼트의 글로벌 성과는 이수만 프로듀서의 오랜 꿈과 비전으로부터 시작되었다. 창업부터 이수만 프로듀서의 꿈은 우리 음악의 외국 진출이었다. 유럽, 일본, 미국 등 외국 가수들이 국내 가수보다 인기가 훨씬 많은 현실에 가수로서 자존심도 상했고 "외국에서 우리 문화가 유명해지면 경제도 강해질 것이다"는 생각으로 처음부터 외국 진출을 꿈꾸었다. 그리고 그의 꿈은 사업 경험이 쌓여가면서 점점 더 구체화되고 체계화되었다. 이수만 프로듀서는 자신의 꿈을 실현하기 위해 단순한 매니지먼트 기업이 아닌 시스템 수출 기업으로 만들고자 했다. 그리고 미래에 세계 최대 시장이 될 것으로 판단한 중국 시장으로의 진출이 핵심 목표였다. 이를 기반으로 SM을 중심으로 한 전 세계적 버추얼 네이션을 완성하는 것이 그의 비전이다.

이수만 프로듀서의 비전은 창발 혁신의 결과물인 아이돌 그룹들에 의해 구체화되고 성숙해갔다. 2000년 2월, 중국 베이징에서 열린 H.O.T. 공연은 중국 시장에 첫발을 내딛는 자리였다. 한류라는 말이 이때 만들어졌을 만큼 성공을 거두면서 중국 시장에서의 가능성을 확인했다. 하지만 중국은 아직 수익을 줄 수 있는 시장이 아니었다. 이에 따라 아시아 최대 콘텐츠 시장을 가지고 있는 일본으로 진출을 시도했다. 2000년 4월, S.E.S.가 본격적인 활동을 위해 일본으로 건너갔다. 하지만 당시 일본은 걸그룹 포화 상태였기 때문에 한국의 S.E.S.가 설 자리가 별로 없었다. 이 과정을 통해 장기 관점의 프로젝트 진행과 사전 계획 등이 필요함을 새로이 깨달았다.

이러한 경험을 기반으로 처음부터 치밀하게 계획해 투자한 것이 BoA 프로젝트였다. 30억 원 규모의 프로젝트로 당시로서는 회사의 운명이 걸린 투자였다. 절박한 상황에서의 투자는 결과적으로 큰 수익이 되어 돌아왔다. BoA는 2001년 5월, 일본에서 첫 앨범 데뷔로 시작해 발매하는 앨범마다 차트 1위에 오르는 놀라운 성공을 거두었다.

일본 시장에서의 가능성을 확인하고 시스템 수출이라는 비전을 어느 정도 이룬 후 중국 시장 진출과 SM 버추얼 네이션의 구축이라는 꿈을 실현하기 위한 또 다른 도전과 투자가 진행되었다. 즉 2004년 1월, 동방신기 데뷔와 2007년 8월 소녀시대 데뷔로 이어졌다. 동방신기는 일본 지역에서 엄청난 양의 음반 판매를 기록했고 외국 아티스트 중 일본 오리콘 싱글 차트 1위에 가장 많이 오른 아티스트로서의 영예를 얻었다. 그뿐 아니라 중국을 포함한 아시아 국가들에서도 상당한 수준의 인기를 얻는 데 성공했다.

한편 소녀시대가 국내에서 최정상 여성 그룹의 반열에 오른 2009년 6월, 전 세계적으로 스마트폰이 보급되고 유튜브 등 SNS가 활성화됨에 따라 유튜브에 SM엔터테인먼트 공식 채널을 마련했다. 이 채널을 통해 수많은 외국 K팝 팬들이 SM엔터테인먼트 가수들의 영상을 자발적으로 찾아보고 공유했다. 2010년 9월에 발매한 소녀시대의 일본 첫 싱글 앨범은 수많은 사전 예약 판매를 기록했으며 발매 이전부터 도쿄 시내의 주요 음반 매장에 소녀시대 코너가 따로 마련되기도 했다.

이와 같이 일본에서 경제적 성공을 확대하고 뉴미디어를 활용해 중국 등 아시아 시장에서의 인지도를 확보함으로써 SM은 또다시 비전을 구체화하고 키울 수 있었다. "가장 큰 시장에서 가장 큰 스타가 나온다"는 철학을 가지고 있는 이수만 프로듀서는 2005년보다 확실하게 중국 시장을 겨냥한 아이돌 그룹을 등장시켰다. 남성 12인조 그룹 슈퍼주니어와 독특한 일렉트로닉 사운드를 특징으로 하는 f(x)가 바로 그들이다. 이 두 그룹은 중국인 멤버를 포함하고 있다는 점에서 공통적이다. 순수 중국인이 한국의 대표 기획사인 SM에서 데뷔해 활동한다는 입소문이 퍼지자 슈퍼주니어에 대한 관심은 빠르게 퍼졌다. 그리고 슈퍼주니어는 K팝 아티스트로 중국 최고 인기 그룹이 되는 성공 신화를 만들었다. 중국인 멤버를 포함시키는 것이 중국 시장 공략에 유효할 것이라는 전략이 틀리지 않았음을 확인한 SM은 여성 5인조 그룹 f(x)를 결성하면서 2명의 중화권 멤버를 합류시켰다.

이처럼 SM이 중국인 멤버를 앞세워 중국 시장을 적극적으로 공략하기 시작하면서 중국도 수익을 기대할 수 있는 시장으로 변모하기 시작했다. 중국 소비자들의 소득 수준이 향상되면서 영화, 음악 등 엔터테인먼트 콘텐츠에 대한 지출이 증가했다. 중국 시장의 수익성이 높아지면서 SM의 지역별 매출액 구조도 변화했다. 2010년 기준으로 5.9%에 그쳤던 중화권 시장의 매출액 점유율은 2014년 1분기를 기점으로 10%를 상회하기 시작했다. 중국이 궁극적인 목표 시장이라고 꿈꾸어왔던 비전이 점차 현실이 되고 있었다.

중국 시장 공략을 위해서는 중국인 멤버가 필요하다는 결론을 내린 SM은 그간의 노하우를 바탕으로 심혈을 기울여 기획한 12인조

남성 그룹 EXO를 2012년에 데뷔시켰다. 루한, 레이, 타오 등 3명의 중국인 멤버를 포함한 EXO는 전략적으로 중국인 멤버를 영입했다는 점에서 슈퍼주니어나 f(x)와 유사하다. 하지만 한국에서의 활동에 집중하는 EXO-K와 중국에서의 활동을 전담하는 EXO-M을 구분하고 한국과 중국에서 거의 동시에 활동을 전개한다는 측면에서 새로운 전략이라 할 수 있다.

중국인 멤버가 과반을 넘는 EXO-M의 적극적인 활동으로 중국 시장에서 EXO의 인기는 놀라운 속도로 올라갔다. 중국 쇼케이스로부터 일주일 후인 4월 8일에 유튜브를 통해 공개된 「MAMA」의 뮤직비디오는 업로드가 되자마자 전 세계에서 가장 많이 본 동영상 7위에 올랐으며, 「MAMA」의 음원 역시 중국 음악 사이트에서 공개된 직후 1위를 휩쓰는 기염을 토했다. 또한, 중국 최대 검색 포털 바이두의 팬 커뮤니티 서비스인 바이두 티에바Baidu Tieba의 아티스트 채널 방문자 수를 살펴볼 때, EXO가 한국인 아티스트 순위에서 1위에 올랐을 뿐 아니라 중국, 대만, 홍콩 등 중화권 아티스트들까지 포함하는 종합 순위에서도 EXO-M의 멤버 타오가 1위를 기록하는 등 EXO는 이미 기존 한류 스타는 물론 중국의 특급 스타들과도 어깨를 나란히 하는 수준이 되었다. 2013년 6월에 발표한 첫 정규 앨범 〈XOXO〉와 리패키지 앨범은 합산 판매량 100만 장을 돌파하며 쇠퇴하고 있는 음반 시장에서도 기록적인 족적을 남겼다.

2016년 1월, SM은 새로운 혁신 프로젝트 계획을 발표했다. 멤버 영입과 숫자 제한이 없는 신개념 보이 그룹이 그것이다. NCT라는 브랜드 아래 전 세계 주요 도시를 기반으로 각각의 팀을 순차적으로 선보일 예정이다. 그리고 '24시간 디지털 놀이터' 같은 개념과 문화 기술을 도입한 혁신적 프로젝트들을 소개했다.

외국 진출 전략과 조직 역량

SM엔터테인먼트는 2000년대 초반 외국 시장에 진출하면서 회사의 낮은 인지도와 진입장벽의 수준을 최소화하기 위해 현지화 전략을 썼다. 대표적인 예가 보아 프로젝트다. 데뷔 때부터 일본 유명 음반 회사인 AVEX, 일본 최고의 TV 프로덕션인 요시모토와 함께 현지 법인 SM 재팬을 설립해 보아를 데뷔시켰다. 일본 최대 규모의 음반 기획사인 AVEX와의 라이선스 협정 체결을 통해 SM에서 라이선스를 취득하여 발매되는 음반은 일본에서 'AVEX 연예인'으로 소속되어 AVEX 제휴사를 통해 자유롭게 음반을 낼 수 있었다. 이러한 파트너십을 기초로 보아는 현지 최대의 음반 기획사의 영업망과 마케팅의 힘을 이용하여 안정적으로 활동할 수 있는 기틀을 마련하게 됐다.

보아의 성공 후 국내외 문화 산업 환경은 스마트폰의 보급과 SNS의 발달로 지각 변동이 일어났다. 문화 콘텐츠를 교류하는 데 물리적 거리가 장애가 되지 않는 이른바 IT 정보화 시대가 도래한 것이다. SM엔터테인먼트는 2009년 6월에 일찍이 유튜브에 공식 채널을 마련했다. 이것은 이미 회사 내부에서 10여 년 전부터 예견했던 일로서, 뉴미디어부를 설치하여 SNS 관련 플랫폼을 집중적으로 연구해왔다. 이 회사는 유튜브, 페이스북에 공식 채널을 운영 중이고, 슈퍼주니어 멤버별 트위터, 보아 개인 트위터, f(x) 공식 미투데이와 멤버별 미투데이, 샤이니 공식 미투데이와 온유 미투데이를 개설하여 운영하고 있다. 뉴미디어 전담 팀은 일주일에 서너 번 이상 다양한 콘텐츠를 지속적으로 업로드하며 관리하고, 모든 포스트는 영어와 한글을 동시에 사용하여 올린다.

SM은 소녀시대의 일본 진출을 계기로 유튜브 같은 뉴미디어를 이용한 표준화 전략을 사용하기 시작했다. 제작 단계부터 세계 시장을 겨냥해 북유럽 출신의 유명 작곡가가 제작한 소녀시대의 멜로디 라인은 유럽인들에게 그대로 흡수되었고, 간단하고 반복적 후렴구를 사용한 '후크송'은 유럽인들도 한국어로 소녀시대의 노래를 따라 부르게 만들었다. 일본 진출 시 기존 매스미디어에는 일체 노출하지 않고 바로 현지 쇼케이스를 열었다. 이 쇼케이스의 성공은 바로 음반 구매로 이어졌고, 소녀시대는 어렵지 않게 안정적으로 일본 활동을 시작하게 되었다. 이런 현상은 중앙아시아를 넘어 유럽에까지 나타났다.

이후 EXO-K와 EXO-M이라는 두 그룹이 같은 날 같은 시각에 동일한 곡을 한국어와 중국어로 각각 발표하며 한·중 동시 데뷔하는 통합형 외국 진출 전략을 추구하였다. 이는 한국어와 중국어를 시작으로 글로벌 무대에 진출하여 EXO의 음악으로 전 세계를 사로잡겠다는 야침 찬 목표를 드러낸 것이다. SM은 공식 데뷔 전에 이들의 티저 영상을 공식 홈페이지, 유튜브 채널, 페이스북, 네이버와 함께 중국의 웨이보, 시나, 소후, 요쿠 등을 통해 전 세계에 공개하였다. 또한 티저 영상과 사진을 통해 소개된 일부 멤버가 어느 팀에서 활동하게 될지 공개하지 않고, 멤버를 순차적으로 1명씩 공개하는 전략으로 팬들의 궁금증을 극대화하여 데뷔 전부터 이슈를 만들어내고 있다.

이와 같이 SM엔터테인먼트는 외국 시장의 입지를 분석하고, 진입 시점을 결정하며, 효과적인 방법으로 외국 시장을 공략함으로써 성공적인 글로벌화를 진행할 수 있었다. 환경 변화에 유연하게 대처하며 현지화와 표준화 전략을 적절히 혼합한 전략은 외국 시장에 진출하는 데 효과적으로 작용했다고 평가할 수 있다.

특별히 주목할 점은 프로듀서 중심 경영 체제이다. 창업자인 이수만 회장이 총괄 지휘하며 그 밑으로 캐스팅, 트레이닝, 프로듀싱, 마케팅의 4단계로 나누어진 전문 프로듀서들이 있다. 경영, 재무, 법률 등의 업무는 CEO인 김영민 대표가 총괄한다. 즉 경영과 콘텐츠 프로듀싱을 분리했다. 이 같은 경영 체제는 연습생이 스타가 되기까지 기다릴 수 있는 자금 동원력을 높였고 완성도 높은 콘텐츠를 제작하는 데 필요한 자원과 시간을 효율적으로 운영할 수 있도록 했다.

이수만 회장은 프로듀서의 최고 책임자로서 그룹의 네이밍, 스타일 기획, 콘셉트와 음악 장르 선정 등을 처음부터 끝까지 기획하고 관리하며, 외국 비즈니스를 풀어나가는 업무에 집중한다. 다시 말해서 이 회장은 미래를 위한 큰 그림을 그린 후, 세부 그림은 단계별 전문 프로듀서들에게 맡긴다. 이것은 리더의 현실 인식과 미래 예측을 토대로 통찰력과 냉철한 판단에 의한 신속한 의사결정을 가능하게 한다. 또한 불필요한 정보를 버리고 명확한 비전 설정과 집중적 투자를 추진함으로써 경쟁자들보다 한발 빠르게 시장에 진입하고 시장을 선도하게 하는 데 기여했다. 이와 같은 프로듀서 경영 체제는 각 단계로 나뉘어진 하위 전문 프로듀서들이 유기적으로 움직이면서 변화하는 환경에 빠르게 대처하고, 외국 시장 진출도 효율적인 방법으로 적절한 시기에 이루어질 수 있게 하는 데 기여했다.

12

바이로메드

본 **퍼스트** 무버, **바이로메드**

처음부터 글로벌 시장을 목적으로 창업한 '본 글로벌^{Born Global}' 기업이 있듯이, 태생부터 선도자인 기업이 있다. 한국 바이오 신약 개발을 대표하는 기업 바이로메드는 세상에 존재하지 않는 신약 제품에 도전한 만큼 '태생부터 선도자'일 수밖에 없었다. 이 회사는 국내 최초 유전자 치료 전문 기업으로서 선진국에서도 출시되지 않은 제품을 만들기 위해 막대한 자금과 10년이 넘는 임상 실험이라는 극한적 불확실성을 견뎌내고 있다.

바이로메드는 1994년 서울대 미생물학과 김선영 교수가 학내 벤처 1호로 출발해 1996년 주식회사로 전환했다. 김 교수는 미국 MIT와 영국 옥스퍼드 대학에서 유학하는 동안 에이즈 바이러스를 연구하던 중 그 바이러스가 유전자 전달체인 레트로바이러스의 일종인 것에 착안해 본격적으로 유전자 치료제 개발에 나섰다. 유전자 치료제는 유전자를 인체 내에 집어넣어 난치병을 치료하는 기술로서 암, 유전 질환, 심혈관 질환 등 불치병을 대상으로 하는 세계적 틈새시장에 속한다.

이 회사는 매출액 대비 연구 개발 투자 비율이 80%가 넘는 기술 개척자형으로서 코스닥 바이오 기업 중 가장 많은 특허를 보유하고 있다. 미국 FDA로부터 허혈성 족부 질환 유전자 치료제와 당뇨병성 신경병증 치료제에서 임상 3상 승인을 받는 성과를 올렸다. 이와 같은 연구 개발 성과로 2005년 코스닥에 상장한 이후 기업 가치가 급격히 상승해 2016년 10월 기준 1조 6,000억 원이 넘는 기업 가치를 기록하였다.

흥미로운 것은 2015년 전체 매출액이 77억 원 수준에 불과함에도 주식 시장에서 1조를 훨씬 넘는 기업 가치를 기록하였다는 사실이다. 그만큼 이 회사의 미래 가치가 높이 평가받고 있다. 이 회사의 목적은 일반 제조업과는 달리 5~10년간 매출이 없어도 새로운 기회를 기다리며 인류의 삶을 뒤바꾸는 제품을 만드는 것이다.

이와 같이 바이로메드가 한국 바이오 산업을 대표하는 신약 개발의 기술 개척자로 성공한 데는 원천 기술을 활용한 특허 개발과 재빠른 제품 개발 능력이 핵심 역할을 했다. 이 회사는 창업 이후 3년 동안 선진국에 진출할 수 있는 기반 기술을 구축했고, 그 기반 아래 4~5년 동안 유전자 전달체 개발에 매진했다. 그리고 실제 적용을 위해 3년간 동물 실험을 하고 각종 유전자를 투입해 치료할 수 있는 상품을 찾아내 임상 실험을 해왔다.

이와 같은 장기간 불확실성을 극복할 수 있었던 것은 대학 내 우수한 기술 인력과 창업자의 세계적 과학 지식과 연구 네트워크 등이 성공의 원동력으로 작용했기 때문이다. 이들은 선진국에서 3년 걸릴 과제를 절반의 투자 금액으로 1년 만에 끝낼 수 있는 개발 능력을 발휘했다. 대학의 역할과 중요성을 다시금 생각하게 하는 대목이다.

원래 바이오 신약 개발은 성공 가능성이 매우 낮고 개발 기간도 10년이 넘을 정도로 불확실성이 크다. 그래서 기업이 기술 지상주의와 의욕적인 연구 개발 투자에 나설 경우 실패로 이어질 수 있는 가능성이 매우 높다는 딜레마가 존재한다. 바이로메드는 이러한 딜레마를 극복하기 위해 명확한 시장 요구에 기반을 둔 제품 개발을 했다. 즉 허혈성 족부 질환(혈관이 막혀 다리에 심한 통증과 함께 궤양이 생기는 질병)이나 당뇨병성 신경병증 등 분명한 시장 잠재력이 존재하는 분야를 선택했다.

주목할 점은 연구 개발에 과감한 투자를 하면서도 현명한 모험을 했다는 사실이다. 오랜 기간이 걸리는 신약 분야 고유 특성을 인정하고 성급하게 시장 진입에 나서지 않았다. 그 대신 적극적인 외부 투자 자금 유치와 함께, 규모가 작더라도 매출과 이익에 실질적 기여를 할 수 있는 건강기능식품 사업을 같이 키워나갔다. 때를 기다린 것이다.

사례 분석

창업과 성장

바이로메드^{Viromed}는 국내 최초의 유전자 치료 전문 기업이다. 이 회사는 세상에 존재하지 않는 신약 산업에 도전한 만큼 '태생부터 선도자'일 수밖에 없는 본 퍼스트 무버이다. 첨단 신약이란 선진국에서도 출시되지 않은 제품을 대상으로 막대한 자금과 10년이 넘는 임상 실험 과정이라는 극한적 불확실성을 견뎌야 하는 분야이다.

이 회사는 1994년 서울대 미생물학과 김선영 교수가 학내 벤처 1호로 출발해 1996년 주식회사로 전환했다. 김 교수는 서울대 미생물학과를 졸업하고 미국 MIT에서 석사, 영국 옥스퍼드 대학에서 박사 학위를 받았다. 유학 시절 에이즈 바이러스를 연구했던 김 교수는 1992년 귀국해 서울대 미생물학과 교수로 재직하면서 자신이 연구하던 에이즈 바이러스가 유전자 전달체인 레트로바이러스의 일종인 것에 착안해 본격적으로 유전자 치료제 개발에 나서게 되었다.

김선영 교수는 투자 유치를 위해 국내 유명 제약사를 모두 찾아가 첨단 신약을 만들겠다고 설득했으나 "미국이나 일본에 없는 약에 투자하기 어렵다"는 대답만 들었다고 한다. 이때 기술적 가치를 인정한 일본 다카라 바이오^{Takara Bio Inc.}가 600만 달러를 투자했다. 또한 여기에 영향을 받은 국내 투자자들이 17억 원을 투자해 동물 실험비 등 초기 자금을 마련했다.

김 교수는 2000년 4월, 팬제노믹스^{PanGenomics}란 건강보조식품 개발 회사도 창업했다. 바이로메드의 신약 개발 기간이 길기 때문에 수익성을 확보해 자립 기반을 마련하기 위해서이다. 이 회사는 동양 의학의 전통 비방秘方을 찾아내 제품화하는 것이 목적이다. 알레르기, 류머티즘, 위장 운동제 등을 개발해 판매하고 있다.

유전자 치료제는 유전자를 인체 내에 집어넣어 난치병을 치료하는 기술로서 암, 유전 질환, 심혈관 질환 등 불치병을 대상으로 한다. 이 회사는 매출액 대비 연구 개발 투자 비율이 80%가 넘는 기술 개척자형으로서 코스닥 바이오 기업 중 가장 많은 특허를 보유하고 있다. 그리고 유전자 치료제로 식약청으로부터 품목 허가를 처음 받았다. 미국 FDA로부터 국내 기업으로는 처음 임상 3상 승인을 받는 성과를 올렸다.

허혈성 족부 질환 유전자 치료제의 경우 2015년 미국 FDA 임상 3상 승인을 획득했으며 당뇨병성 신경병증 치료제도 미국 FDA 임상 3상 승인을 받았다. 2014년에도 근위축성 측삭경화증 치료제가 미국 FDA로부터 희귀 의약품으로 지정 승인되었다. 미래 면역 항암제 시대에 대비하는 키메라 항원수용체-T^{CAR-T} 치료제 관련 기술을 미국 블루버드바이오Bluebird bio, Inc.에 기술 이전하기도 했다. 이 밖에 만성유아종, 심혈관 질환 치료제, 항암 보조 물질 등을 개발하고 있다.

바이로메드는 이와 같은 연구 개발 성과로 2005년 코스닥에 상장한 이후 기업 가치가 급격히 상승해 2016년 10월 5일 기준 1조 6,000억 원이 넘는 기업 가치를 기록하고 있다. 흥미로운 점은 2015년 전체 매출액이 77억 원 수준이며 순이익도 2013년에 들어와 흑자를 기록하고 있다는 사실이다. 100억 원이 되지 않는 매출에도 주식 시장에서 1조 원을 훨씬 넘는 기업 가치를 기록하고 있는 것은 그만큼

이 회사의 미래 가치를 높게 평가하고 있음을 보여준다.

경영 특징

바이로메드가 한국 바이오 산업을 대표하는 신약 개발의 기술 개척자로 성공하는 데는 원천 기술을 활용한 특허 개발과 재빠른 제품 개발 능력이 있다. 이 회사는 창업 이후 3년 동안은 선진국에 진출할 수 있는 기반 기술을 구축했고, 4~5년째부터는 그 기반 아래 유전자 전달체 개발에 착수했다. 실제 적용을 위해 3년간 동물 실험을 하고 각종 유전자를 투입해 치료할 수 있는 상품을 찾아 임상 실험을 해왔다. 일반 제조업은 매출이 있어야 생존하는데, 바이로메드 같은 선도자는 5~10년간 매출이 없어도 새로운 기회를 기다리며 인류의 삶을 뒤바꾸는 제품을 만드는 것이 목적이다.

국가 기술 개발의 성과를 토대로 우수한 기술 성과를 만들었지만 이를 상용화할 기업이 없는 상황에서 대학 교수와 연구진들이 직접 창업에 나섰다. 대학의 우수한 기술 인력과 기술적 성과를 임상으로 진행할 수 있는 기술 개발 능력, 창업자의 세계 수준의 과학적 지식과 연구 네트워크 등이 성공의 원동력으로 작용했다. 석사 및 박사로 구성된 대학 연구팀의 인건비는 선진국의 절반 수준이며 이들의 연구 개발 생산성도 뛰어났다. 선진국에서 3년 걸릴 과제를 절반의 투자 금액으로 1년 만에 끝낼 수 있는 개발 능력을 보여주었다.

이 회사는 이러한 신약 개발 능력을 토대로 유전자 치료제라는 틈새시장으로 과감히 진입하였고 신속한 제품 개발 및 임상 진행 능력을 발휘했다. 그 결과 세계적 신약 후보군을 확보하고 한국을 대표하는 바이오 신약 기업의 이미지를 획득했다.

원래 바이오 신약 개발 분야는 성공 가능성이 매우 불확실하고 개발 기간도 10년이 넘을 정도로 오래 걸린다. 그러다 보니 전략적 집중에 의한 성공 확률이 매우 낮다. 여기에 기업이 기술지상주의와 의욕적인 연구 개발 투자에 나설 경우 실패로 이어질 가능성이 매우 높다는 딜레마가 존재한다. 이러한 딜레마를 극복하기 위해 바이로메드는 다음과 같은 전략을 실천했다.

첫째, 명확한 시장 요구에 기반을 둔 제품 개발을 했다. 허혈성 족부 질환이나 당뇨병성 신경병증 등 시장 잠재력이 분명한 분야를 선택했다. 둘째, 전체 매출의 80% 이상을 연구 개발에 투자해 오로지 신약 개발에 매진하는 기업 목적과 문화를 정립했다. 셋째, 과감한 의사결정을 하면서도 현명한 모험을 해왔다. 오랜 기간이 걸리는 신약 분야 특성을 인정하고 성급하게 시장 진입에 나서기보다는 규모가 작더라도 기업 매출과 이익에 실질적 기여를 할 수 있는 건강기능식품 판매 사업을 키우며 시간을 벌었다. 즉 생물학과 천연물 소재를 기반으로 한 신약 개발과 함께 천연물 소재 기반의 건강기능식품을 개발 및 판매하는 사업 분야를 사업 포트폴리오로서 일찍부터 함께 키워나갔다.

13

아이디스[32]

IT 제조 분야의 **선도자**

아이디스[IDIS]는 짧은 제품 수명 주기를 특징으로 하는 IT 제조 산업에서 선도자가 걸어야 할 길이 무엇인지를 잘 보여준다. 1997년, KAIST 전산학 박사 과정에 재학 중이던 김영달 대표가 대학원 동료들과 함께 자본금 5,000만 원으로 이 회사를 출범시켰다. 김 대표는 대학원 동기인 '네이버'의 이해진 의장과 '넥슨'의 김정주 회장 등과는 달리 제조 분야에서 창업 아이템을 선택했다.

김영달 대표는 창업 아이템을 찾기 위해 다음과 같은 3가지 원칙을 세웠다. 첫째, 기술력으로 세계 시장에서 1등을 하는 기업을 세운다. 둘째, 대기업이 진입하기 어려운 분야에서 창업한다. 셋째, 기술력만으로 경쟁력을 획득할 수 있는 신시장이나 변화하는 시장으로 진출한다.

결국 이러한 3가지 원칙을 충족하는 '디지털 영상 저장 및 전송 장치'인 DVR^{Digital Video Recoding}을 선택했다. 보안용 영상 감시 장치 시장이 '디지털' 신기술로 재편되리라 예측되었기 때문이다. 이후 보안에 대한 요구가 급증하면서 단시간에 국내 시장을 장악했다. 그러나 핵심 목표는 외국 시장이었으므로 재빨리 세계 각국의 품질 시험을 받으며 1999년에는 미국 GE를 제치고 시드니 올림픽 납품 업체로 선정되었다. 이후 2001년 '수출 500만 달러 탑' 수상을 시작으로 2005년 '5,000만 달러 수출의 탑' 등을 수상하며 꾸준히 성장했다.

2002년과 2004년에는 미국 《포브스》에 의해 '세계 200대 BEST 중견 기업'에 각각 선정되었고 2007년에는 세계 DVR 시장 점유율 7%로 1위를 차지했다. 이렇듯 떠오르는 DVR 시장에서 선도자로 성공한 데는 진입 전략이 주효했다. 대기업과 벌이는 경쟁을 피할 수 있는 영역을 찾아 확실한 기술력으로 차별화를 확보했으며 처음부터 외국 시장 진출을 목적으로 했다.

이 회사는 자체 상표로 직접 영업에 나선 2013년 이전까지 영업 이익률이 20% 수준을 상회했으며 부채 없는 경영을 해왔다. 매출액 대비 10% 정도를 연구 개발에 투자하여 높은 기술력을 확보함으로써 가격 경쟁이 치열해진 이후에도 부가 가치가 높은 세부 시장에서 계속 1위를 유지했다. 2013년에는 세계적인 보안 전문 잡지인 《A&S》로부터 영상 감시 부문 전 세계 5위를 인정받았다.

이렇듯 경쟁력을 유지·확보할 수 있었던 데는 다음과 같은 경영 전략이 특히 주효했다.

첫째, 부족한 경영 자원을 창의적으로 보완해나갔다. 보안 산업은 원래 보수적이고 유통 구조가 폐쇄적이기에 우수한 제품을 보유하고 있더라도 새로운 거래선을 확보하는 것이 매우 어렵다. 아이디스는 처음부터 욕심을 내지 않고 제휴를 통해 부족한 자원과 능력을 아웃소싱Outsourcing하는 방법으로 국내 시장과 국외 시장을 동시에 공략했다. 즉 보유하고 있는 기술력을 활용해 제품을 직접 개발해서 유통 업체에게 공급하는 ODM 생산 방식을 통해 판매와 시장 개척에 따른 위험 부담을 줄였다.

둘째, 수시로 변화하는 IT 산업에 대응해 지속 가능 경영 체제를 구축하려 했다. 2000년대 중반 이후 DVR 기술이 네트워크 영상 저장 장치Network Video Recorder라는 새로운 형태로 진화함에 따라 김영달 대표는 '지속 성장'이라는 새로운 목표를 제시했다. 다시 한 번 뛰어난 기술력을 기반으로 세계 시장에서 인정받을 수 있도록 대기업이 하지 않는 분야를 찾아 사업 다각화를 시도하기로 한 것이다.

김영달 대표는 새로운 도전에 대한 각오를 이렇게 이야기한다.

"두 번째 목표인 지속 가능 경영을 위해 보안, 산업용 디스플레이, 카드 프린터 등 3개 사업 분야로 영역을 넓혔다. 앞으로 각 분야 세계 1등 기업을 만들어 100년 기업으로 성장할 수 있도록 노력하겠다."

사례 분석

창업과 성장

1997년, KAIST 전산학 박사 과정에 재학 중이던 김영달 대표는 대학원 동료들과 함께 자본금 5,000만 원으로 아이디스를 설립하였다. 김 대표는 1995년 실리콘밸리 현지 벤처 제조 업체에서 교환 연구원으로 근무하면서 세계 시장에서 기술로 인정받고 있는 히든 챔피언들을 직접 목격하고 창업에 대한 꿈을 키웠다. "우리가 배운 디지털 분야에서 먼저 앞서가자"는 생각으로 1년이 넘는 탐색 기간을 거쳤다.

이 시기는 1990년대 후반으로 한창 인터넷 산업이 새로이 등장하는 때였다. 실제로 인터넷 포털 대표 기업으로 성장한 '네이버'의 이해진 의장과 온라인 대표 게임 회사인 '넥슨'의 김정주 회장은 김영달 대표와 대학원 동기 사이다. 이들이 온라인 시장을 선택한 반면 김 대표는 제조 분야에서 창업 아이템을 찾았다. 김영달 대표는 창업 아이템을 선택하기 위해 다음과 같은 3가지 원칙을 세웠다.

첫째, 규모가 크거나 브랜드를 알리는 기업보다는 기술력으로 세계 시장에서 1등을 하는 기업을 세운다. 따라서 창업 멤버들이 전산학을 전공한 엔지니어들이므로 이 분야에서 세계적으로 기술적 차별화하는 것이 목적이었다. 둘째, 대기업이 진입하기 어려운 분야에서 창업한다. 이미 대기업이 존재하거나 쉽게 들어올 수 있는 사업 분야에서는 기술로만 경쟁할 수 없기 때문이다. 즉 자본력이나 시장 지배력 같은 요소들이 작용하므로 작은 벤처 기업이 쉽게 경쟁력을 상실할 수 있다. 셋째, 기술력만으로 경쟁력을 획득할 수 있는 신시장이나 변화하는 시장으로 진출한다.

이러한 3가지 원칙을 충족하는 창업 아이템은 결과적으로 DVR이었다. 보안용 영상 감시 산업에서 영상 저장 장치 시장이 '디지털' 신기술로 재편될 것이라 예측되었기 때문이다. '디지털 영상 저장 및 전송 장치'인 DVR은 CCTV로 촬영한 영상이 당시 아날로그식 비디오테이프에 녹화되었던 것을 디지털로 변환함으로써 시장을 대체했다. 비디오테이프를 사용함으로써 발생하던 테이프 교체 문제나 잡음 문제를 디지털 전환을 통해 하드디스크에 입력하는 방식으로 해결한 것이다. 특히 보안에 대한 요구가 급증하면서 단시간에 국내 시장을 장악했다.

그러나 핵심 목표는 외국 시장이었으므로 세계 각국의 품질 시험을 받았으며 1999년에는 미국 GE 등을 제치고 시드니 올림픽 납품 업체로 선정되었다. 이후 2001년 '수출 500만 달러 탑' 수상, 2003년 '2,000만 달러 수출의 탑' 수상, 2005년 '5,000만 달러 수출의 탑' 등을 수상하며 꾸준히 성장했다.

2002년과 2004년에는 미국 《포브스》에 의해 '세계 200대 BEST 중견 기업'에 두 차례 선정되었고 2007년에는 세계 DVR 시장 점유율 7%로 1위를 차지했다. 2013년에는 세계적 보안 전문 잡지 《A&S》로부터 영상 감시 부문에서 전 세계 5위로 인정받았다. 이 회사는 자체 상표로 직접 영업에 나선 2013년 이전까지 영업 이익률이 20% 수준을 상회했으며 부채 없는 경영을 해왔다. 매출액 대비 10% 정도를 연구 개발에 투자하여 높은 기술력을 확보함으로써 가격 경쟁이 치열해진 이후에도 부가 가치가 높은 시장에서 1위를 유지해왔다.

한편 2008년 처음 사업 다각화를 추진한 이래, 2011년에는 인적 분할을 통해 지주 회사 체제로 전환하고 인수 합병M&A을 통해 사업 다각화를 추진하면서 사업 영역을 넓히기 시작하였다. 특히 최근에는 통합 보안 솔루션Total Security Solution 전문 업체로 발전하기 위해 노력하고 있다.

경영 특징과 성공 요인

보안 산업은 원래 보수적이고 유통 구조는 폐쇄적인 경향이 있다. 따라서 보안 장비 제조 업체와 유통 업체 간의 관계는 장기적으로 유지되는 성향이 강하다. 그러다 보니 아이디스 같은 신생 벤처 기업 입장에서는 아무리 성능이 뛰어나고 우수한 제품을 보유하고 있더라도 새로운 거래선을 확보하는 건 쉬운 일이 아니다. 즉 기술이 우수해도 그 제품을 소비자에게 전달하는 과정에서 마케팅이나 유통 같은 보완 자산들이 절대적으로 필요하다. 그러므로 기술에 기반을 두고 선도자로 나선 기업들은 부족한 경영 자원을 창의적으로 보완하고 확보하는 것이 매우 중요하다.

창업 직후 직접 시장에 뛰어들어 제품을 판매할지 여부는 중요한 전략적 선택이었다. 첫 제품 출시 이후, 당시 아이디스는 직원 수 5명에 불과한 벤처 기업이었다. 직원 전원이 KAIST 공과대학 박사 과정 학생으로서 일반적인 경영 지식과 경험이 부족하였다. 새로운 인력을 발굴하고 직접 판매를 위한 조직을 신설하는 데도 시간이 걸리고 노하우도 없었다.

무엇보다도 기업 규모를 키우거나 더 많은 이익을 내는 것이 창업 목표가 아니었으므로 욕심을 내지 않았다. 오로지 기술력으로 인정 받겠다는 초기 창업 목표와 일관되게 제휴를 통해 부족한 자원과 능력을 아웃소싱하는 방법으로 국내 시장과 국외 시장을 동시에 공략했다. 따라서 아이디스의 제조 생산은 ODM 방식이 중심이 되었다. ODM 방식이란 제조 업체가 보유하고 있는 기술력을 활용하여 제품을 직접 개발해서 유통 업체에게 공급하는 생산 형태이다. 이러한 방식으로 유통 업체에 납품된 아이디스 제품은 비록 해당 유통 업체의 브랜드로 유통되지만, 아이디스 입장에서는 제품 개발과 생산에 집중하고 판매와 시장 개척에 따른 위험 부담을 줄일 수 있다는 장점이 있다. 그리고 유통 업체와의 제휴를 통해 안정적이고 수익성이 높은 판매 구조를 갖출 수 있었다.

그러나 시장 환경은 수시로 변화하는 경향이 있으며 특히 IT 산업은 빠른 기술 변화로 새로운 경영 환경에 직면하기 쉽다. 또한 선도자의 성공은 후발 주자들의 시장 진입을 촉발하는 역할을 한다. 아이디스의 성공으로 국내 보안 시장에서 벌이는 경쟁은 더욱 치열해졌다. 국내 보안 시장은 뛰어난 인터넷 네트워크 환경에 힘입어 초창기부터 전 세계에서 DVR 보급을 가장 많이한 것으로 평가받았다. 국내 보안 시장의 DVR 기업 수는 2001년 60개에서 2003년 약 180여 개로 늘어날 정도로 후발 주자들의 진입이 증가했다.

아이디스는 창업 초기부터 수출 비중을 높이면서 국내 시장의 과다 경쟁 상황에서 영향을 덜 받을 수 있었다. 아이디스는 창업 10년 만인 2007년에 세계 시장 점유율 1위를 차지하면서 명실상부한 세계 3대 DVR 업체로 자리매김하였다. 기술력을 기반으로 세계 시장에서 인정받는 강소 기업으로 성장하며 선도자로서 성공을 이룬 것이다.

새로운 도전

아이디스는 2000년대 중반 이후 새로운 시장 변화에 직면하게 된다. 그동안 기회를 제공했던 DVR 기술이 네트워크 영상 저장 장치라는 새로운 형태의 영상 저장 장치로 진화하였기 때문이다. 이는 보안용 영상 감시 시스템이 '디지털화'를 넘어 IP^{Internet Protocol} 기반으로 전환하고 있음을 의미한다. 네트워크 시스템은 무엇보다 동축 케이블로 카메라와 영상 저장 장치를 일일이 연결해줄 필요 없이 이미 설치되어 있는 네트워크망을 활용하여 구축할 수 있으므로 구축 비용도 절감될 뿐 아니라 연결 가능한 카메라 수의 제한이 없어 확장성이 뛰어남으로써 보안용 영상 산업에 큰 변화를 불러일으키고 있다.

이러한 네트워크 시스템으로의 변화는 아이디스에게 기회도 되지만 동시에 위기이다. DVR 시장의 선두주자로 큰 성공을 거둔 아이디스의 입지를 위협하기 때문이다. 아날로그 제품에서 강자였던 일본 기업들이 '디지털화'라는 새로운 환경 변화에 적절하게 대처하지 못해 실패하였던 경험이 아이디스에게 적용될 수 있기 때문이다.

2008년 이후 김영달 대표는 '지속 성장'이라는 새로운 목표를 제시하며 또다시 초심으로 돌아가기로 한다. 다시 한 번 뛰어난 기술력을 기반으로 세계 시장에서 인정받을 수 있도록 대기업이 하지 않는 분야를 찾아 사업 다각화를 시도하기로 한 것이다.

첫 번째 사업 다각화는 산업용 프린터 분야로서 '아이디피'라는 신분 증명서 카드(ID 카드) 프린터를 제조하고 판매하는 회사였다. 이 회사는 2008년 자회사로 편입되었다. 카드 프린터 시장은 규모는 작지만, 카트리지 판매가 이후에도 지속적으로 이어져 이익률이 높다.

2012년 6월에는 코텍Kortek을 인수하면서 본격적으로 인수 합병을 통해 사업 다각화를 추진하기 시작하였다. 코텍은 카지노용 모니터, DIDDigital Information Display 및 전자 칠판Interactive White Board, 의료용 모니터 사업 등을 운영하고 있다. 이 회사는 카지노용 모니터 분야에서 세계 시장 점유율이 50%가 넘는 확고한 세계 1위를 기록하고 있다. 아이디스의 뛰어난 기술력을 바탕으로 세계 시장에서 코텍을 더욱 성장시킬 수 있다는 계산하에 인수 합병하였다. 이와 함께 2012년 10월에는 아날로그 CCTV 카메라 분야에서 1위 기업인 '에치디프로'를 인수해 카메라 사업을 본격적으로 강화하였다. 인수 목적은 새로운 네트워크 시스템의 환경에서 NVR뿐 아니라 IP 카메라 제조가 필요하기 때문이다.

2011년, 아이디스는 다각화된 사업 구조를 통해 지속 가능한 경영을 하기 위해 지주 회사Holding Company 체제로 전환했다. 지주 회사란, 법적 기준 이상의 주식을 소유하여 해당 회사에 대하여 실질적인 지배권을 취득하고 사업 활동을 지배하는 것을 목적으로 한다. 이에 따라 아이디스는 다각화를 통해 새로운 회사를 인수하더라도 경영 위험을 줄일 수 있을 뿐 아니라 경영진 사이에 분권화를 이루었다.

그룹 경영 체제를 갖춘 아이디스는 2017년 창립 20주년을 맞는다. 새로운 도전에 나서고 있는 창업자 김영달 대표는 다음과 같이 이야기한다.

"20여 년 동안 특정 분야에서 세계 1위 목표를 이루었다. 두 번째 목표인 지속 가능 경영을 위해 보안·산업용 디스플레이, 카드 프린터 등 3개 사업 분야로 영역을 넓혔다. 앞으로 각 분야 세계 1등 기업을 만드는 것을 목표로 100년 기업으로 성장할 수 있도록 노력하겠다."

14

실패로부터 배운다

싸이월드 사례

싸이월드는 KAIST 테크노경영대학원 석·박사 과정 6명이 결성한 창업 동아리가 모태가 되어 1999년에 설립되었다. 이후 2001년, 미니 홈피 프로젝트 등 개인 홈페이지 서비스로 변화하면서 인기를 모았다. 2003년 이후 '폰카'로 사진을 찍어 인터넷 친구들과 공유하는 '싸이질'은 국민적 놀이 문화로 정착했다.

2003년 8월, SK그룹에 흡수 합병되면서 글로벌 진출의 새로운 전기를 마련했다. 2004년에는 가입자 1,000만 명을 돌파하면서 그해의 히트 상품으로 선정되었다. '1촌'이라는 온라인 친구, '도토리'라는 온라인 화폐 등 새로운 개념들을 만들어냈다. 2008년, 가입자 3,000만 명을 돌파한 싸이월드는 한 해 도토리 판매액만 800억 원이 되었고 시가총액 1조 원을 돌파하기도 했다.

그러나 거기까지였다. 세계 인터넷 문화를 선도했던 그 당시의 도전이 성공했다면 오늘날 페이스북과 트위터로 대표되는 글로벌 SNS 시장은 크게 바뀌었을 것이다. 2006년 5월, 유현오 SK커뮤니케이션즈 사장은 미국 시장 진출을 선언하면서 다음과 같이 말했다.

"싸이월드는 마이스페이스보다 더 오프라인 지향이고 페이스북보다 더 열려 있습니다. 우리는 구글을 능가하는 기업이 될 겁니다."

하지만 결과는 실패였고 잘나가던 국내 시장에서도 점차 외국 SNS 서비스에 자리를 빼앗겼다. 동시에 싸이월드와 플랫폼을 공유했던 포털 사이트 '네이트'의 검색 점유율은 1% 아래로 추락했고 한동안 국민 메신저로 불렸던 '네이트온'도 카카오톡에 밀려 존재감을 잃었다. 선도자 싸이월드가 실패한 이유를 찾아보자.

첫 번째로 가장 큰 실패 요인은 신념 체계가 무너진 것에서 찾아야 할 것이다. 즉 창업 정신이자 이념을 구성하는 '뜻과 의지'가 손상됨으로써 창발 혁신의 핵심 동력을 잃게 된 것이다. SK그룹으로 흡수 합병된 직후 창업 멤버 대부분이 회사를 떠났다. 그리고 여러 명의 대기업 전문 경영인들이 최고경영자 자리를 평균 2년이 채 안 되는 재임 기간 동안 거쳐갔다. 원래 작은 벤처 기업이라도 탄탄한 창업 이념이 있으면 그것을 기반으로 세계적 기업으로 성장할 수 있다. 제프 베조스의 아마존, 래리 페이지의 구글, 마크 저커버그의 페이스북, 이해진의 네이버, 김범수의 카카오가 그렇게 성공했다.

둘째, 처음부터 외국 시장을 목표로 했어야 한다. 아무리 국내 시장에서 독보적 1위를 하여도 무의미할 수 있다. 국내 기반을 다진

후 세계 시장에 진출하는 것이 정석이었던 제조업과는 다르다. 하나의 비즈니스 모델이 전 세계를 장악해버리는 인터넷과 모바일 시장에서는 처음부터 국경 없는 비즈니스를 했어야 했다. 싸이월드는 외국 사업의 잇따른 실패에도 국내에서 여전히 기세가 등등했지만 2009년 애플의 아이폰이 진입하면서 그 시장은 한낱 물거품처럼 사라졌다.

셋째, 변화의 물결을 타기 위한 전략적 대응에 실패했다. 당시 싸이월드는 PC 메신저인 네이트온과의 긴밀한 연동을 통해 사용자들을 쉽게 경쟁사에 빼앗기지 않는 강점을 보유하고 있었다. 그러나 이 강점이 변화를 거부하는 실패 요인이 되고 말았다. 소비자들은 점차 모바일 메시징 서비스로 이동하려 하지만 회사는 PC 기반의 강점에 매몰된 채 모바일 투자에는 소극적이었다. 그러는 사이 카카오톡이 등장해 순식간에 이용자들을 휩쓸어갔다.

넷째, 운 관리에 실패했다. 극한적 불확실성에서는 행운과 불운이 예고 없이 교차하기 마련이다. 따라서 행운을 극대화하고 불운에 재빨리 대응해 피해를 최소화하려는 노력이 필수적이다. 2011년, 3,500만 명 개인 정보 유출 사건은 싸이월드의 재기 노력에 치명상을 안겼다. 보안에 대한 투자만 적절히 했어도 막을 수 있었던 사건이라는 평가다.

오늘날 세계 최대 인터넷 기업으로 성장한 페이스북, 라인을 성공시키며 시가총액 29조 원을 돌파한 네이버, 국내 시장을 장악한 카카오톡을 보면 선도자가 빼앗긴 시장은 실로 엄청나다고 할 수 있다. 그래서 더욱 뼈아프다.

다이얼패드 사례

　지금은 공짜 인터넷 전화가 일상화되었다. 그러나 본격적 상업화는 1999년 다이얼패드Dialpad가 전 세계에서 처음이었다. 이 서비스는 새롬기술 미국 지사에서 엔지니어 4명이 1997년 말 외환위기 시 본사 지원이 거의 끊긴 상태에서 1년간 고생하면서 절박하게 만들어낸 히트 사업이다.

　이 사업은 1998년 말 크리스마스 휴가 때 인터넷 광고 단가가 올라가고 전화비는 내려가는 것을 보고 광고를 보여주는 대신 공짜 전화를 제공하는 수익 모델을 구상하면서 시작됐다. 1999년 3월, 한국계 벤처캐피털의 투자를 받아 실리콘밸리 동북부에 있는 한 건물에서 다이얼패드를 창업하고 그해 10월 13일 제품을 출시했다. 당시 이미 인터넷 전화 기술은 있었으나 관련 파일을 PC로 내려받아야만 했다. 하지만 다이얼패드는 웹사이트에서 곧바로 전화를 걸 수 있었고, 무료여서 처음부터 호응이 엄청났다.

　다이얼패드에 투자한 새롬기술의 주가는 당시 액면가의 640배까지 치솟았다. 새롬기술은 오상수 사장 등 한국과학기술원 전산과 석사 출신들이 1993년 설립한 회사이다. 이들은 대부분 외국에서 성장했기 때문에 처음부터 글로벌 시장을 목표로 사업 비전을 설정했다. 창업 초기 팩스맨에 이은 새롬 데이타맨은 1998년 무료로 쓸 수 있는 'IMF 버전'을 출시하면서 경쟁자를 제치고 점유율 1위를 기록했다. 1999년 8월, 코스닥 시장에 상장했으며, 다이얼패드의 성공에 힘입어 한때 시가총액이 5조 원이 넘었다.

하지만 빠른 성장만큼 추락도 가팔랐다. 닷컴 버블 직후 심각한 경영난에 봉착했으며 2003년에는 경영권 분쟁으로 창업자 오상수 사장이 물러났다. 다이얼패드도 창업 2년 10개월 만에 법정 관리 신청을 했다. 그 실패 요인을 살펴보자.

첫째, 생존 라인 확보에 실패했다. 이는 경영 경험의 미숙과도 밀접한 관계가 있다. 큰 성공 뒤에는 그에 상응한 커다란 위협 요인이 도사리고 있기 마련이다. 이것은 닷컴 버블 이후 수많은 성공 벤처 기업들이 순식간에 도산한 원인이기도 하다. 다이얼패드도 고객이 최고 1,400만 명까지 불어나고 투자 자금이 6,000만 달러나 들어오고 직원 수도 170명으로 늘어나는 등 미국에서 급성장을 거듭했지만 그 성공 거품이 순식간에 꺼질 수 있다는 데 대비하지 못했다.

당시 경영진은 20~30대 엔지니어 출신인데다 아이비리그와 미국 대기업 등에서 근무하는 등 경험이 풍부한 경력자들이 많았지만, 조달된 자금으로 사업을 확장하는 데만 열을 올렸을 뿐이었다. 특히 경력만 보고 뽑은 미국인 최고재무책임자CFO가 자금 관리를 제대로 못하는 바람에 자금이 거의 바닥날 때까지 최고 경영진들이 이를 감지하지 못했을 정도였다. 그런 가운데 닷컴 버블이 꺼지고 9·11 테러까지 터지면서 결국 파산하게 되었다.

둘째, 하이테크 시장 속성상 본격적인 주류Mainstream 시장의 등장 시기를 예측하기 어렵고 제품 수명 주기가 짧아 적절한 마케팅 전략이 필수적이었지만 여기에 적절히 대응하지 못했다. 즉 제품 자체보다는 무료 통신이라는 고객 욕구를 중심으로 한 시장 정의가 필요했고 주류 시장이 본격적으로 등장할 때까지 기술과 시장 변화에 대한 신축적이고 순발력 있는 대응이 필요했다. 당시 다이얼패드의 웹투폰(PC 인터넷에서 일반 전화기로 통신) 방식은 가입자가 늘면 늘수록 유선망 이용료가 많아져 적자를 감수할 수밖에 없는 마케팅 구조였다.

셋째, 사회적 정당성Social Legitimacy 확보가 더 필요했다. 당시 인터넷 사업, 특히 광고를 활용한 무료 인터넷 서비스는 오프라인 중심의 기존 경제 사회 체제에서는 생소했으며 사업 방식에 대한 근본적 의문이 팽배했다. 이러한 의심은 자본 시장으로부터 자금을 확보하는 데 부정적 영향을 끼쳤으며 경영권 분쟁의 원인이 되기도 했다.

비록 20~30대 젊은이들의 선발 도전이 실패로 끝났지만 그 실패는 결코 무의미하지 않다. 왜냐하면 그 실패 경험은 사회적으로 축적되어 성공 씨앗으로 이어질 수 있기 때문이다.

실패는 단지 '실패'로 끝나지 않는다

선도자가 성공을 지속하기란 어려운 일이다. 이에 따라 수많은 선도자들이 실패하기 마련이다. 그러나 그 실패는 그것으로 끝나지 않는다. 실패를 무릅쓰고 시도하지 않았으면 결코 얻을 수 없는 소중한 자산과 기회를 낳는다.

실패로부터 쌓인 경험과 인적 네트워크는 계속 살아 있으면서 또 다른 부수 효과를 만들어낸다. 예를 들면 싸이월드는 실패했어도 그 창업 멤버들은 네이버로 이동해 블로그 커뮤니티를 만들었고 이후 네이버 밴드 서비스를 탄생시키는 데 기여했다. 특히 싸이월드 디자인팀장 김성훈 씨는 제임스라는 이름으로 일본 최대 메신저 서비스 라인의 디자인을 총괄했으며 일본에서 인기를 끈 제임스라는 캐릭터를 직접 만들기도 했다.

싸이월드의 초기 성공 경험은 미국 최초 SNS인 마이스페이스와 페이스북 등에도 영향을 끼쳤다. 이를테면 싸이월드의 비즈니스 핵심은 개인 자원 계획Personal Resource Planner이었다. 이에 따라 싸이월드는 1999년 오프라인 모임을 온라인화하는 목적으로 공개 그룹, 반공개 그룹, 비밀 그룹 기능을 구분했다. 지금 유행하는 네이버의 밴드도 싸이월드 출신이 이러한 목적으로 모바일 버전을 만들어낸 것이다. 페이스북도 오프라인 모임을 온라인화하는 목적의 그룹 기능을 뒤늦게 도입했다.

이렇듯 싸이월드에서 확산된 개인 자원 계획PRP 개념은 모바일은 물론 사물인터넷 시대가 오면서 더욱 중요해지고 있다. 진짜 핵심 정보는 여전히 신뢰 기반의 정보 공유 프로세스를 필요로 하기 마련이다. 거대한 콘텐츠도 결국 개인 지식들이 모이고 조합되어 만들어지기 때문이다. 이 밖에도 싸이월드의 PRP와 관련된 경험과 지식은 네이버 자동 주소록인 쿠쿠박스에 적용되었으며 이후 최근 각광받고 있는 네이버의 스노우(사진, 영상을 귀엽게 꾸며주는 앱)의 개발로도 이어졌다.

세계를 장악할 수 있었으나 안타깝게 '실패'한 또 다른 선발 신화, 다이얼패드도 단순히 실패로만 끝나지 않았다. 다이얼패드 출신 기술진들은 이후 구글의 '구글 보이스'와 애플의 '페이스타임', 야후의 메신저 등을 개발하는 데 주축이 되는 등 관련 분야에서 중요한 역할을 했다. 또한 실리콘밸리에서 다이얼패드와 직간접적으로 관계를 했던 한국계 인재들 역시 현재 실리콘밸리 한인 커뮤니티의 주축으로 활발히 활동하고 있다. 이를테면 음재훈 대표는 실리콘밸리 내 중견 벤처캐피털^VC인 트랜스링크를 이끌고 있다.

다이얼패드 실패 이후를 좀 더 구체적으로 알아보기 위해 공동 창업자였던 안현덕(CEO), 조원규(CTO), 김도연(마케팅 담당) 세 사람의 이후 활동을 살펴보자. 먼저 김도연 씨와 조원규 씨는 2002년 실리콘밸리에서 온라인 평판 서비스인 오피니티^Opinity를 창업한 뒤 2007년 매각했다. 이후 김도연 씨는 스팟플렉스^Spotplex 등 여러 업체들을 창업했다. 조원규 씨는 2007년 구글에 입사해 구글 코리아 R&D 총괄사장으로 재직했다. 한편 안현덕 씨는 한국에 돌아와 시스템 통합^SI 업체를 인수해 운영하고 있다. 이들은 모두 실패 경험을 자산삼아 한국과 미국에서 각자의 길을 성공적으로 걷고 있다.

그 경험과 인적 네트워크를 버리지 않는 한, 실패는 결코 '실패' 자체로만 끝나지 않는다. 실패를 끝으로 여기고 자산화하지 않는 제도와 문화가 문제다. 실패란 성공의 씨앗이자 어머니다. 따라서 선도자들의 수많은 시행착오와 실패 경험은 의미 있는 사회적 자산으로서 전략적으로 활용해야 할 것이다.

실패로부터 **배우는 7가지** 교훈

선도자 반열에 오르기는 매우 어렵다. 실리콘밸리에서 이름난 벤처 투자자의 눈에 띈 창업 기업들도 대박을 칠 확률이 10% 미만이라는 경험치를 볼 때 선도자에 도전하는 벤처 기업이 실제로 성공할 확률은 이보다 훨씬 낮을 것이다. 설사 선도자 반열에 오른다 해도 그 이후가 더 문제다. 끊임없이 진입하는 후발 주자들의 도전에서 지속 성장하기가 쉽지 않다. 따라서 우리 주변에는 화려한 성공 신화보다는 수많은 시행착오와 실패들로 점철된 선도자들의 무덤들이 널려 있기 마련이다. 이를 자산화하고 학습함으로써 또 다른 도전으로 이어가야 건강하고 창의적인 경제를 만들 수 있다.

앞서 소개한 싸이월드나 다이얼패드 등의 실패 경험들로부터 배울 수 있는 교훈들을 정리해보자.

첫째, 창업 당시부터 이어온 신념 체계를 지속적으로 다져나가야 한다. 신념 체계가 무너지면 비즈니스 정체성이 훼손됨에 따라 새로운 기회를 인지하거나 그것을 기다릴 수 있는 전략적 인내심이 사라지기 쉽다. 특히 인수 합병을 통해 더 큰 도전에 나설 때 기존 신념 체계와 핵심 인력을 잘 유지함으로써 사업의 정체성을 지켜나가는 것이 중요하다.

둘째, 올바른 시장 정의를 내려야 한다. 출시한 제품이나 서비스로 비즈니스 정체성을 정하는 것은 매우 위험하고 근시안적일 수 있다. 무료 인터넷 전화 서비스도 당시에는 새롭고 생소하기까지 했지만 지금은 생활 속에 일반화된 서비스에 불과하다. 지금은 싸고도 손쉬운 소통이라는 시장 니즈^{Needs}를 위한 SNS 시장 안에 존재한다.

셋째, 적합한 변화 대응 전략을 수시로 강구해야 한다. 초기 시장일수록 변화가 심하고 예측하기 어렵다. 여기에 후발 주자들의 진입은 예상치 못한 위험 요인이 된다. 따라서 커다란 초기 성공에도 불구하고 사업 영역에 대한 전략적 선택이나 적절한 마케팅 전략을 강구하지 않으면 그동안 누리고 있던 선도자 이점^{Advantage}을 순식간에 잃어버릴 수 있다.

넷째, 생존 라인을 확보하라. 기업이 현금 흐름을 항상 플러스로 유지할 수 있는 사업 구조를 만든다면 여유를 가지고 더욱 오랫동안 기다릴 수 있기에 기회를 획득할 수 있는 확률이 높아진다. 예를 들어 IT 기업의 원조 휴렛팩커드는 창업 당시부터 자기 자금이 허용하는 범위에서만 투자한다는 성장 전략을 실천했다. 이러한 생존 전략은 시장 악화로 한순간 자금이 마르는 위기를 피할 수 있게 한다.

다섯째, 사회적 정당성^{Social Legitimacy} 확보에 노력해야 한다. 선도자들의 사업은 많은 경우 생소하고 기존 경쟁 질서에 배치될 때가 많다. 더욱이 기존 사업 관행이나 비즈니스 문화에 잘 맞지 않을 수 있다. 따라서 선도자들은 소비자, 투자자, 정부 등 이해 관계자들과의 협력과 소통을 중요하게 다루어야 한다.

여섯째, 위기를 기회로 활용할 수 있어야 한다. 선도자라고 해서 다른 기업보다 더 운運이 좋은 것은 아니다. 오히려 어려운 상황 속에서도 좋은 성과를 내는 것이 중요하다. 또한 불운은 언제라도 닥칠 수 있는 것이 요즈음 상황이므로 별것 아닌 것 같은 작은 사안에 대한 대비도 필요하다.

일곱째, 자만과 교만은 금물이다. '이 정도면 되겠지' 하고 멈추어 있을 때(자만), '시장 변화는 내 편일 것'이라고 생각할 때(교만)가 가장 위험하다. 특히 기술 창업으로 큰 성공을 거두어 내부에 풍부한 유보 자금이 쌓여 있을 때 곧바로 위기가 닥치는 것도 이 때문일 경우가 많다.

이와 같은 7가지 요인들은 상호작용하며 선도자들을 실패의 나락으로 빠뜨린다. 특히 유의할 것은 이 요인들이 더하기가 아니라 곱하기 관계를 갖는다는 것이다. 어느 하나라도 잘못하면 다른 요인들에서 문제가 없더라도 실패할 수 있다.

3
PART

어떻게 변화할 것인가

—

4차 산업혁명 시대의 경영 방식

○

FIRST
MOVER

○

15

4차 산업혁명은 기업 경영을 어떻게 변화시키는가

무경계성Boundaryless, 예측 불가Uncertainty, 상시 급변Crisis 등을 특징으로 하는 기업 환경은 4차 산업혁명에 의해 점점 더 극한적 상황으로 나가고 있다. 이러한 극한적 불확실성에 대처해야 하는 기업들은 '선택과 집중'이나 '목표 관리' 같은 기존 경영 방식의 한계로부터 탈피해야 한다. 수직적 통제, 단기 성과주의, 순혈주의 등 부정적 조직 문화에서 벗어나 자율과 신뢰가 바탕이 되는 조직 문화를 통해 창의적 인재를 키워야 한다.

낭비 시간 절감을 통해 속도 경쟁력을 높이는 것도 필요하지만 타이밍, 즉 '때'를 놓치지 않는 게 더 중요하므로 이 '때'를 잡는 안목과 예측력을 갖춰야 한다. 복잡하고 불확실한 환경에서는 오히려 단순·유연한 의사결정이 중요하며 소수의 규칙으로 급변하는 환경에 대처하는 지혜가 필요하다. 무엇보다도 기업들은 단기 이익 달성 패러다임에서 벗어나 다른 기업들과 정보·이익을 공유하며 개방형 혁신 생태계를 구축해야 한다.

선도자를 위한 혁신 생태계가 필수적이다

이세돌 국수國手와 알파고AlphaGo의 대결은 4차 산업혁명이 이미 가시화되고 있음을 보여주었다. 디지털 정보통신 혁명이라 부르는 3차 산업혁명의 기반 위에서 디지털, 바이오, 나노 기술 등의 급속한 융합에 의해 창조되고 있는 4차 산업혁명은 인간 삶의 방식을 송두리째 바꿀 것이다. 특히 인공지능, 소프트웨어, ICBM(사물인터넷, 클라우드 컴퓨팅, 빅데이터, 모바일) 등의 핵심 기술이 촉발하는 새로운 산업혁명은 기업 경영의 총체적 변화를 예고하고 있다.[33]

3차 산업혁명이 개별 기업, 개별 산업, 개별 국가 단위로 이루어진 반면에 4차 산업혁명은 기존 컴퓨터 및 통신 기술이 로봇, 인공지능, 센서, 빅데이터, IoT 등 새로운 과학 기술의 눈부신 발전과 결합해 높은 수준으로 통합된 형태로 전개된다. 높은 수준에서의 통합이란 물리학에서 나오는 창발emerging 현상에 해당한다. 따라서 새로운 비즈니스 기회와 거대 산업이 사전 예측이 어렵게 갑자기 등장하며 드라마틱한 기업 흥망성쇠를 연출할 것이다.

새로운 경제 구조에서는 특정 산업 안에서 지속되는 경쟁 우위가 더는 존재하기 어려워진다. 그동안 기업들이 추구해온 지속 가능한 경쟁 우위가 신기루가 되어버린 것이다. 이에 따라 코닥, 소니, 필립스, 노키아 등의 사례에서 보듯이 특정 산업 안에서 세계 최고의 기술 역량을 보유하고도 갑자기 부상하는 비즈니스 기회를 놓침으로써 하루아침에 시장을 빼앗기는 일이 다반사가 되었다.

이렇듯 세계 최고 역량도 한순간에 무가치하게 만들어버리는 '역량 파괴적' 환경에 대응하기 위해 기업들은 새로운 혁신 패러다임을 추구해야 한다.

첫째, 기회 추구 전략을 수행해야 한다. 특정 산업 안에서 선택과 집중으로 역량을 축적해나가는 전략만으로는 생존하기 어렵게 되었기 때문이다. 즉 새로운 경영 환경에서는 지속 가능한 경쟁 우위가 존재하기 어려우므로 이제는 일시적 우위를 찾아 끊임없이 새로운 기회를 추구해야 한다.

둘째, 산업industry 개념보다는 다양한 기술과 형태의 기업들이 각축하는 장場: arena 개념이 더 적절하다.[34] 기존 비즈니스 모델이 특정 산업 내에서 공장 및 사무 자동화, 금융 및 물류 시스템 혁신 등에 집중한 반면, 미래에는 한 지역과 한 산업에 머물지 않고 국가적 경계와 산업별 장벽을 넘어서 전 세계 소비자를 상대로 한 비즈니스 모델을 개발해야 한다.

셋째, 산업 내 경쟁 시대가 지나갔으므로 산업 분석이나 경쟁 분석을 넘어서는 새로운 전략 틀을 짜야 한다. 즉 보이지 않는 새로운 기회를 향해 조직의 자원과 문화를 끊임없이 재구성하고 아무리 캐시 카우Cash Cow 사업이라도 미래 기회라는 관점에서 부정적이면 과감히 해체하면서 새로운 우위advantage를 획득해나가는 접근법을 세워야 한다.

넷째, 선도자가 되기 위한 혁신 생태계를 구축해야 한다. 선발형 기회 추구를 위한 혁신 생태계란 공급자와 고객뿐 아니라 잠재적인 제3의 공급자, 때로는 경쟁자까지 포함해야 한다. 그리고 이 생태계 안에서 개방형 혁신과 협업이 왕성하게 이루어지게 함으로써 아이디어를 획득하고 새로운 기회를 추구해야 한다. 이를 위해서는 다양성을 인정하는 창의적 조직 문화로 변화해야 하며 새로운 리더십을 반드시 구축해야 한다.

4차 산업혁명이 불러일으키는 과학 기술 간 융합 현상으로 인해 새로운 시장 기회와 거대한 비즈니스 모델이 사전 예측이 어려운 창발적 형태로 등장하고 있다. 이에 따라 창의적 인재와 혁신적 소규모 벤처 기업들로부터 아이디어와 활력을 확보하는 것이 경쟁 우위 획득에 필수가 되었다.

지금까지 우리 기업들이 추구해온 후발형 기회는 추격following이 키워드였다. 반면에 선도자가 추구해야 할 혁신은 창발이 키워드라고 할 수 있다. 왜냐하면 선발형 기회란 급속한 기술 융합으로 기존과는 전혀 다른 차원으로 통합되어 예측할 수 없이 등장하기 때문이다.

결론적으로 새로운 산업혁명은 산업 및 업종 간 무경계성, 시장 예측의 어려움, 급변 상황의 상시화 등으로 기업들로 하여금 극한적 불확실성extreme uncertainty을 경험하게 한다. 이러한 극한적 불확실성에 대응하려면 실용주의 리더십, 기술 획득을 위한 M&A 전략, 수평적 조직 문화, 상하 격의 없는 소통, 자발적 몰입 강화 등이 더욱 필요해질 것이다.

상생 협력 **3.0**

4차 산업혁명은 이미 잘 갖추어진 정보통신 인프라 위에서 디지털, 바이오, 나노 기술 등을 급속하게 융합함으로써 진행된다. 이러한 기술 융합은 거의 모든 산업 분야에서 혁명적 변화를 일으킬 것으로 예상되며 기업 간 경쟁 구도와 경영 방식도 총체적으로 달라질 것이다. 특히 새로운 기업 생태계에서는 과거와 다른 상생 협력 형태가 요구된다.

예를 들면 4차 산업혁명 전환기에 놓인 경제 주체들은 기술 융합과 사회 변화 속에서 어느 순간 발현하는 기회를 포착할 줄 알아야 생존·성장할 수 있다. 이를 위해서는 단기 이익을 우선적으로 달성하려는 과거 패러다임에서 벗어나는 것이 중요하다. 고객을 진정으로 위하고 성공을 대가 없이 나눔으로써 모두가 승자가 되는 선순환 생태계를 형성하는 접근 방법이 오히려 성공 확률을 높일 수 있다. 당장 단기 이익을 얻지 못할지라도 다수의 협력 기업과 수많은 고객을 참여시키고 정보와 이익을 공유하는 것이 성공 비결이 된다.

이러한 의미에서 상생 협력 3.0은 정보와 이익의 공유라는 철학적 바탕 위에서 출발한다. 공급자와 고객뿐 아니라 잠재적 제3의 공급자, 때로는 경쟁자까지 포함하는 기업 생태계를 구축하는 것이 상생 협력 3.0의 핵심이다. 이러한 상생 협력 체제에서 대기업들은 내부에서 핵심 아이디어와 기술을 찾으려는 자세를 바꾸어야 한다. 외부 창의 인재와 혁신적 소규모 벤처 기업들로부터 아이디어와 활력을 확보하는 것이 경쟁 우위를 획득하는 데 우선 과제이다. 후발 추격자에서 창의적 선도자가 되는 길도 이러한 협력 체제 위에서 가능하다.

4차 산업혁명이 가져올 새로운 시장 기회와 거대한 비즈니스 모델은 사전 예측이 어려운 창발적 형태로 등장하므로 내부 역량만으로 감당하기가 불가능해진다. 따라서 외부에서 아이디어와 활력을 효과적으로 확보하는 것이 필수적이며 개방적 상생 협력이 점점 더 중요해진다.

사실 한국 경제에서 상생 협력은 1990년대 중반부터 이미 논의되기 시작했다. 국내 시장 개방화와 글로벌 경쟁 격화로 경영 혁신이 본격화되었고 그 일환으로 상생 협력 활동이 시작되었다. 이 시기 상생 협력은 주로 제조 현장을 중심으로 생산성 및 품질 향상에 초점을 맞추었다. 구체적인 활동으로는 하청 업체에 대한 혁신 기법 전수와 외국 진출 및 IT 인프라 구축 지원 등에 집중되었다. 금융, 공장 선진화, 기술 개발, 인력 양성 부문에서 협력사를 지원함으로써 자체 혁신 능력을 강화하는 것이 주목적이었다. 그러나 이 시기 협력 활동은 주로 수직적 관계 속에서 일방적 지원 형태가 주류를 이루었으며 자사의 품질 경쟁력 제고가 지상 과제였다.

이러한 민간의 상생 협력 활동은 정치적 환경 변화에 의해 더욱 확대되었다. 과거 참여정부는 양극화 해소를 위한 상생 협력을 국가적 정책 과제로 제시했다. 이후 MB 정부도 동반 성장 정책으로 그 정책 기조를 확대해나갔다. 대기업들은 이러한 정부 정책과 증가하는 사회적 압력에 대응해 상생 협력을 체계화하고 강화했다. 예를 들면 협력사의 기술 개발과 경영 안정화를 위한 지원 체계를 정교화하고 공정 거래를 위한 운영 체계를 개선하는 데 노력했다. 특히 혁신적인 협력사들을 발굴·육성하고 다양한 아이디어들을 수집하려는 시도를 했다.

이러한 상생 협력 2.0 활동은 글로벌 제조 생태계를 강화하기 위한 쌍방향 협력 관계 구축에 집중했다고 할 수 있다. 하지만 협력사 중심의 폐쇄적 협력 관계에서 크게 벗어나지 못하였다. 지금 한국 경제는 전통적 제조 생태계의 한계를 고스란히 노출시키고 있다. 이를 극복하려면 협력사를 중심으로 한 기존 제조 혁신 생태계의 강점을 살리면서, 다양한 비즈니스 기회 포착을 위한 새로운 개방형 혁신 생태계를 시급히 구축해야 한다.

이러한 전략적 과제는 선도자로 과감히 나서기 위한 것이기도 하다. 즉 개방형 파트너십을 강화하고 플랫폼 리더로서 새로운 글로벌 생태계를 구축함으로써 미래 잠재력이 뛰어난 틈새시장을 개척하고 시장 공유를 통해 생태계를 계속 확장해야 한다. 상생 협력 3.0은 기존 협력 관계를 넘어 잠재적 협력 업체들과도 파트너십을 쉽게 확보할 수 있는 플랫폼형 협력 관계를 구축하는 것을 말한다. 이를 위해서 고객은 물론 경쟁자까지도 생태계 구성원으로 포함시킬 수 있어야 한다. 이를 실천하는 조직도 단순한 대외 협력 차원을 넘어 전사적 추진을 위한 형태로 바뀌어야 한다.

결론적으로 상생 협력 3.0이란 초연결 사회, 온-오프라인의 융합, IoT 및 공유 경제의 확산 등 기술 및 사회적 변화에 대응한 개방형 협력 관계를 구축하는 것을 말한다. 이것이 가능해야 선도자형 비즈니스 모델을 개발할 수 있고 신성장 동력도 확보할 수 있다.

조직 문화를 바꾸어야 한다

한국식 미래 경영은 새로운 조직 문화에 의해 실천될 수 있다. 그러나 우리 기업들의 조직 문화는 대부분 창조적 혁신에 적합하지 않다. 다음은 우리 기업들에게서 쉽게 떠올려볼 수 있는 일상적 조직 문화 모습이다.

하급자는 상급자가 퇴근하기 전에는 퇴근하지 못하고, 특별히 할 일이 없어도 주말에 출근한다. 보고서의 모양을 만드는 데 많은 시간을 쓰고, 의전을 완벽하게 준비하는 데 주로 시간을 할애한다. 회의에서는 자유로운 토론보다는 상급자가 제시하는 의견을 받아 적고, 하급자는 상급자 지시에 따라 발표를 한다. 진정성을 가지고 창의적인 아이디어를 내는 사람보다 상급자 지시에 따라 근면성실하게 일하는 사람이 더 높게 평가받는다.

또한 직급의 차이에 따라 보상은 물론 제공되는 차량이나 공간 등 예우가 확실하게 차등화되어 있고 구성원의 성공은 어느 자리까지 올라갔느냐에 의해 평가된다. 업무 중 실패는 성과 평가에 부정적인 영향을 끼치게 되므로 구성원들은 불확실성이 적고 성공 가능성이 높은 일을 선호한다. 각 부서는 협력보다는 경쟁 관계에 있으며 정보와 지식을 공유하는 일이 어렵다. 구성원들은 자신의 성과지표에만 관심이 있으며 미래 먹거리에 기여할 아이디어에 대해서는 무관심하다.

아이러니하게도 위와 같은 부정적 조직 문화는 강한 충성심과 책임감을 갖고 불굴의 의지로 수없이 역경을 이겨내어 오늘의 성공 신화를 만들어낸 세대에 의해 형성되었다. 하지만 지금 이러한 조직 문화는 과거 성공에 안주하여 혁신과 변화에 저항하는 성공 함정으로 작용하고 있다.

부정적 조직 문화의 뿌리가 어디에서 비롯된 것인지를 분석해보면 다음과 같다.

첫째, 계층에 의한 수직적 통제주의다. 상급자에게 많은 권한과 책임을 부여하고 이들이 강한 추진력으로 조직을 이끌고 통제하게 함으로써 주어진 목표를 신속하게 달성할 수 있게 한다. 그러나 상급자가 흘러간 과거 경험에만 의존할 때 조직을 잘못된 방향으로 이끌고 갈 수 있으며 하급자의 창의성과 혁신성은 갈수록 떨어지게 된다.

둘째, 단기적 성과주의다. 철저한 성과주의는 생산성을 향상시키는 핵심 수단이다. 그러나 대부분 성과 평가가 1년 단위로 이루어짐으로써 구성원들이 단기적 관점으로 업무를 수행하게 한다. 이러한 단기 성과주의는 실패를 용인하지 않는 문화를 조성함으로써 창조적 업무를 방해한다.

셋째, 규정 중심주의다. 조직이 빠르게 성장하고 복잡해짐에 따라 조직 구성원들을 일사불란하고 공평하게 이끌어가기 위해서 조직 운영 프로세스를 규정화해야 한다. 업무를 상세하게 규정화하면 업무 처리의 합리성이 높아지고 책임 소재가 명확해진다. 그러나 빠르게 변화하는 상황에 맞추어 신축적으로 규정을 바꾸기 어렵고 사전에 수립된 계획과 규정에 의해 행동을 획일적으로 통제하면 창의적인 제안과 자율적인 결정을 가로막게 된다.

넷째, 순혈주의다. 구성원 간 동질성은 집단 결속력을 만들어냄으로써 강한 단결력으로 고도 성장을 이끄는 역할을 한다. 그러나 다양성을 수용하지 못하는 획일적 조직 문화는 조직의 창의성 제고를 방해한다. 특히 글로벌 시대에 다양한 핵심 인재를 수용하는 데 걸림돌이 된다.

이렇듯 과거 성공을 만든 조직 문화는 이제는 극복해야 할 대상이 되었다. 특히 수직적 통제, 단기 성과, 규정, 순혈주의를 키워드로 하는 성공 방식은 외부로부터 닫힌 조직 문화를 형성한다. '우리 스스로 모든 것을 다 잘할 수 있다'는 닫힌 생각으로는 개방과 도전에 의한 창조적 혁신을 만들어낼 수 없다.

따라서 미래 경영을 위해 가장 중요한 것이 조직 문화의 변화이다. 고객 니즈 다양화와 기술 융복합화 등 경영 환경이 예측할 수 없이 급변하고 있는 상황에서 조직 구성원 스스로 목표를 세워야 할 정도로, 일을 추진하는 범위가 경계 없이 확대되고 있다. 따라서 관리와 통제보다는 자율과 신뢰에 바탕을 둔 조직 문화가 기본적으로 요구된다. 이제 조직 문화를 확 바꿔야 한다.

창조화 시대에서 가장 핵심적인 경쟁 우위 원천은 역시 사람과 조직 문화이다. 살아남기 위해서 창의적 조직이 되어야 한다. 그러려면 창의적 인재들이 즐겁게 일할 수 있어야 한다. 과거형 조직 문화로는 창의적 인재가 떠나가거나 남아 있더라도 조직에 의미 있는 기여를 하지 못할 것이다.

창의적 시간 관리가 중요하다

우리에게 시간은 절대 자원이며 기업 경영에서 경쟁 우위 원천이다. 시간이라는 개념을 어떻게 이해하고 활용할 것인가라는 문제는 점점 더 중요해진다. 미래에는 시간을 더욱 창의적으로 관리해야 하기 때문이다.

시간을 창의적으로 관리한다는 말은 무엇인가. 누구에게나 똑같이 주어지는 시간도 주관적 이해와 활용 방법에 따라 독창적인 삶의 궤적을 만들어낼 수 있다는 것이다. 바로 이러한 독창성이 21세기 창조화 과정에서 기회를 만들어내고 성장 동력을 창조한다. 미래에는 시간의 양적 측면보다는 질적 측면에 집중해야 한다.

'시간은 돈'이라는 말은 시간에 대한 양적 관리의 중요성을 대변한다. 소위 '시테크'는 시간이라는 자원을 측정해 과학적으로 관리함으로써 비용 절감 차원을 넘어 획기적인 매출 및 이익 증대를 가져다주는 전략적 무기였다.[35]

시테크 전략은 단순히 생산 현장의 작업 능률을 제고시키는 차원을 넘어 특정 제품을 제공하기 위해 기업이 소비하는 총 시간을 단축하는 혁신 기법으로 발전했다. 생산 및 유통 등 절대 활동 시간을 절감할수록 생산성은 증가하고 품질도 향상시키는 효과를 거두었다. 무엇보다도 소비자 욕구에 신속히 반응함으로써 시장 개척에 중요한 역할을 했다.

소비자가 원하는 제품을 3~4배 빨리 납품하면 경쟁자보다 성장률에서 평균 3배, 이익률에서 평균 2배 더 달성할 수 있다는 연구

보고가 있을 정도이다. 특히 1980년대 토요타를 비롯한 일본 자동차 회사들은 미국이나 유럽 자동차 회사들에 비해 평균 1년 반가량 빨리 신제품을 출시하였다. 이러한 개발 속도 차이를 손익으로 환산할 때 5억 달러 이상의 가치가 있다고 평가되었다.[36] 이와 같은 시테크는 전자 제품에도 적용되어 소니, 샤프, 파나소닉, 산요, 카시오, 파이오니어 등 많은 일본 기업이 하루가 멀다 하고 혁신적인 신제품을 세계 시장에 쏟아내었다.

그러나 세계 최고 수준의 기술 역량을 갖춘 일본 전자 회사들은 최근 샤프 매각이 상징하듯이 지금은 거의 몰락 수준에 다다랐다. 시간의 양적 관리, 즉 시테크가 한계에 도달한 것이다. 이들은 기술 우월주의에 도취해 타이밍이라는 시간의 질적 요인을 무시했다. 그 사이 삼성과 LG 등 한국 후발 주자들이 '때'라는 또 다른 시간 요인을 파고드는 데 성공했다. 1990년대 말, 디지털 전환 타이밍, 스마트폰 타이밍 등을 활용한 한국 기업들은 드디어 세계 최고 기술을 갖춘 일본 전자 회사들을 제치는 데 성공했다.

그러나 우리 대기업들도 10여 년 동안 차지했던 자리를 중국 등 후발 주자들의 공세에 밀려 내어줄 처지에 있다. 아이러니하게도 '때'를 놓쳐버린 과거 일본 기업들과 유사한 입장에 놓이게 되었다. 타이밍에 또다시 도전할 수 있는 선발주의 정신이 절실해진 것이다.

시테크 세계에서는 낭비 시간을 절감하는 것이 가장 중요하다. 속도를 살리기 위해 '빨리' 외에도 '먼저', '즉시' 등이 최고 미덕이다. 하지만 타이밍 세계에서는 '때'를 놓치지 않는 것이 지상 과제이다. 따라서 아주 빠르거나 아주 늦지 말아야 한다. 아주 빠르지 않기 위해서 '인내', '끈기' 등이 필요한 반면 늦지 않기 위해서 '과감', '전광석화' 실행이 필요하다. 또한 이러한 이율배반적 덕목들을 균형감 있게 실현하려면 필수적으로 '절박감'을 가져야 한다.

빠르지도 늦지도 않은 '때'란 시간의 어떤 순간으로서 질적 차원 개념이다. 뮤지컬 대사에도 나오는 '바로 이 순간'은 기회를 뜻하며 카이로스라는 '신神'이 관장한다. 그래서 양적 시간을 관장하는 크로노스 세계와는 다른 철학과 논리가 지배한다. 시테크가 과학적 기법으로서 양적 세계를 관장하는 반면에 타이밍은 예측 불허의 창조 영역에 속한다.

21세기 경제 주체들은 시간 예술의 창조자가 되어야 한다. 이를 위해 가장 중요한 것은 안목과 예측력豫測力이다. 안목과 예측력은 균형과 절박감으로 '때'를 잡아내는 데 결정적 역할을 한다. 따라서 기업들은 안목과 촉을 지닌 인재를 키우고 활용해야 한다. 이제는 타이밍까지도 지배할 수 있어야 한다.

집단 **창의성**을 **높이**는 방법

미래는 집단이 창의적이어야 한다. 창의적 조직에서는 구성원들이 스스로 아이디어를 내고 문제와 해법을 찾는다. 이러한 창의적 조직들에게서는 몇 가지 규칙에 의존해 구성원들이 자발적으로 소통하고 의사결정해나가는 경향을 발견할 수 있다.

규칙 관리Management By Rules: MBR란 몇 가지 규칙에 위배되지 않으면 무슨 결정을 해도 허용이 되는 네거티브 의사결정 시스템을 말한다. 이 관리 방법은 소수 규칙에 기반을 두고 급변하는 환경에 대처함으로써 단순하고 유연한 의사결정을 가능하게 한다. 반면에 아직 기업과 행정 조직 상당 부분을 지배하고 있는 포지티브 의사결정 시스템은 규정規程과 절차에 명시된 것만을 허용하는 보수적 문화를 작동시킨다.

이를테면 규칙 관리는 도전적 의사결정을 촉진한다. 구성원들은 합의된 규칙에 따라 상부 지시나 눈치를 볼 필요 없이 결정하고 실행하면 되기 때문이다. 인터넷과 모바일 정보 혁명을 이끌어온 실리콘밸리 기업들은 상부 지시나 개발 목표에 의해 일사분란하게 움직이지 않는다. 미리 정한 몇 가지 규칙에만 합당하다면 어떤 시간대에 어떤 복장으로 일하든 간섭하지 않는다. 심지어는 어느 프로젝트에든 본인 의사에 따라 자유롭게 일하기도 한다.

글로벌 초일류 기업으로 재도약한 레고는 새로운 시장 진입 여부를 간단한 점검표로 결정해나간다. '제안한 제품이 레고 제품처럼 보이는가?', '아이들이 놀면서 무엇인가를 배울 수 있는가?', '그 제품이 창의성을 자극하는가?' 등이다. 어떤 기업은 첨단 분야에서 혁신 속도를 유지하기 위해 '프로젝트 팀은 항상 경쟁 기업들보다 먼저 제품을 공급해야 하며, 모든 개발 기간은 18개월을 넘어서는 안 된다'라는 규칙을 정했다. 사업 중단에 관한 규칙도 만들 수 있다. 오티콘Oticon이라는 덴마크 보청기 회사는 핵심 기술자가 다른 프로젝트로 이동하면 즉시 기존 프로젝트를 중단시키고, 정해진 기간 내에 이익 목표와 판매 목표를 달성하지 못하면 새로운 사업을 중단하는 규칙이 있다. 이 규칙에 위배되지 않으면 자율적으로 결정하고 행동할 수 있다.

조직은 저마다의 의사결정 체계와 문화가 있다. 이를테면 대학이나 행정 조직에서 가끔 보듯이 누구 하나라도 반대하면 어떤 새로운 결정도 할 수 없는 보수적 만장일치제가 지배하는가 하면, 어떤 조직은 다수 의견을 따르는 다수결 제도가 지배한다. 그러나 이와 같은 보수적 의사결정 구조로는 미래 변화에 점점 더 대처하기 어려워진다. 도전적 조직 문화가 되려면 한 사람이라도 지지하는 안이 있다면 그 안을 과감히 실행해볼 수 있는 의사결정 구조가 있어야 한다.

우리가 미래를 걱정하는 이유는 '하도록 되어 있는 일'만 하고 도전을 기피하는 의사결정 구조가 대부분 기업들을 지배하고 있기 때문이다. 우리는 최고 인재들을 모아놓았지만 정작 그 인재들의 창의성은 묶어놓고 있는 기업들을 흔히 본다. 따라서 힘들게 대기업에 입사한 인재들이 무미건조한 일상에 퇴사를 고민하는 사례가 적지 않다. 현재 한국 기업들은 규칙 관리보다는 목표 관리Management By Objectives: MBO에 친숙해져 있다. 하나의 목표를 중심으로 그 목표를 계층별로 나누고 모든 조직 구성원이 참여해 이를 완수시키는 것이 목표 관리제의 핵심이다. 이 관리 기법은 피터 드러커Peter Drucker 교수가 체계화한 이래 아마도 한국에서 가장 효과적으로 잘 쓰여왔다고 할 수 있다. 명확한 목표를 제시할 수 있었던 재빠른 추격자 입장과 단기 집중력이 강한 국민성이 어우러져 목표 관리는 그동안 높은 성과를 거둔 것이 사실이다.

그러나 하위 직원은 상위자에게 목표를 물어보고 상위자는 그 위 임원에게 목표를 지시받아서 열심히 일하면 되는 관리 방식은 급속히 경쟁력을 잃어가고 있다. 설사 직원들이 명령과 지시만 내려주면 무슨 과제이든 달성하겠다는 결연한 의지와 열정이 있더라도, 정작 위에서는 기업을 성공시킬 아이디어와 목표를 하달할 수 없는 상황이 점점 더 많아지고 있다. 성과 목표만 몰아붙이면 '적당주의'라는 역효과를 낼 뿐 아니라 구성원들의 진정한 열정을 이끌어내지 못한다.

아직 우리 기업들은 직원 스스로가 문제를 찾아 의사결정해나가는 경영 체계에 제대로 도달하지 못하고 있다. 이러다 보니 일류 인재들이 모여도 상부 지시를 기다릴 뿐 미래에 손을 놓고 있기 십상이다. 더욱이 '똑똑한' 인재가 많이 모인 조직일수록 실패 이후 학습 효과가 더 크고 민감하게 대응하는 경향이 있기 때문에 보수 문화가 더 빨리 확산되고 집단 경직성이 더욱 심각해질 수 있다.

미래에는 평범한 직원들의 아이디어와 열정을 모아 집단 천재성을 발휘해야 한다. 규칙 관리MBR는 다양한 관점과 지식을 갖춘 구성원들이 창의적으로 협업하도록 한다. 그러나 여기에는 전제 조건이 있다. '우리가 왜 이 일을 해야 하는가'라는 가치에 대한 공감대를 강하게 형성해야 한다. 따라서 기업은 비전을 간결하고 명확하게 정리하고 구성원들과 적극 공유해야 한다.

16

한국형 경영은 어디로
가고 있는가

초연결 사회로 가는 미래는 한국 기업들에게 '새로운 경영'을 요구하고 있다. 이제는 속도 경쟁력만으로 한계에 봉착했다. 창발 혁신으로 무장해야 한다.

이를 위해서는 정체성을 유지하며 새로운 기회를 파악하고 결정적 순간에 신속히 행동할 줄 알아야 한다. 세계 시장 수요는 위축되고 사상 초유의 수출 급감 상황을 경험하고 있는 한국 경제는 대기업 주도 사업의 한계에 직면해 있다. 따라서 다양한 신성장 분야에서 강소 기업들을 키워야 한다. 강소 기업 중심의 글로벌화 혁명으로 새로운 10년을 열어야 한다.

한국형 경영은 존재하는가

한국형 경영이 존재하는지에 대한 대답은 "있기도 하고 없기도 하다"이다. 어느 나라이든 독특한 역사와 경제 배경이 있기 때문에 어느 정도 지속 가능한 경쟁력을 만들어내는 데 성공했다면 그 나라의 특수성이 반영된 경영 특질을 갖게 된다. 그동안 "가장 한국적인 것이 세계적이다"라는 유행어와 함께 '한강의 기적'을 만들어낸 한국형 경영이 강조되었다.

소위 신바람 경영은 유교적 전통에 기반을 두고 구성원들의 기氣를 살려주는 관리 방식으로 산업화의 난제들을 돌파해나갔다. 즉 솔선수범하는 리더와 참여자들의 공존 공생 정신이 결합해 불가능을 가능하게 만드는 신바람을 일으켜 생산성을 극대화할 수 있었다.[37]

그러나 변화하는 경제 환경에 상관없이 미래에도 그대로 적용되는 경영 원형은 일시적 또는 부분적으로 가능할지 모르지만 지속 가능한 형태로 존재하기가 어렵다. 1997년, IMF 경제위기 이후 혁명적으로 바뀐 경제 환경은 국내에서 싹튼 경영 원형을 거부하고 오히려 글로벌 스탠더드를 강요하는 분위기로 돌변했다. 역설적으로 "세계적인 것은 한국적이지 않다"는 말을 실감하게 했다.

또다시 진화를 거듭한 한국 기업들은 세계적인 스탠더드를 '빨리 빨리' 학습해 융합해내는 혁신 능력을 발휘했다. 신바람 경영을 융합 경영으로 업그레이드함으로써 글로벌 경쟁력을 쟁취할 수 있었던 것이다. 이때는 국내 인재를 기반으로 한 내부 노동 시장 의존으로부터 탈피해 글로벌 핵심 인재를 유입하고 외부 노동 시장을 병행해서 활용했다. 연공서열과 온정주의 관리 방식에 성과주의 관리 방식을 혼합했다. 그리고 일본식 경영으로부터 배워온 미세 관리 기법과 효율성 중심 관리 체계 위에 미국식인 효과성 중심 전략 관리를 결합하기도 했다.

이렇듯 한국 기업들은 함께 공존하기 어려운 이율배반적인 가치들을 생산적으로 결합해내는 데 성공했다. 그 결과 패러독스 경영이라고 부르기도 하는 한국형 경영 2.0으로 글로벌 경쟁력을 제고시킬 수 있었다. 한국식 현대 경영의 전범典範이자 세계적 경영 사례로 꼽히는 삼성 패러독스 경영을 정리하면 다음과 같다.[38]

첫째, 일본식 경영과 미국식 경영을 결합했다. 세계적으로 일본식 경영과 미국식 경영은 근본적으로 상충되는 면이 있지만 삼성은 일본식 경영과 미국식 경영의 장점을 모두 살리면서 동시에 이를 유교적 문화와 삼성 고유의 가치·문화에 맞게 성공적으로 변형시켰다. 그 결과 삼성 특유의 경영 시스템을 재창조함으로써 탁월한 경영 성과를 창출해냈다.

둘째, 다각화와 전문화를 조화시켰다. 일반적으로 다각화되고 수직 계열화된 체제에서는 전략적 초점 부재, 관료주의적 비효율성, 계열사들의 의존적 행태 등으로 인해 성과가 떨어진다. 그러나 삼성은 경공업과 중공업, 제조와 서비스업을 아우르는 넓은 다각화 스펙트럼을 가지고 있으면서도 주요 사업 부문에서 혁신적 기술력, 브랜드 파워, 디자인 역량 등 세계 최고 수준의 전문성을 확보하였다.

셋째, 대규모 조직이면서도 스피디하다. 거대 조직일수록 정보 흐름과 의사결정이 느려지고 부서 간 이해 대립이 늘어나는 것이 일반적이다. 반면에 삼성은 한국 최대 기업 집단으로 전 세계 60여 개국에 500개가 넘는 외국 거점을 두고 R&D, 생산, 구매 등 다양한 기능을 수행하면서도 어느 선진 기업보다도 빠른 의사결정과 실행 속도를 구현했다.

그러나 이와 같은 한국형 경영 2.0은 미래에 잘 통할 것 같지 않다. 선도자를 재빨리 추격하는 '후발형 경영 방식'으로는 적절했지만 선도자가 되어야 하는 경영 방식으로는 효과적이지 못하기 때문이다. 실제로 초연결 사회로 질주하고 있는 글로벌 경제에서 많은 한계점을 노출하고 있다. 세상에 없는 새로운 기술을 개발하고 새로운 시장을 개척하는 선발형 창발 혁신을 위해 '미래 경영'을 과감하게 실천할 시점이 된 것이다.

'미래 경영'은 경영 환경 변화로 인해 사전 계획이나 주도면밀한 설계가 효과를 잘 발휘하지 못한다는 데서 주로 출발한다. 예측 불허의 기술 융합과 사회 변화 속에서 어느 순간 발현하는 기회와 위협에 사전 계획과 설계가 무용지물이 되기 십상이다. 따라서 '미래 경영'에서는 변화를 좇아서 무작정 빨리 움직이기보다는 자신의 정체성을 유지하면서 기회의 실체를 신중히 파악하고 타이밍을 포착해 결정적 순간에 신속히 행동을 개시하는 것을 중요시해야 한다.

지금 우리 경제는 글로벌화만이 살길이라는 절박한 생존 문제에 부딪혀 있다. 대기업과 중소 기업 모두 생존을 위해 세계 시장으로 나아가 새로운 시장을 개척해야 한다. 새로운 시장 기회를 포착하고 실현시키는 것이 바로 '미래 경영'의 핵심 역할이다. 미래 먹거리를 제공하는 한국형 경영 3.0이 성공적으로 진화하기를 간절히 바란다.

속도 경쟁을 넘어 창발 혁신으로[39]

속도는 중요하다. 한국 기업들은 세계 시장에서 속도 경쟁력으로 산업화와 정보화를 성공적으로 이루어냈다. 즉 신바람과 융합 혁신 패러다임에 기반을 둔 속도 경쟁력을 통해 선발 기업들을 따라잡아 왔다. 산업화 시절, 비록 기술이나 지식, 자본 등 가진 건 없었지만 '하면 된다'는 실천 정신으로 신바람 혁신을 작동시켰다. 1990년대 정보화 시대를 맞아 '빨리빨리' 선진 기술과 지식을 학습하는 융합 혁신을 작동시켰다. 정보화 및 디지털 기술의 발전에 따라 재빨리 선진 기술을 습득해 신제품을 만들어내던 한국 제조 기업들의 경쟁력이 대부분 이 혁신 패러다임으로부터 나왔다. 특히 많은 IT 기업이 즐겨 사용했던 혁신 방법이다.

그러나 이제는 우리보다 더 크고 더 혁신적인 후발 주자들이 등장함으로써 경쟁력의 한계를 노출하고 있다. 중국 기업들이 보유한 경쟁력은 처음에는 가격과 품질에 대한 혁신이었다. 하지만 지금은 스마트폰의 샤오미 사례에서 보듯이 모방적 창의를 넘어 독자적 창의성 구현 단계로 발전하고 있다. 새로운 경쟁력을 갖춘 중국 기업들의 위력은 점점 더 커지고 있다. 이러한 상황에서 한국 기업들은 속도 경쟁력의 한계를 절감하고 있다.

속도 경쟁의 한계에 부딪힌 근본 원인은 중국과 벌이는 경쟁 이외에도 경영 환경 자체가 바뀌고 있다는 데도 있다. 산업 간 경계가 없어지고 불확실해지며 위기 상황이 수시로 발생하고 있다. 그중 산업 간 무^無경계성은 선택과 집중을 무력화시킨다. 기업들이 선택과 집중에 의해서 세계 최고 수준으로 효율적인 생산 시스템을 만들어 놓더라도 샤오미처럼 생산 시스템이나 생산 경험이 없는 소프트웨어 업체가 파고 들어왔을 때 속수무책으로 당할 수밖에 없는 상황이 펼쳐지게 된다. 이것이 바로 무경계성의 무서움이다. 또한 3개월 또는 6개월 이상의 미래를 예측할 수 없는 경영 환경에서는 아무리 정교한 예측 시스템을 갖춰도 성공을 보장할 수 없다. 게다가 정치·사회, 질병과 천재지변 등 메가톤급 급변 상황들이 수시로 나타나고 있다.

따라서 미래로 갈수록 속도 경쟁에 기반을 둔 후발 추격자 방식의 한계를 극복할 새로운 혁신 패러다임이 필요해진다. 예를 들면 명확한 목표나 방향성 없는 선택과 집중은 점점 더 위험하므로 극한적 불확실성에 적합한 성공 방식을 만들어나가야 한다. 따라가야 할 대상이나 목표조차도 보이지 않는 불확실성 아래서는 선택과 집중보다는 오히려 '하고자 하는' 뜻과 의지를 갖추는 것이 더 중요하다. 그다음 생존과 반복을 통해 기회를 인지하여 재빨리 실현시킬 수 있는 혁신 프로세스가 중요하다. 이와 같은 혁신 프로세스를 '창발 혁신'[40]이라고 부르며 한국 기업을 위한 미래 경쟁력을 여기에서 찾아야 한다고 주장하고자 한다.

창발 혁신 단계를 축약해서 설명하면 다음과 같다.

첫 번째 단계로서 이루고자 하는 '뜻과 의지'를 명확히 하고 비전 에너지를 충전한다. 강력하게 충전할수록 오래 버틸 수 있다.

두 번째 단계는 이렇게 충전된 에너지를 통해 반복해서 기회를 찾는 것이다. 여기서 중요한 것은 최소한의 생존 라인을 확보하고, 그 생존 라인 위에서 무수한 시행착오와 실패를 경험하며 학습을 반복해야 한다는 것이다.

세 번째는 기회를 포착하는 단계이다. 여기서 가장 중요한 것은 어디에서 무엇으로 성공할 수 있을지를 알아볼 수 있는 안목이다. 이러한 안목을 갖춘 인재를 우리는 천재라고 부를지 모른다. 그러나 여기에서 이야기하는 천재는 선천적인 존재를 의미하지 않는다. 뚜렷한 목표 의식에 다양한 경험과 절실함을 가지고 미래를 좀 더 빨리 알아보고 좀 더 다가갈 수 있는 능력을 갖게 된 존재를 의미한다.

마지막 단계는 실행이다. 실행은 저절로 이루어지는 것이 아니다. 과감한 결단과 전광석화 같은 실천을 통해서만 가능하다. 이 실행 과정을 완수하려면 엄청난 속도와 피를 말리는 경쟁이 필요할지 모른다. 과감한 결단과 빠른 실행이 없으면 종종 성취의 기회가 날아가버리기 때문이다.

이러한 창발 혁신 프로세스는 기업뿐 아니라 개인의 성공에도 적용할 수 있다. 예를 들면, 세계적으로 성공하여 명성을 얻은 음악가들을 보면 종종 어려서부터 일상적으로 반복 연습을 하는 경우가 많다. 이 예술가들은 무의미해 보이는 일상 반복으로부터 본인의 창발 혁신을 시작한다. 지겨워서 포기하기도 하지만 어느 순간 뜻과 비전으로 충전된 에너지를 얻게 되면 열심히 반복하고 또다시 도전해 성취감을 맛보게 된다. 이러한 성취가 새로운 충전의 계기가 되어 세계적 음악가가 되겠다는 강한 뜻과 의지를 갖게 되며, 이후 무수한 연습과 도전의 반복을 거쳐 또다시 기회를 포착하고 실행에 옮기면서 드디어는 세계적 명성을 얻게 된다.

앞으로 우리 기업들은 새로운 경영 패러다임으로 창조적 혁신에 도전해야 하지만 한국 안에서만 그것을 해낼 수 없는 처지이다. 좁은 내수 시장의 한계 때문이다. 따라서 이를 극복하기 위해 필연적으로 밖으로 눈을 돌려 그 혁신의 결과물을 소비해줄 수 있는 시장을 찾아내야 한다. 21세기 창발 혁신도 글로벌화와 병행해야 성공할 수 있다.

글로벌화 혁명으로 새로운 10년을 열어야

무역 대국 대한민국 수출이 감소하고 있다. 중국을 비롯한 세계 수요의 급속 위축이 주요 원인으로 작용하고 있지만 한국 경제의 경쟁력 감퇴가 근본 요인이라는 진단이다. 이제 운명을 건 승부를 해야 할 것 같다.

물론 수출 감소세 지속에 대비해 내수 활성화가 필요하다. 그러나 내수로 만들어지는 부가 가치와 일자리 증대가 꼭 필요하지만 한국 경제의 지속 성장을 위해 충분하지 않다. 내수 시장은 규모에서 한계가 있기 때문이다. 과거부터 그러했듯이 미래에도 한국 경제는 국외에서 승부할 수밖에 없다. 구조적 대전환기를 맞아 혁명 수준의 글로벌화를 해야 하는 이유이다.

한국 경제의 미래 10년은 글로벌화에 달려 있다. 세계 6위 수출 대국에 오르고 5대양 6대주 한국인들이 진출하지 않은 지역이 별로 없을 정도로 국제화에 매진해왔는데 글로벌화 혁명이라니 의아하게 들릴지 모른다.

그러나 객관적 시각을 갖춘 전문가들이 평가하는 한국 경제의 글로벌 수준은 그다지 긍정적이지 못하다. 2015년 1월, 다보스 포럼에서 오릿 가디쉬Orit Gadiesh 베인앤컴퍼니Bain&Company 회장은 "더는 과거와 같은 방식으로는 안 된다. 기업 활동 전 영역에서 글로벌화가 필요하다"고 주장하며 한국 기업들이 이대로는 미래가 없다고 비판했다.[41] 당시 급속 성장세를 이어가고 있던 스마트폰의 삼성전자나 세계 5위 자동차 회사로 도약한 현대자동차도 가디쉬 회장 눈에는 그저 '국외에 수출하는' 기업이지 전 세계를 상대로 소통하고 활동하는 글로벌 기업은 아니라는 것이다. 가디쉬 회장은 한국 기업들이 현재 같은 수출 중심 경영으로는 글로벌 경쟁에서 점점 더 뒤처질 것이라고 우려한다.

그렇다면 혁명 수준의 글로벌화란 무엇인가. 지금과는 구조적으로 그리고 근본적으로 다른 방향에서 국제화해야 한다는 말이다. 지금까지 한국 경제를 누가Who, 무엇을What, 어떻게How 외국으로 확장시켰는가를 보자. 첫째, 한국 경제를 대표하는 소수 대기업들이 주도했다. 둘째, 석유화학, 철강, 디스플레이, 자동차, 스마트폰 및 반도체 등 좋은 품질과 합리적 가격의 제품들을 신속하게 개발하고 생산해냈다. 셋째, 부품 조달과 생산 효율에 유리한 국내외 제조 공장으로부터 전 세계 시장으로 제품을 공급했다. 하지만 지난 수십 년 동안 자리 잡은 이러한 성공 방식이 이제 도전을 받고 있다.

새로운 성공 방식으로서 '누가, 무엇을, 어떻게'란 무엇인가.

첫째(Who), 이제는 전통 제조 대기업에서 소비 및 유통 대기업과 강소·중견 기업들이 주역으로 나서야 한다. 폭발하는 중국 소비 시장과 아시아 시장에서 기회를 잡으려면 철저한 현지화가 필요하며 지역별·소비자별·분야별로 세분화된 틈새시장을 개척해야 한다. 틈새란 원래 대규모 기업들이 개척하기 어려운 시장이다. 소수 대기업이 표준화된 제품으로 전 세계 시장을 주름잡던 시대에서 수많은 중소·중견 기업들이 현지 특화된 제품과 서비스를 만들어냄으로써 대기업으로 성장할 수 있는 기회를 잡는 시대로 이동하고 있다. 최근 만난 한 중소 기업은 베트남에서만 약품을 유통·판매하고 있다. 특별한 제약 기술은 없지만 현지 수요에 적합한 약품들을 발굴해 유통함으로써 매년 두 자릿수의 성장을 하고 있다고 한다. 언젠가 동남아시아 굴지의 바이오 회사로 도약하는 것이 이 회사의 꿈이다.

둘째(What), 전략을 팔아야 한다. 단일 제품이나 특정 기술로 혁신하는 단계에서 전략 혁신을 기반으로 경쟁력을 확보해야 한다. 효율적 생산을 하는 운영 혁신이나 남보다 조금 개선된 기술에 의한 제품 혁신만으로는 중국 기업들의 굴기와 개도국 추격으로부터 생존하기 어려워졌다. 임마누엘 패스트라이쉬Emanuel Pastreich 경희대 교수는 기술뿐 아니라 기획, 디자인, 제조 마케팅 등을 통합해 솔루션을 팔 것을 제안한다. 임마누엘 교수는 아예 모범적 생태 도시를 건설해 그 노하우를 전 세계에 수출할 것을 주장한다. 우리가 글로벌 시장에 팔 것은 제품과 기술만이 아니다. 중소 기업의 아이디어와 틈새 기술 그리고 대기업의 마케팅 및 투자 능력 등을 결합하면 새로운 글로벌 지평이 열릴 것이다.

셋째(How), 주고받는 쌍방향 국제화를 추구해야 한다. 지금까지 우리 기업들은 밖으로 나가는 일방적인 국제화를 했다. 그래서 수출 대국이면서 글로벌화는 후진적이라는 평가를 받는다. 한국 중소 기업 스마일게이트Smilegate Holdings의 예를 보면 중국의 텐센트와 합작 투자를 통해 스마일게이트의 게임으로 중국 시장에서만 1년에 1조 5,000억 원을 벌어들인다. 그중 5,000억 원은 한국의 스마일게이트로 송금된다. 한국 중소 기업의 수준 높은 기술이나 전략이 외국 자본이나 유통 채널과 결합해 쌍방향 시너지를 낼 수 있는 분야는 앞으로도 무궁무진하다.

수출 대국의 꿈은 소수 대기업이 주도해 이루어냈다. 그러나 미래 글로벌 강국의 목표는 소비, 유통, 서비스, 콘텐츠 등 다양한 분야에서 작지만 강한 기업들이 주도해야 한다.

선도자가 되려는 한국 기업, 공간 선취에 답이 있다

선도자로의 전환은 한국 경제 위기 극복을 위한 유일한 돌파구인 것 같다. 그러나 구체적 방법 제시가 빈약하다. 기술 혁신을 통해 선진 기업을 앞질러 선도자가 되어야 한다는 처방은 당연하지만 기업 입장에서는 지나치게 막연하다.

선도자가 되는 첫걸음은 대부분 기회 선취에 있다. 기술과 시장 등 변화하는 환경이 만들어내는 일시적 불균형을 활용해 기회를 먼저 획득해야 한다는 것이다. 일시적 불균형은 다른 경쟁 기업에 대해 경쟁 우위를 갖게 한다. 이것은 기업이 보유한 기술이나 독특한 자원으로부터 발생할 수 있으며 미래를 반보 앞서 예측하는 능력이나 순전히 운에 의해서도 만들어질 수 있다.

그렇다면 지금 한국 기업들은 선도자가 되기 위해 우선적으로 무엇에 눈을 돌려야 하는가. 지리적 위치와 제품 특성을 고려한 공간 선취에 중점을 두어야 한다. 잘 알려진 것처럼 21세기 변화 바람은 아시아에서 불고 있다. 특히 중국 굴기는 2014년 이후 중산층 폭발과 내수 시장 확대라는 새로운 국면을 맞고 있다. 선도자가 되기 위한 기회의 바람이 중국 소비 시장, 동남아시아, 인도 등지에서 불어오고 있다. 기회 선취를 위한 일시적 불균형은 이러한 아시아 시장이라는 공간에서 발생할 가능성이 크다.

자본력이 부족한 우리 중소 기업들도 공간 선취를 통해 제한된 범위에서 경쟁 우위를 확보할 수 있는 가능성이 크다. 이때 공간Space이란 지리적 공간뿐 아니라 제품 특성상 공간까지도 포함하는 개념이다. 우리 기업들은 각자 기준으로 가장 매력적인 틈새Niche를 중국과 아시아 공간에서 찾아내 그 공간에 가장 적합한 제품과 서비스를 제공함으로써 제한적이나마 선도자 지위를 확보할 수 있을 것이다.

시간과 공간을 초월한 기술 혁신은 매우 어렵고 드물다. 우리 중소 기업들이 이러한 절대적 기술 혁신에만 매달리기에는 한계가 있

204

다. 그리고 기술적 리더십만이 유일한 선도자 전략은 아니다. 같은 기술을 보유했더라도 공간 선취와 맞춤형 개발로 기회를 획득하고 경쟁자 진입을 저지할 수 있다.

문제는 구체적인 전략 실천이다. 공간 선취란 철저한 현지화를 전제로 한다. 현지 고객 니즈와 시장 흐름을 꿰뚫어야 한다. 시간이 걸리지만 현지 네트워크도 구축해야 한다. 국내 제품을 일방적으로 수출하려는 전통적 방식은 더는 통하지 않는다. 현지 기업의 주문을 받아 핵심 부품을 공급하는 방식도 선도자를 만들어주지 못한다.

이와 함께 선도자가 갖는 원초적 약점을 극복해야 한다. 선도자는 이미 투여된 초기 투자에 연연하여 변화에 유연하게 대처하지 못하는 경향이 있다. 반면에 후발 주자는 적은 투자만으로 선도자가 닦아놓은 시장 인프라를 활용하는 무임승차 효과를 누린다. 특히 유의할 것은 보완 자산Complementary Assets이다. 보완 자산이란 기술 혁신을 상품화하거나 공간 선취를 위해 꼭 필요한 자산과 지식 등을 의미한다. 현지에서 필요한 제조 설비, 현지 인력 관리 방법, 유통망 등이 여기에 해당한다. 선도자가 보완 자산을 보유하고 있지 못한 경우 후발 기업이 상대적으로 더 큰 무임승차 효과를 얻을 수 있으며 선도자는 실패할 가능성이 커진다.

따라서 기회 선취 이후 차지한 유리한 위치를 강화하고 지속시킬 수 있는 메커니즘을 확보하는 노력도 중요하다. 선도자 이점을 강화시키는 메커니즘으로는 기술적 리더십, 희소 자원 선취, 구매자 교체 비용 등이 있다.

첫째, 기술적 리더십은 핵심 기술뿐 아니라 관련된 주변 기술에 대해 특허를 내거나 생산 공정 또는 관리 측면에까지 경쟁자가 모방하기 힘든 혁신을 함으로써 달성된다. 둘째, 선발 기업은 종종 기술적 리더십보다도 더 많은 이점을 희소 자원 통제에 의해 얻을 수 있다. 셋째, 교체 비용과 불확실성 때문에 구매자들이 선도자의 제품과 상표에 집착하는 성향을 이용하는 것도 하나의 방법이다.

한국 기업들이 중국을 비롯한 아시아에서 선취할 수 있는 시장 공간은 늘어나고 있다. 그러나 이 공간을 선취하려면 전략적 지혜를 발휘해야 한다. 이를테면 자신이 보유한 기술 수준과 그 기술을 현지에서 상업화하는 데 필요한 보완 자산 획득 가능성에 따라 적절한 선택을 해야 할 것이다. 경쟁자가 모방하기 어려운 기술과 현지에 충분한 보완 자산을 확보할 수 있다면 독자적인 현지화 전략이 가능하다.

그러나 대부분 중소 기업들은 현지 보완 자산 확보가 어렵다. 그나마 기술 수준이 높아 모방 장벽이 높은 편이라면 현지 기업과 전략적 제휴와 합작 투자를 모색해야 한다. 모방 장벽이 낮은 편이라고 판단되면 과감하게 현지 기업에게 기술을 라이선스해주고 그 기업으로 하여금 시장을 개척토록 하는 전략을 검토해야 한다.

17

사즉생 경영

우리 기업과 젊은이들 모두 극한 환경에서 절박함에 몰려 있다. 이럴 때일수록 자기 정체성을 명료하게 만들고 기존 규칙과 삶의 방식을 깨는 자유로움을 얻어야 한다. 즉 사즉생死則生 경영이 필요하다. 이를 위해 대기업은 우등생 함정을 극복해야 한다. 지식 습득은 빠르지만 변화 대처에 늦고 위험을 기피하는 보수적 특성이 짙은 것은 바로 철 지난 우등생들의 특징이다.

미래 지향적 기업으로 존속하려면 새로운 경영 이념과 비전 제시가 필요하다. 중소 기업도 강소 기업으로 거듭나기 위해 새로운 경영을 펼쳐 보여야 한다. '저임금과 열악한 근무 여건'이라는 오명에서 벗어나 '꿈·재미·보람'을 특징으로 하는 직장을 만들어야 한다. 젊은 인재들이 모이는 별난 경영을 실천해야 한다.

사즉생 경영이 필요한 이유

선도자는 대부분 극한적 불확실성과 상대하여 성공을 건져 올려야 한다. 이러한 극한 상황에서 살아남는 방법으로 종종 '죽고자 하는 마음으로 극한의 일에 임하면 오히려 승리해 살아남을 수 있다'는 사즉생의 역설이 강조되곤 한다. 이 역설은 매번 극한의 전투 상황에 임해야 했던 충무공 이순신 장군이 한 말씀으로 유명하다.

"죽을 각오로서 싸운다면 전투에서 이겨 살아남을 것이요, 살고자 하는 마음만으로 전투에 임한다면 그 전투는 패할 것이다"라는 말씀이 21세기 선발형 경영 전략에 중요한 시사점을 던진다. 바로 극한의 경영 환경에서 비롯된 절박함 때문이다.

한 기업 사례를 들어보자. 그 기업은 좁은 내수 시장에서 뜻을 펼칠 수 없었기에 일찍부터 일본 시장에 진출했다. 국내에서 일구어낸 성공 자산을 동원해 다양한 상품과 서비스를 개발하고 출시했건만 내 나라가 아니어서 그런지 시장은 꿈쩍도 하지 않았다. 그러기를 4~5년, 도저히 가능성이 보이질 않아 철수했지만 국내에 앉아서는 미래가 없기에 또다시 도전하여 새로운 상품을 계속 선보였다. 하지만 역시 일본 시장은 움직이질 않았다. 그러기를 또다시 5년여 지속하던 어느 날 후쿠시마 원전 사고라는 날벼락이 떨어진다.

그동안 4,000억 원이 넘는 돈을 투여한 터라 한국 본사를 비롯한 모든 임원은 철수를 내심 당연하게 생각했다. 그동안 일본 진출을 직접 진두지휘해온 창업자는 모든 것을 내려놓아야 하는 절박감 속에서 만감이 교차했다. 이때 번득 떠오른 아이디어를 실현시킨 것이 오늘날 전 세계 5억 명이 넘는 고객을 확보한 라인^{Line}이라는 글로벌 SNS 서비스다.

이러한 사즉생 경영은 비록 쉽지 않지만 다음과 같은 장점이 있기 때문에 극한의 상황을 성공으로 반전시킬 수 있다.

첫째, 자기 정체성을 명료하게 만든다. 위험도가 매우 높고 언제 잘못될지 모르는 위기 상황에서 누구나 걱정과 근심에 휘둘릴 수 있다. 그러나 모든 것을 내려놓는 순간 내가 누구이고 무엇을 해야 하는지를 오히려 분명하게 드러낼 수 있다. 즉 한 치 흔들림 없이 무엇에 집중해야 하는지를 스스로 알 수 있게 된다. 리우 올림픽 경기 중 양궁, 사격, 골프, 펜싱 등에서 실감했듯이 절박한 상황에서 패배의 걱정을 내려놓고 자기 리듬과 스윙에 충실한 것이 승리의 비결이 된다. 이세돌, 조훈현 등과 같은 바둑 명장들도 '질 때 지더라도 후회 없는 바둑을 두자'는 자세로 절박한 상황을 승리로 반전시키곤 했다.

둘째, 자유로 인해 더 많은 대안을 얻을 수 있다. 우리는 종종 아무것도 잃을 게 없을 때 뜻하지 않게 자유를 누린다. 기존 규칙을 무시할 수 있는 자유로움이 주어지며 창의적 대안으로 기득권을 깨뜨려버릴 수 있다. 고난과 역경이 낳은 절박함이 역설적으로 바람직한 효과를 낳는 상황이 연출되는 것이다. 다윗과 골리앗의 싸움이 좋은 사례다. 다윗은 잃을 게 없었기에 골리앗이 설정한 규칙을 비웃고 전혀 다른 싸움 방법으로 단숨에 승리를 낚아챘다. 극한 상황이 만들어낸 절박함이 오히려 기존 질서를 거부하고 전혀 다른 창조적 시각으로 보게 한다.

셋째, 선순환 생태계를 만들 수 있다. 경쟁에서 내가 먼저 살려는 방식은 '너 죽고 나 살기' 식 이전투구 경쟁심을 조성한다. 그러나 내가 죽어도 대의를 지킨다는 자세는 '남을 살려 내가 사는' 지혜를 낳고 결국에는 너도 살고 나도 사는 선순환 생태계를 만들어낼 수 있다. 그리고 이러한 생태계 속에서는 상호 협력의 상승 작용이 일어나고 기대하지 않았던 행운(?)도 따름으로 큰 성공을 일구어낼 수 있다. 요즘 온라인과 모바일상에서 유행하는 플랫폼 비즈니스는 고객들과의 선순환 생태계 구축이 필수적이며 이를 위해 고객을 위한 사즉생 경영을 고려하지 않을 수 없다.

그러나 사즉생은 쉽게 얻어지는 것이 아니다. '죽고자 하면 반드시 죽임을 당할' 확률이 훨씬 크기 때문이다. 손무는 전쟁에 돌입하면 반드시 닥치는 5가지 위태로움 중에서 첫째로 '용기가 지나치면 죽임을 당한다'는 필사가살必死可殺의 위험을 꼽았다.

따라서 사즉생 경영은 생존 전략을 기본으로 해야 한다. 반드시 살아남을 수 있는 방책을 마련해놓든가 아니면 지는 싸움은 과감히 피하는 결단력이 필요하다. 이순신 장군의 눈부신 전승 업적은 용기로만 만들어낸 것이 아니다. 임금이 출격 명령을 해도 꿈쩍하지 않는 결단력과 생존 전략으로부터 일구어낸 것이다. 선도자는 용기만으로 성공할 수 없다.

우등생 함정을 극복해야 한다

'빨리빨리'는 대한민국 조직 문화의 특징이자 강점으로 꼽힌다. 그러나 이 조직 문화가 항상 강점만 있는 것은 아니다. 그 이면에 도전과 혁신을 기피하는 보수적 조직 문화를 잉태하는 부정적 요인이 도사리고 있다는 사실을 깊이 새겨야 한다.

왜 잘나가던 기업들이 현금을 쌓아둔 채 몸을 사리고 있고, 왜 젊은이들은 안정적 직장만을 찾아 나서고 있는가? 우리가 21세기 글로벌 혁명을 위해 극복해야 할 큰 걸림돌은 '누구보다도 빠른 학습력'을 자랑하는 우등생의 함정이다. 재빨리 배워내는 속도 문화는 '우리가 남이가'로 대변되는 소아적小我的 공동체주의와 어우러져 '일치단결해서 선도자를 재빨리 추격하는' 역량을 만들어냈다.

그러나 우리는 우등생들이 쉽게 빠지는 함정을 알고 있다. 똑똑하지만 주변 상황에 유연하게 대처하지 못하는 우등생을 '헛똑똑이'라 부르고 그 실패를 '제 꾀에 빠진다'고도 한다. 한국 경제가 구조 전환기를 맞아 경계해야 할 것들이 바로 이러한 성공 함정이다.

누구보다도 빨리 배우는 능력을 갖춘 '똑똑한' 우등생의 결정적 약점은 무엇인가. 그것은 우등생들이 어느 순간 위험을 회피하는 보수적이고 관료적인 의사결정자가 되기 쉽다는 사실이다. 의사결정에 관한 연구 중에 '뜨거운 난로 효과the hot stove effect'라는 이론이 있다.[42] 우리는 대체로 난로 위 주전자나 냄비에 무심코 손을 댔다가 '앗! 뜨거!' 하며 놀란 경험이 있다. 바로 그와 같은 위험 경험이 향후 '난로 근처에만 가도 겁을 내는' 보수적 의사결정 성향을 만들어낸다는 것이다.

흥미로운 사실은 똑같은 위험 경험을 하더라도 '똑똑한' 우등생들이 더욱 민감하게 반응해서 다른 사람이나 조직에 비해 훨씬 더 위험 기피 성향을 갖게 된다는 것이다. 우등생은 학습력이 뛰어나 '뜨거운' 경험을 한 후 재빨리 다음 의사결정에 반영하여 위험한 일은 처음부터 시도하지 않으려는 보수적 성향이 되기 쉽다.

이 이론을 통해보면 왜 우리 대기업들이 벤처·창업 기업들에 대해 과감한 투자를 기피하는지 이유를 알 수 있다. 그들은 자타가 인정하는 대한민국 최고의 우등생 그룹이다. 그리고 대체로 국내외에서 몇 건의 투자 실패 경험이 있다. 물론 인수·합병 등의 투자는 성공보다는 실패할 확률이 더 높으므로 경험이 부족한 대기업들이 초기 투자에서 실패 경험을 하게 되는 것은 일반적인 일이다. 그래서 그들은 벤처 투자를 기피하는 이유에 대해 한결같이 "해봤는데 잘되지 않아서 여러 임원이 문책당했다"는 경험담을 토로한다. 지금은 위험도가 높은 도전적 투자 제안에 대해서는 아예 검토조차 못하는 것이 보통이다.

이와 달리 실리콘밸리의 대기업들은 규모가 커졌어도 어떻게 위험 감수 성향과 도전 정신을 유지하고 있는 것일까. 잘 알려진 것처럼 실리콘밸리에서는 5명에 불과한 벤처 기업 딥마인드^{DeepMind}에 1억 달러를 과감히 투자한 구글의 사례가 오히려 일반적이다. 구글도 똑같이 '뜨거운 난로 효과' 경험을 했지만, 실패에도 불구하고 계속해서 위험 학습의 경험을 늘려가며 노하우를 쌓고 그 위에서 자신의 위험 감수^{risk-taking} 성향을 높여나갔다. 반면에 우리 기업들은 한두 개 실패 사례 이후에 '위험한' 학습 경험을 아예 멈추어버렸다. 즉 '앗! 뜨거워'의 트라우마를 극복하지 못한 어중간한 상태에 머물러 있는 것이다.

기업은 위험한 경험들을 학습하면서 자신의 위험 감수 성향이나 도전 정신을 키워나간다. 이때 위험 경험과 위험 감수 성향 간 관계는 이론적으로 'U'자 모양을 형성한다는 것이 정설이다. 처음에는 위험 경험이 도전 정신을 위축시키지만 점차 경험이 쌓이면서 위험 감수 성향을 증대시킬 수 있다는 것이다. 따라서 우리 기업들은 급속한 기술 융합 시대에 필요한 도전 정신을 제고시키기 위해 실패의 트라우마를 극복하며 위험 경험을 계속해서 늘려나가야 한다.

이와 함께 반드시 고려해야 할 것은 개인 다양성을 인정하는 조직 문화로 바꿔나가는 일이다. 실리콘밸리 기업들이 도전적 의사결정을 할 수 있는 데는 개인주의 문화가 기여하는 바가 크다. 기업은 관점과 의견이 서로 다른 개인들을 의사결정 과정에 참여시키고, 개인 구성원들은 이러한 참여에 만족하지 못할 경우 회사에서 나와 과감하게 창업을 시도한다.

구성원들의 다양한 관점과 주장을 적극적으로 반영하는 기업일수록 '뜨거운 난로 효과'를 줄일 수 있다. 개인 다양성을 인정하고 활용하려는 개방성은 우등생 함정을 극복하기 위한 필수 요인이다.

우리 **대기업**이 **위험한** 진짜 이유

2015년, 국내 제조업 매출이 건국 후 처음 감소했다. 더욱 심각한 것은 이 감소 추세가 쉽사리 회복될 것 같지 않다는 우려다. 한국 제조업을 대표하는 대기업들에게 "우리는 과연 아직도 빠르고 미래 지향적인가?"라는 질문을 하지 않을 수 없게 되었다.

이러한 질문 뒤에는 우리보다 더 빠른 의사결정과 과감한 투자로 우리를 압박해오고 있는 중국 기업들에 대한 두려움이 있다. 우리 주력인 IT 산업만 해도 레노버, 화웨이, 샤오미, ZTE, 메이쥬, BBK 등 중국 기업들의 대약진에 기가 꺾여 있는 상태다. 이들과 비즈니스를 하는 CEO들은 마치 5년 전 빠른 의사결정과 과감한 투자로 글로벌 시장에 깊은 인상을 주었던 우리 기업들을 보는 것 같다고 한다. 더 빠르고 더 과감한 경쟁자가 앞길을 가로막고 있는 형국이다.

그러나 위기의 진짜 이유는 정작 우리 내부에서 찾아야 한다. 왜냐하면 『손자병법』에서 보듯이 전쟁에 이기는 것은 상대방에 달려 있지만 지지 않는 것은 우리 하기에 달려 있기 때문이다. 따라서 우리 대기업들이 아직도 빠르고 미래 지향적인지 스스로 엄정하게 따져봐야 할 것이다.

인터브랜드Interbrand 발표에 따르면 한국식 속도 경영을 완성한 삼성전자의 브랜드 파워는 2016년 드디어 GE를 앞서며 세계 7위의 자리를 차지했다고 한다. 글로벌 금융위기로 다른 기업들이 몸 사릴 때 과감한 투자로 성장 기회를 잡은 현대자동차 브랜드는 2016년 처음 30위권에 진입했다. 그러나 이러한 눈부신 성과들이 실현된 순간 곧바로 브랜드에 안주하려는 안일무사주의가 무수한 함정들을 파놓기 마련이다.

5년 전 벼랑 끝에 서서 선도자를 따라가야 했던 당시의 의사결정은 지푸라기라도 잡는 심정으로 절실했고, 사소한 위험은 현장에서 감내할 정도로 과감했다. 그래서 아직 검증되지 않은 새로운 기술과 우수한 협력 기업들을 과감하게 채용할 수 있었다. 그러나 과거 소니, 노키아, 모토롤라의 사례는 세계적 브랜드로 성장한 직후 바로 위기가 닥치는 것을 보여주었다. 성공이 만들어낸 조직 경직성이 실패를 무릅쓴 혁신을 점점 더 어렵게 만들기 때문이다.

그렇다면 어떻게 성공 함정을 극복하고 또다시 대규모 혁신에 성공할 수 있을까? 1990년대 정보화 혁신의 경험을 보자. 당시 국내 시장 개방과 치열해진 글로벌 경쟁으로 한국 경제는 극도의 위기감에 빠져 있었다. 한국 기업들은 특유의 '전근대성' 때문에 환경 불확실성에 대한 대응 역량이 구조적으로 취약했다.

이러한 취약성은 1997년과 1998년 IMF 외환위기를 맞아 적나라하게 드러났다. 30대 대기업 절반이 무너졌다. 이 기업들은 경직된 조직 문화 때문에 환경 변화를 제대로 감지하지 못하거나 감지하여도 대응할 수 있는 능력을 보유하지 못했다. 특히 구성원들에게 스스로 주인의식을 갖도록 심리적 믿음, 즉 임파워먼트^{Empowerment}를 하지 못해 주어진 과업을 적극적으로 책임 있게 수행하도록 동기부여하지 못했다.

그러나 혁신에 성공한 기업들은 정보화 시대로 넘어가면서 새로운 기회를 잡았다. 이들은 유연성^{Flexibility}과 민첩성^{Agility}, 임파워먼트라는 환경 대응 역량을 갖춤으로써 빠르고 미래 지향적인 기업으로 거듭났다. 이렇게 혁신에 성공할 수 있었던 가장 중요한 동인은 회사의 미래를 전적으로 책임지고 있는 리더가 그룹 차원에서 전략적 미래를 직접 관장함으로써 중간 계층과 합의라는 시간 지연 없이 정면 승부를 통해 유연성을 확보한 덕분이다. 아울러 전사적 전략 이후 뒤따르는 많은 의사결정과 실천 문제는 전문 경영인 제도를 강화함으로써 풀어나갔다. 즉 비전 리더로 업그레이드된 오너 경영과 권한 위임으로 임파워먼트가 된 전문가 경영이 융합함으로써 유연한 전략적 대응과 즉각적 실천 능력을 갖출 수 있었다.

그렇다면 경고등이 켜진 지금, 한국 제조업을 대표하는 대기업들이 처한 진짜 위기는 무엇인가? 그것은 그들이 미래 지향적인 기업으로 존속하는 데 필요한 새로운 경영 이념과 비전 리더십을 과연 제시할 수 있는가에 달려 있다. 지금까지 한국식 경영 혁신은 모두 비전 리더가 주도했다. 정주영, 이병철 등 1세대 기업인들은 물론 이건희, 정몽구, 구본무로 이어진 2세대 후계자들은 단순한 오너 경영인이 아니라 비전 리더였다. 그랬기에 다른 오너 그룹들이 경영 위기를 극복하지 못하고 도산하는 절체절명의 시기에 새로운 기회를 잡을 수 있었다.

때마침 3세대 경영 승계를 앞둔 후계자들이 이러한 비전 리더십을 발휘할 수 있느냐가 미래 성패를 판가름할 것이다. 30대 그룹 계열사 중 20%가 장사를 해서 이자도 못 내게 된 작금의 상황이 8년 전 IMF 경제위기 직전 데자뷰가 아니길 바랄 뿐이다.

중소 기업 **뉴노멀 경영**

우리 경제는 이미 저성장 구조에 접어들었다. 세계적 교역 및 수요 감소에 따라 상대적으로 생존력이 약한 우리 중소 기업들이 걱정이다. 새로운 경제 구조에 적합한 뉴노멀^{New Normal} 경영은 어떤 모습일까? 2016년, 한국중소기업학회 추계학술대회에서 경영학자들이 한목소리로 강조한 핵심 단어는 글로벌과 연구 개발, 품격 있는 문화와 젊은 인재였다.

전자는 세계적 기술 변화와 중국 제조업 굴기에 맞서 살아남기 위해서 차별적 기술 역량을 개발해 글로벌 시장에 도전해야 한다는 사실을 강조한다. 후자는 방법론으로서 중소 기업들도 이제는 설비 투자에 기초를 둔 기술 학습과 원가 절감 중심 경영에서 창의적 조직 문화로 젊은이들이 꿈을 펼칠 수 있는 사람 중심 경영을 해야 한다는 것을 의미한다.

한마디로 젊은 인재들의 열정과 창의를 앞세워 경계가 없어져가고 있는 글로벌 시장에 도전하는 경영 방식이 우리 중소 기업이 갖추어야 할 필수 요소가 되고 있다. 원가 절감 중심의 모방적 기술 학습, 열악한 근무 여건, 인내에 기반을 둔 숙련 등이 올드노멀^{Old Normal}이라면, 새로운 가치 창출에 의한 차별화, 문화 향기가 있는 근무 조건, 재미에 기반을 둔 창의 등이 뉴노멀이다.

물론 우리 중소 기업 현실은 녹록치 않다. 제조 중소 기업 경쟁력도 후퇴하고 있다. 최근 중소 기업들의 매출액 대비 수출 비율이 2012년만 해도 평균 13.6%이던 것이 10% 미만으로 하락하였다. 기존에 기술 개발 투자를 하고 있는 기업들의 매출액 대비 연구 개발 투자 비율은 3.9%대에서 멈추어 있다. 불확실한 외국 시장에 도전하기보다는 내수 시장에 안주하려는 생각이 더 강하다는 조사 결과다.

그러나 새로운 도전 없는 기업은 비실비실 말라 죽거나 어느 날 매출 급감이라는 날벼락을 맞기 쉽다. 제조 중소 기업의 몰락을 걱정하는 목소리가 크다. 이제는 생존을 위해, 아니 새로이 펼쳐지는 거대 기회를 잡기 위해 뉴노멀 경영에 도전할 수밖에 없다. 요즘 주목받고 있는 기업 사례를 보자.

구미공단에 동양산업이라는 회사가 있다. 이 회사는 1989년 이후 전자 제품 포장용 스티로폼 사출부터 시작해 스마트폰 렌즈용 금형 분야까지 꾸준히 성장한 중소 제조 기업이다. 어려웠던 10여 년 동안에도 두 자릿수 성장률을 자랑하며 전 세계 6개국에 10개 공장을 가동하고 있다. 이 회사는 경영 이념인 '꿈도 아픔도 회사와 함께'라는 캐치프레이즈 아래 세계적 건축가의 디자인을 채용한 내부 인테리어, 공장 조경, 복지 시설 등으로 직원들이 '집 생각' 나지 않을 정도로 쾌적한 근무 환경을 제공한다.

동신유압은 창업 이래 40년 동안 사출 성형기 단일 품목에 집중했다. 그러나 2000년부터 중국산 제품의 저가 공세와 2008년 글로벌 금융위기로 부도 위기에 몰렸다. 2011년, 2세 경영자 취임을 계기로 환골탈태의 혁신에 돌입하여 극적인 매출 증대와 흑자 전환에 성공했다. 전 사원이 참여한 다양한 아이디어가 품질 도약에 결정적 기여를 했다. 여기에는 회사 이익을 사원과 함께 나누고 연공서열보다는 서로 격려하며 장점을 살려주는 '별난' 경영이 주효했다.

제화 기능공 출신 창업자가 세운 안토니주식회사는 기능성 신사·숙녀화 국내 1위 업체이다. '불경기'라는 말이 금기어인 이 회사는 모든 어려움을 직원들의 열정과 창의로 돌파하면서 2013년에는 외국 기술 제휴 회사였던 이태리 제화 회사 바이네르^{Vainer}를 아예 인수했다. 이 회사 대표는 승마, 보트, 스키, 골프 등 각종 스포츠를 직원들과 공유하면서 5억 원의 현상금을 걸고 자신보다 더 재미있게 사는 기업가를 찾고 있다.

위 세 회사들은 공통점이 몇 가지 있다. 모두 전통 제조 분야로서 국내외 소비 위축과 경쟁 격화 그리고 중국 기업의 추격에 노출되어 있으며 가업 승계 이슈가 있다. 또 한편으로는 각광받는 새로운 사업 분야가 아니면서도 사원 평균 연령이 젊으며 '별난' 경영을 실천한다.

위기와 기회가 교차하는 대전환기에 젊은 인재를 끌어들일 수 없는 기업은 앞으로 살아남기 어려울 것이다. 참고로 대졸자들이 중소 기업을 기피하는 이유를 보자. 첫째는 대기업과 임금 격차이고, 그다음이 근무 여건이다. 이를 극복할 창의적 뉴노멀 경영이 꼭 필요한 실정이다.

중소 기업하면 저임금과 열악한 여건이 떠올랐다면 앞으로는 꿈과 재미, 보람이라는 단어가 떠올라야 한다. 이를 위해서 충분한 임금 수준을 유지할 수 있는 사업 영역을 영위하면서 청년들이 꿈과 아이디어를 펼치고 매력을 느낄 수 있는 경영에 도전해야 한다. 도전 없이는 미래도 없는 것이 우리 현실이다.

4
PART

세상에 없는 가치를 만들어라

한국 경제의 미래 비전

o

FIRST
MOVER

o

18
'될 때까지' 하는 대한민국

우리에게는 '은근과 끈기'라는 DNA가 있다. 이 DNA는 산업화와 정보화 시절 유감없이 발휘된 '빨리빨리' 속도 경쟁력과 결합할 때 위기를 기회로 만드는 원동력이 된다. 우리는 '될 때까지(성공할 때까지)' 한다는 의지를 가지고 기회와 위협 요인에 창조적으로 대응하면 저성장을 딛고 세계 경제에 또다시 우뚝 설 수 있다. 하지만 과거 성공 경험에 매몰된 채 고정 관념에 사로잡혀서는 성공하기 어렵다. 반드시 개방적·전략적 사고로 기존의 틀로부터 탈출해야 한다. 그리고 젊은이들은 과거 세대가 추구한 '경쟁에서 이기기 위한 삶'보다 '하고 싶은 일을 하는 삶'을 살아야 한다. 미래는 경제 주체들이 '하고 싶은 일을 될 때까지' 하는 혁신을 해야 행복해지고 성공할 수 있다.

우리에게는 **위기 극복**을 위한 **3개의 전함**이 있다[43]

지금은 3세대 혁신을 감행해야 할 때이다. 우물쭈물하다가는 그야 말로 '큰일'날 판이다. 한국 경제는 2011년 이후 잠재 성장률 2~3% 대의 저성장 구조로 진입했으며 최근 수출도 지속적 감소세를 타고 있다. 이미 중국은 2009년부터 산업 경쟁력에서 한국의 IT 신화를 추월했다. 그렇다고 바닥을 드러내고 있는 우리 경쟁력에 실망만 하고 있을 때가 아니다. 우리에게는 아직도 세계 경제에서 우뚝 설 수 있는 3종류의 전투함, 즉 특유의 혁신 역량이 있다.

첫 번째 전함은 바로 신바람호이다. 이것은 '하면 된다'의 성공 DNA를 작동시키며 1세대 혁신을 이끌었다. 신바람 혁신이란 먼저 조직 내부를 공존공생의 분위기로 만들고 그 안에서 일을 알아서 하도록 자율 관리를 한다. 그리고 성과에 대한 정확하고 공정한 보상으로 공동체 의식을 더욱 강화시킴으로써 강력한 단결력을 이끌어낸다. 바로 이것이 '일할 맛이 나고 미친 듯이 일할 수 있는' 직장을 만들었다.

두 번째 전함은 융합호로서 1990년대 이후 정보화를 이끌어왔다. '빨리빨리'의 성공 DNA를 작동시키며 선도자로부터 기술과 지식을 재빨리 학습해 개량된 제품을 개발해내는 속도 역량이 이것으로부터 나왔다. 이 융합 혁신은 정확한 문제 인식과 구체적 목표 설정으로부터 시작한다. 그리고 그것을 달성하기 위한 필요 요소들을 찾아내 결합하고 소통과 협력으로 재빨리 개선된 대안을 제시한다. 이 2세대 혁신은 반도체, 스마트폰, 자동차 산업 등에서 그 진가를 발휘했다.

이제 창발호로 불리는 3세대 전함이 가세할 때이다. 이것은 '창발적으로 떠오르는 기회와 위협에 창조적으로 대응한다'는 의미에서 창발 경영emergence management으로 부를 수 있다. 이 창발 혁신은 '명확한 목표를 향한 선택과 집중', '정교한 계획과 시스템' 등을 특징으로 하는 기존 방식과는 근본적으로 다르다. 이것은 '뜻과 비전을 세워 이를 실천할 확고한 의지를 가지고 반복적 활동으로 때를 기다리다가 불현듯 떠오르는 기회를 획득해 새로운 가치를 구현하는 과정'으로서 다음과 같은 핵심 프로세스로 구성된다.

첫째, 이루고자 하는 분야에 뜻과 비전을 명확히 세운다. '될 때까지 한다'는 의지로 강력한 에너지를 내부에 충전한다. 둘째, 투자와 경영 활동을 반복한다. 이때 생존 라인을 확보하여 그 위에서 활동해야 하며 시행착오와 실패를 통해 꾸준히 배워나가는 것이 중요하다. 셋째, 절실함으로 기회를 인지한다. 차별화된 안목과 남보다 반보 앞선 예측력으로 남보다 먼저 기회를 알아보는 것이 중요하다. 넷째, 기회의 창으로 재빨리 들어가서 가치를 창출한다. 새로운 제품과 서비스를 먼저 시장에 출시하기 위해 전광석화 같은 실행력을 발휘해야 한다.

이와 같은 창발 혁신의 과정은 목표점을 파악할 수 없는 극한적 불확실성의 환경에서 새로운 기회를 추구하는 데 필수적이다. 여기에는 다가오는 기회를 먼저 알아볼 수 있는 능력과 때를 기다릴 줄 아는 불굴의 의지가 있어야 한다.

후발 주자가 속도만 더욱 빠르게 한다고 선도자가 될 수는 없다.

남들이 보지 못하는 것을 볼 수 있어야 하고, 남들이 가보지 못한 길을 갈 수 있어야 한다. 진정한 '퍼스트 무버'가 되려면 경영의 사고와 행동 방식을 한꺼번에 바꾸어야 한다. 100년 이상 선도자의 위치를 고수하고 있는 선진 기업들은 모두 극한적 불확실성에 도전할 줄 아는 지혜와 노하우가 있다.

여기에서 우리가 간과하지 말아야 할 또 하나의 사실이 있다. 목표 시장이다. 우리의 혁신은 좁은 내수 시장으로 말미암아 외국에서 소비해줄 목표 시장이 항상 필요하다. 산업화를 일구어낸 신바람 혁신은 미국 시장이 있었기에 성공할 수 있었다. (지역별 수출 비중을 보면 1985년까지 최대 35% 정도를 미국 시장이 차지했다.) 정보화 시대의 경쟁력 원천인 융합 혁신은 유럽과 특히 최근에는 중국 가공 무역 시장이 있었기에 가능했다. 이제 창발 혁신의 목표 시장을 정조준해야 한다. 그것은 바로 중국 소비 시장과 아시아 시장이다.

일본은 경쟁력 회복을 위해 열심히 화살을 쏘아대고 있다. 그러나 한국에는 경쟁력의 원천인 3개의 전함이 있다. 이제부터 새로운 글로벌 목표 시장에서 기회를 잡는 데 역점을 두어야 한다.

행복한 혁신을 위하여

한국인이 느끼는 행복과 삶의 질은 경제 수준에 비해 유난히 떨어지는 편이다. 경제는 세계 10위권인 것에 비해 삶의 질은 50위권이다. 행복 지수가 100점 만점 기준 62점으로 세계 평균 64점에도 미치지 못한다고 한다. 두 자릿수 경제 성장률을 보인 1990년대 중반까지 소득 증대에 힘입어 주관적 행복 지수는 상승 추세였다. 그러나 그 이후 1인당 소득 1만 달러를 넘어서고는 오히려 하향 추세다. 2010년대 들어와서는 경제가 2~3%대 저성장에 접어들고 최근 수출 감소와 내수 위축으로 인해 불확실성과 불안감이 높아지면서 행복도가 더욱 악화되고 있다. 특히 양극화와 빈부 격차 등으로 위화감과 불만이 극에 달했다는 평가가 나오고 있다.

무엇이 우리를 불행하게 만들었나. 50여 년 동안 경제 성장을 위해 혁신에 매진했건만 우리 삶의 질은 과연 더 나빠지고 있는 것일까. 혁신과 삶의 질 간 관계에 대해 관심을 갖지 않을 수 없다. 혁신과 행복 사이의 관계에 대한 연구는 별로 없다. 혁신은 기술·경제적 측면에서, 반면에 행복은 사회·심리적 측면에서 다루어왔기 때문에 두 변수 간 관계에 관한 심각한 고민을 해보지 못했을 것이다. 그러나 지금 우리 현실을 보면 이러한 관계에 대해 성찰해봐야 한다.

그동안 우리는 정말 열심히 혁신하면서 살아왔다. 1960년대 전쟁의 폐허 위에서 '잘살아보세'의 새마을운동과 '하면 된다'의 정신으로 신바람 혁신을 실천했다. 집단을 이룬 개인들이 공동체 문화를 이루고 그로부터 강력한 집단 에너지를 창출함으로써 생산성을 획기적으로 높여나갔다. 그 결과 산업화를 성공시키고 폭발적 소득 증대의 신화를 썼다. 이때 우리는 '먹고살기 위한' 삶을 살았기 때문에 소득 증대만으로 삶의 만족도를 높일 수 있었다.

하지만 우리 경제는 1990년대에 들어와 벽에 부닥쳤다. 대량생산 체제를 갖추면서 1980년대까지 초고속 성장을 하던 기업들이 국내 시장 개방과 글로벌 경쟁이라는 새로운 경제 환경에 맞서야 했다. 또다시 혁신에 돌입하지 않을 수 없었다. 한국 경제의 2단계 혁신은 잘 알려진 것처럼 선진 기업들의 기술과 경험을 모방하고 학습해 재빨리 추격하는 것이었다.

이를 위해서 문제 해결에 필요한 다양한 요소들을 확보하고 결합시킴으로써 빠른 속도로 필요한 기술과 지식을 학습해나갔다. 그 결과 한국식 속도 경영을 실천할 수 있었고 세계 시장에서 경쟁력을 창출하며 수출 대국으로 올라섰다. 이때 우리는 '경쟁에서 이기기 위한' 삶을 살았다. 경쟁에서 뒤처지지 않고 앞선 자를 따라가는 것이 삶의 목표였다. 그래서 현재까지도 행복을 누릴 사이 없이 미래를 위한 투자에 여념이 없다.

그러나 힘껏 달리기만 하던 어느 순간 우리가 추구하던 행복이 신기루에 불과하다는 사실을 깨닫게 되었다. 그리고 우리 삶의 방식도 경쟁을 넘어 자아실현에 더 큰 가치를 부여하기 시작했다. 따라서 이제는 '이루고 싶은 일을 위한' 삶을 살아야 할 단계로 접어들었다고 할 수 있다.

행복심리학의 세계적 선구자인 에드 디너^{Ed Diener} 박사는 한국인의 불만족 원인을 과도한 경쟁과 과도한 비교에서 찾았다.[44] 바로 '경쟁에서 이기기 위한' 혁신이 부작용을 일으킨 것이다. 즉 속도 경쟁에 밀려 자신의 삶에 대한 선택권이 절대적으로 부족한 것이 불만족을 일으키는 중대 요인이 되었다.

그동안 혁신을 통해 얻은 것과 잃은 것에 대해 수지타산을 따져보자. 영국의 저명한 행복경제학자 리처드 레이어드^{Richard Layard} 교수가 제안한 행복의 7대 요인을 기준으로 평가하면, 한국인의 행복 추구는 '재정과 일'에 관련된 것에 집중되어왔다.[45] 나머지 요인인 '가족 관계, 공동체 및 친구, 건강, 자유, 가치관' 등은 우리 스스로 인정하듯이 상대적으로 무시되어왔다. 게다가 지금까지 혁신의 최대 성과물인 '재정과 일'도 흔들리고 있으니 불안감은 더욱 커지고 있다.

그렇다면 어떻게 혁신을 추구해야 하는가. 미래는 '행복한 혁신'을 추구해야 성공할 수 있다. 실은 이것이 창조 경제의 본질이기도 하다. 행복한 혁신의 첫걸음은 개개인의 뜻과 의지를 바탕으로 해야 한다. 일사분란한 조직 행동이나 집단 목표도 중요하지만 개인이 하고 싶은 일들을 찾아내어 거기서 성장 에너지를 만들어내는 창조적 혁신을 해야 한다. 따라서 기업 목표와 개인 구성원의 비전을 일치시키려는 노력이 중요하다.

우리가 꼭 '하고 싶고 이루고 싶은' 뜻과 비전이 있다면 어려운 조건에서도 끝까지 해낼 수 있는 에너지가 생긴다. 21세기 경쟁력을 만들어내는 창의성은 바로 이 에너지로부터 발생한다. 왜냐하면 이 에너지를 기반으로 '될 때까지 해내는' 과정을 통해 남과 다른 안목과 예측력을 얻게 되고 드디어는 새로운 기회를 획득할 수 있기 때문이다. 미래는 '행복한 혁신'을 해야 성공할 수 있는 시대이다.

한국인의 고정 관념이 경제에 끼치는 영향

"잘나갈 때 조심하라"는 말이 있다. 성공의 정점에 머물러 있을 수 없는 것이 세상 이치인가 보다. 환경 조건과 보유 역량이 맞물려 성공을 만들어내지만 어느 순간 환경 조건은 변하기 마련이다. 이때 경계해야 할 것이 고정 관념이다. 고정 관념은 과거 성공 경험으로부터 만들어진 제도와 문화 위에서 단단하게 자리 잡기 마련이다. 그러나 변화하는 환경에서 이것을 극복하지 못하면 성공 함정에 빠지게 된다. 구조적 대전환기를 맞은 요즘 한국 경제가 경계해야 할 것도 성공 함정이다.

예를 들면 산업화 시절부터 '하면 된다' 정신은 성장 동력이었지만 과정이야 어떻든 성과만을 중시하는 결과지상주의 함정을 만들어냈다. 오늘날 대충대충 형식주의와 안일무사가 만들어내는 비용이 엄청난 수준임을 새삼 깨닫고 있다. 자랑스러운 민주화 성공 역시 명분과 이념이 실제보다 앞서고 대책 없는 대안만을 남발하는 포퓰리즘 함정에 국민들이 몸서리치고 있다. 한국 경제는 50여 년 간 이룩한 산업화 및 정보화 위업을 넘어 창조화라는 새로운 과제에 도전하기 위해서 과거 성공 경험으로부터 비롯된 고정 관념부터 제거해야 한다.

첫째, 제조 대국만이 살길이라는 태도에서 세상에 없는 새로운 산업을 만들어야 한다는 자세를 가져야 한다. 이미 제조업은 우리가 알고 있는 그런 모습이 아니다. 미래에는 1차·2차·3차 산업 구분의 의미가 없어질 것이다. 따라서 단순한 제조 강국이 아닌 '제조가 강한' 창의 국가를 지향해야 한다.

둘째, 서비스 산업은 공짜이고 제조업을 지원하는 부수적 산업이라는 인식을 버려야 한다. 이미 서비스업은 1,700만 명 이상 취업자가 일하는 일터이다. 반면에 제조업은 450만 명 정도를 취업시키고 있다. 선진국에서는 서비스업이 국가 경쟁력을 핵심적으로 견인하고 있다. 민간 기업들의 연구 개발 투자 중 서비스 부문에 투여하는 비중을 보면 영국이 58.1%, 제조 강국 독일이 13.1%인 반면에 한국은 8.5%에 불과하다. GDP에서 차지하는 서비스 산업 비중도 미국 80%, 독일 68.4%에 비해 한국은 59.3%에 머물러 있다. 그러다 보니 수출에서 서비스업이 차지하는 비중이 15%에 불과하다. 이 수치는 OECD 평균인 29%에 비해서도 매우 낮은 수준이다. 서비스 산업의 발전을 가로막고 있는 고정 관념을 혁파해야 신성장 동력을 확보할 수 있을 것이다.

셋째, 과학 기술과 연구 개발이 중요하지만 이것이 성공을 보장하지 않는다는 사실에 유념해야 한다. 구소련과 동구권 사례에서 보듯이 최고 수준의 과학 기술을 보유하고도 먹거리와 일자리를 만들지 못하면 국력은 쇠퇴한다. GDP 대비 연구 개발 투자 비중에서 세계 최고를 기록하고 있는 한국이 상업화 성공률에서 OECD 최하위 수준으로 떨어져 있는 사실을 뼈아프게 반성해야 한다.

넷째, 재벌 대기업이 미래에도 한국 경제를 책임져줄 것이라는 환상에서 벗어나야 한다. 전체 일자리 중 10% 정도를 기여하는 대기업들이 경쟁력을 회복해 젊은이들을 위한 일자리를 더 많이 만들어줄 것이라는 기대는 버려야 할 것 같다. 현대·기아차 사례를 보더라도 2013년 이후 외국 생산 비중이 국내 생산을 추월했으며 그 격차는 더 벌어지고 있다. 매출이 늘어도 일자리는 주로 외국에서 만들어진다는 의미이다. 따라서 차라리 고용 기여도가 대기업에 비해

4~5배가 높은 중소·중견 기업에서 희망을 찾아야 한다.

이와 같은 고정 관념에서 벗어나기 위한 첫걸음은 전략적 사고를 하는 것이다. 전략적 사고란 한마디로 '안에서 밖을 보는' 우물 안 개구리 식 관점에서 '밖에서 안을 보는' 개방적 관점을 갖는 것을 의미한다. 그래야 환경 변화를 제대로 보고 대응할 수 있다. 전략적 사고는 변화하는 외부 여건을 효과적으로 파악해 실용적 대응을 할 수 있게 한다. 따라서 경제 구조 대전환기를 맞아 전략적 사고에 기반을 둔 실용주의는 생존을 위해 꼭 필요하다.

전략적 사고에 의한 실용적 대응이 중요하다는 사실은 베트남 사례에서도 찾아볼 수 있다. 베트남 국민이 각 나라에 갖는 호감도 조사 결과를 보면 놀랍게도 미국이 압도적 1위이다. 전쟁을 통해 뼈아픈 고통을 안겨준 나라를 좋아할 수 있다는 베트남 국민의 실용성에 놀라지 않을 수 없다. 아마도 이러한 실용주의가 베트남이 미국뿐 아니라 프랑스와 중국 등 세계 열강들 틈바구니에서 살아남을 수 있었던 비결인 것 같다.

소프트 파워와 문화가 중요하다

한반도를 둘러싼 정세가 심상치 않다. 역사적으로 커다란 영향을 미쳐온 중국, 미국, 일본, 러시아 등이 국방력과 정치·외교력을 앞세워 또다시 부딪히고 있다. 여기에 4차 산업혁명이 몰고 오는 기술 변화로 인한 위협에도 대응해야 한다. 국가 미래에 대한 걱정이 늘어나고 있다. 하지만 국정 스캔들과 정권 교체 등 내부 문제에만 매달리고 있는 우리 모양새가 마치 하늘에는 독수리들이 먹이를 노리며 빙빙 돌고 있는 데 눈앞의 먹이에 정신이 팔린 참새에 비유되는 형국이다.

우리가 살고 있는 동북아는 한국, 중국, 일본이 경쟁과 협력을 하면서 오랜 세월을 함께 보낸 곳으로 현재 전 세계 경제의 20%를 차지할 정도로 지정학적 중요도가 더욱 커지고 있다. 미국과 유럽은 아시아 시대를 맞아 세계 패권 경쟁을 벌이고 있다고 보인다. 강대국들 틈바구니에서 우리나라가 생존할 수 있는 방안은 무엇인가를 묻지 않을 수 없다.

강대국을 상대하는 제1원칙은 "따돌리거나 이기려 하지 말라"는 것이다. 이러한 전략적 지혜는 세상 변화를 열두 동물로 표현한 12지지^{地支}의 첫 번째로 등장하는 쥐로부터 배울 수 있다. 빨리 하늘문에 도달하는 게임에 나선 동물들 중 쥐는 작고 약한 자신의 처지를 일찍부터 깨닫고 경쟁자들 중 가장 열심인 소에게 붙어 있다가 예상대로 소가 가장 먼저 도착한 순간 뛰어내려 1등을 차지했다는 이야기가 있다.

그렇다면 무엇이 소로 하여금 쥐를 계속 붙어 있게 만들었는지를 생각해봐야 한다. 그것은 결코 군사력같이 강제하는 힘인 하드 파워가 아닐 것이다. 소 스스로 그 자리를 허락하도록 만드는 설득이나 매력 포인트 같은 소프트 파워 때문이다. 따라서 강대국들이 하드 파워 경쟁에 몰두하는 사이 우리는 틈새를 찾아 매력 포인트들을 개발해야 한다. 매력 포인트들이 월등히 많은 나라는 세계에서 가장 '아름다운 나라'가 되어 마음과 생각만으로도 세계를 움직일 수 있는 소프트 파워 강국이 될 수 있다.

일찍이 김구 선생님은 물질적 풍요보다는 '높은 문화의 힘'을 강조했다. 오늘날 우리는 물질적 부만을 추구해서는 불공정, 부패, 양극화 등 그 부작용에서 헤어나기 어렵다는 한계를 깨닫고 있다. 그러나 아름다운 매력과 높은 문화는 '한없이 가지려 해도' 부작용이 없다.

물론 하드 파워 기반 없는 소프트 파워는 무력하다. 스스로를 지킬 수 있는 국방력도 더욱 튼튼히 해야 한다. 한국은 세계 최고 수준의 하드웨어 제조 기반을 구축했고 디지털 하드웨어에도 강하다. 여기에 소프트웨어 기술과 문화의 힘을 불어넣는다면 제조업 서비스화 흐름을 타고 새로운 기회를 창출할 수 있을 것이다.

1990년대 중반 이후 본격적으로 등장한 벤처 기업들이 3만 개를 돌파하며 매출 총액이 약 215조 원으로 한국 경제 1위 기업 삼성전자 매출액(200.6조 원)을 능가했다(2015년 기준). 이들은 대기업보다 연구 개발 투자 집약도가 높고 새로운 청년 일자리들을 만들어낸다. 여기에 2010년 이후 온라인과 모바일망을 타고 본격적으로 전 세계를 강타한 한류가 가세해 대한민국 브랜드를 제고시키고 소프트 파워의 핵심으로 떠올랐다. 한국경영학회가 평가한 한류의 경제적 가치는 약 190조 원에 달하며 포스코와 LG전자의 기업 가치 합계를 상회하는 수준으로 성장했다(2012년 말 기준). 이러한 벤처 기업의 기술 개발력과 한류의 브랜드 파워는 앞으로 한국 경제의 핵심적 성장 동력원이 될 것이다.

그러나 한국 경제를 둘러싼 주변 여건은 녹록치 않다. 이미 AI와 빅데이터 기술을 선점한 구글 같은 거대 기업들이 국가 간 경계를 허무는 초제국주의를 실현시키려 하고 있다. 여기에 전통적 강대국들은 미국, 유럽, 아시아에서 패권 경쟁을 벌이고 있다. 이러한 흐름 속에서 동북아시아에 위치한 한국은 기업 간, 국가 간 협력 체제 구축의 중심이 되려는 데 집중해야 한다.

무엇으로 그 중심을 차지할 것인가는 명확하다. 상대방을 강제하려는 하드 파워로는 불가능하다. 오로지 상대방의 마음을 녹일 수 있고 중간자적 신뢰를 줄 수 있는 문화의 힘 즉 소프트 파워가 답이다. 이러한 의미에서 '아름다운 대한민국', 즉 생각과 마음과 행동이 아름다운 '뷰티플 코리아'를 추구해야 할 것이다. 평화로운 촛불 행진이 그 출발을 알리는 신호가 될 수 있다.

19

중국의 대약진과 한국 경제의 골든 타임

중국 경제의 굴기는 한국 경제에서 가장 중요한 환경 요인이 되었다. 한국은 중국에게 과연 무엇인지에 관해 깊은 성찰을 하지 않을 수 없다. 생각해보면, 약 380년 전 병자호란 때와 현재 시장 상황은 비슷한 바가 많다. 중국 경제 구조의 대전환을 한국 경제의 기회로 살리려면 과거 역사의 실패 요인을 성찰해봐야 한다. 무엇보다도 자기 비하·고정 관념·정보 고립 등에서 탈피해야 한다. 그리고 중국인 시각에서 스스로를 객관적으로 평가할 수 있어야 하고 중국 시장에서 스스로 존재 가치를 먼저 따져봐야 한다. 실리를 중시하는 중국 기업과 맞서려면 정확한 의사결정과 타이밍이 관건이다. 특히 한류 콘텐츠는 소비자 설득이 중요한 중국 시장에서 기업 간 협력을 이루어내는 데 매우 중요하다. 고고도 미사일 방어 체계 사드 THAAD의 배치로 인한 양국 간 긴장에 가장 큰 피해를 보고 있는 한류 산업에 대한 전략적 대처가 필요하다.

G2로 부상한 **중국 경제**

G2로 우뚝 선 중국 경제가 달리기 시작하자 한국 경제가 흔들리고 있다. 사상 처음 2년 연속 수출 감소세와 함께 소득 양극화, 대형 안전사고, 최순실 사태 같은 정치·사회적 스트레스 등 동시에 해결해야 할 난제들이 앞길을 가로막고 있다. 앞으로 10년이 걱정이다.

현재 우리 경제가 크게 의존하고 있는 중국의 가공 무역 시대는 이미 막을 내려가고 있다. 한국과 대만으로부터 부품과 원자재를 수입해서 완제품을 전 세계에 수출해왔던 중국의 가공 무역 방식이 급속히 퇴조했기 때문이다. 중국의 무역 방식별 수입 비중을 보면 가공 무역 형태는 2005년 41.5%를 정점으로 2012년 26.5%로 현격히 줄어들었다. 여기에 중국과의 기술 격차가 줄어듦에 따라 정보화를 이루어낸 부품 제조 산업들의 경쟁력이 하나둘씩 중국으로 넘어가고 있다.

하지만 다른 한편으로 중국 내수 시장이라는 거대한 기회의 창이 열리고 있다. 맥킨지 보고서에 의하면 불과 5~6년 후인 2022년 상위 중산층(가구당 소득 수준이 1만 6,000달러에서 3만 4,000달러 사이)이 전체 중국 도시 가구의 54%에 도달한다. 그 결과 전체 도시 가구의 75%가 가구당 소득 9,000달러에서 3만 4,000달러의 중산층에 편입될 것이다. 이들이 한 해 동안 소비하는 규모는 연평균 20%가 넘는 소비 증가율 추세에 힘입어 2022년 우리 돈으로 4,500조 원이 넘을 것이라는 전망이다.

특히 시진핑習近平 시대를 맞아 경제 성장의 핵심 동력으로 소비를 강조함으로써 도시 가구의 소비 증가를 더욱 가속화시킬 것 같다. 아무튼 향후 몇 년간 중국 내수 소비 시장에서 크고 작은 기회의 창이 열릴 것이 확실하다. 그 소비의 주역은 1980년대 이후 출생한 신세대가 차지할 것이다. 앞으로 이들의 입맛과 소비 성향을 사로잡는 산업과 기업이 폭발적 성장세를 기록할 것이다.

하지만 우리의 중국 내수 시장 공략은 아직 초보 단계를 벗어나지 못하고 있다. 중국 소비재 수입 시장 점유율은 2012년 기준 3.7%에 불과하다. 독일(24.1%), 일본(12.3%), 미국(12.4%)에 훨씬 미치지 못하는 수준이다. 여기에 명분과 절차를 중시하는 한국식 경영 방식이 실리와 성과를 중시하는 중국식 경영에 맞서 어느 정도 경쟁력을 발휘할지 우려의 목소리가 크다. 화장품, 백화점 유통, 고급 농산품, 한류 콘텐츠 등 소비재 및 서비스 분야에서 부분적으로 성과를 거두고 있지만 중국식 실용주의가 만들어내고 있는 신속성, 대규모, 동시 다발성이라는 의사결정 역량을 상대로 해서 과연 어느 정도 기회를 확보할 수 있는지 의문을 가지지 않을 수 없다.

중국이 많은 관심을 두고 있는 콘텐츠 산업 부문을 보면 2015년과 2016년, 매년 약 5,000억~1조 원의 자금이 우리의 영화, 게임, 방송, 엔터테인먼트 사업들에 뿌려졌다. 한국의 우수한 창작자와 제작자들이 대거 중국 시장에 흡수되고 있는 사실도 목도하고 있다. 우리가 자랑하던 게임 산업은 중국 정부의 정책적 지원과 한국 기업들의 원천 기술을 재빨리 활용한 결과 지금은 우리를 앞지르는 수준으로 발전했다.

최근 시안, 우환, 충칭, 청두 등 중국 서부 내륙 지역의 핵심 도시에 발걸음이 잦다. 이 도시들을 방문해보면 빌딩 숲, 글로벌 기업들이 입주한 산업 단지, 주식 상장의 성공 사례들을 자랑하는 창업 인큐베이터 등이 인상적이다. 하지만 정작 위기 의식을 느끼는 순간은 CEO^{총경리}들과 만나는 미팅에서다. 여러 계열사들을 소유하고 관리하는 최고경영자가 별다른 배석자 없이 한국에서 온 일행들을 검소하게 만나 여러 실무적 사안들을 꿰뚫어보면서 직접 토론하고 결정하는 실용성에 등골이 오싹할 정도이다.

까다로운 의전, 복잡한 의사결정, 부처 간 칸막이로는 경쟁에서 뒤처질 수밖에 없을 것이다. 한국 경제의 운명은 결국 경제 주체들이 만들어내는 의사결정의 질과 타이밍에 의해 결정될 것이다. 지금 당장 개혁과 혁신이 필요한 이유가 여기에 있다.

병자호란에서 배운다[46]

최근 중국 경제의 대약진에 대해 신병자호란을 걱정하는 목소리가 크다. 주변국의 굴기 때마다 환난을 겪어왔던 한반도의 역사를 감안하면 자연스런 우려인지 모른다. 약 380년 전인 1636년에 발생한 병자호란을 경영 전략 측면에서 분석해보면 비교적 명확한 결론에 도달할 수 있다. 당시 조선은 최악의 외부 환경에 처했고 최약체

정권이었던 것은 사실이다. 그러나 분명한 것은 생존의 길이 있었으며 성공의 기회까지 존재했다. 문제는 어떠한 전략적 선택도 하지 않음으로써 스스로 화禍를 불렀다는 것이다. 중국 역사 전문가들도 이 전쟁은 충분히 막을 수 있었던 것으로 평가한다.

당시 상황을 분석해보면 청나라 굴기라는 강력한 외부 위협 요인에 대해 허약한 국방력과 적자 재정 그리고 붕당 정치로 인한 내부 분열과 취약한 정보력 등 내부 약점을 보완할 생존 전략을 구축하지 못했다. '우선적으로 적이 이길 수 없게 만들어야 한다'는 전쟁의 기본 전략에 실패한 것이다. 『손자병법』에도 나의 승리 여부는 적이 하기에 달려 있지만 적이 이길 수 없게 하는 것은 나에게 달려 있다고 했다.

한걸음 더 나아가 군사 및 무역에서의 지정학적 위치와 임진왜란에서 명성을 높인 수군水軍의 브랜드를 활용해 명·청 간 전쟁이라는 기회 요인을 살렸다면 이후 조선은 대청제국의 대약진에 편승해 운명이 달라졌을 것이다.

결론적으로 병자호란은 사회적 합의와 전략적 지혜가 있었다면 충분히 극복 가능했을 뿐 아니라 전화위복의 기회까지 있었다고 할 수 있다. 이미 흘러간 역사를 되돌릴 수는 없지만 반성과 성찰을 통해 내일을 위한 지혜를 얻어야 한다.

'전략 없는 전쟁'을 맞이함으로써 한순간에 나라를 잃어버린 실패 경험을 성찰해보자. 당시 조선은 2번의 골든 타임을 놓쳤다.

첫 번째는 1623년 인조반정 직후다. 담대한 개혁에 나서지만 모두 실패했다. 대동법, 호폐법, 군적법 등 의욕적으로 쏘아 올린 '3개의 화살'은 탁상공론과 권력 지키기로 인해 흐지부지 끝나고 말았다. '잘못된 정치가 경제를 망친다'는 요즈음의 폐해가 그때도 반복된 것이다.

두 번째 골든 타임은 1627년 정묘호란 이후 9년간이다. 결과적으로 전쟁과 화친 사이에서 어떠한 전략적 선택도 못했다. "우물쭈물하다간 모든 것이 끝장"이라는 당시 유일한 전략가 최명길의 촉구가 오늘날에도 우리들의 귓전을 때린다. 과거를 징계하고懲 삼가기慎 위해 다음의 실패 요인들을 성찰해보자.

첫째, 지배 계층의 고정 관념과 무 전략이다. 숭명崇明주의라는 정권의 이념이 나라의 존망보다 더 중요하고 반정 공신들에 대한 처우가 최우선인 상황에서 사회적 합의와 전략적 지혜 도출은 매우 어렵기 마련이다. 실용과 타협을 무시한 이념과 명분주의 병폐가 오늘날까지도 걱정된다.

둘째, 정보 유출과 전략의 노출이다. 적의 정황을 알지 못하고 나를 적에게 노출하는 것은 최악의 전쟁법이다. 오늘날에도 중국 기업들은 M&A와 인재 스카우트로 우리의 정보와 전략을 활발하게 활용하는 반면 정작 우리들은 상대에 대해 어두운 편이다.

셋째, 개혁 실패와 재정난이다. 인기영합주의 정치로는 개혁에 성공할 수 없으며 적자 재정으로는 국가를 튼튼하게 할 수 없다.

넷째, 붕당 정치로 인한 내부 분열이다. 이념 갈등과 이해관계로 갈라진 분열 상태에서는 국익보다는 붕당의 이익이 우선하기 쉽다.

최근 중국 경제는 구조적 대전환을 하고 있다. 초고속 성장에서 중속 성장으로, 세계의 공장에서 세계의 소비 시장으로, 자본 수입국에서 자본 수출국으로의 전환을 내용으로 하는 중국의 신창타이 新常態는 우리에게 큰 위기이자 기회로 다가오고 있다.

이미 한국을 앞지른 것으로 평가되는 IT 산업을 필두로, 우리 제조업을 초토화할지 모른다는 위기감이 과연 현실이 될 것인가? 아니면 떠오르는 중국 내수 시장과 관광·서비스 산업에서 새로운 기회를 획득할 것인가? 이는 전적으로 우리의 전략적 선택에 달려 있다. 전략적 지혜란 최악의 조건에서도 성공의 기회를 얻어낼 수 있는 묘책을 제공할 수 있다.

한국은 중국에게 무엇인가

2010년 이후 G2로 등극한 중국이 한국 경제에 던진 충격파는 갈수록 커지고 있다. 20년 앞서 산업화에 나선 덕분에 지금까지 우리가 원하는 대로 중국을 바라보고 상대할 수 있었지만, 모든 것이 역전되었다. 이제는 한국 경제가 중국에게 갖는 의미와 가치를 심각하게 먼저 따져보는 게 정상이다. 진정한 중국 스페셜리스트란 중국인의 시각에서 우리를 객관적으로 평가할 수 있는 사람이다. 갑자기 우리 자신을 새삼 돌아보게 된 위기 상황에 대해 중국 스페셜리스트들은 다음과 같은 자세를 주문한다.

첫째, 자기 비하 금지이다. 갑자기 상대하기조차 어려운 '센' 상대를 만났을 때 쉽게 나올 수 있는 증상이 자기 비하다. "그러면 그렇지. 우리는 안 된다"는 체념이 가장 위험하다는 것이다. 어떤 어려운 여건에서도 살아나갈 방도는 있으며 약체의 실력에도 불구하고 상대가 넘보지 못하는 강점이 있기 마련이다.

다행히도 현재 한국 경제의 실력은 단군 이래 최강이다. 이미 세계 시장에서 글로벌 초일류 기업으로 인정받은 대기업뿐 아니라 우리가 모르는 사이 글로벌 시각으로 자신의 핵심 역량을 축적해 현지 니즈를 파고들고 있는 강소 기업들이 적지 않다. IT 산업과 같은 제조 분야뿐 아니라 문화 콘텐츠, 패션, 서비스 등 다양한 분야에서 작지만 강한 기업들이 새로운 틈새시장을 파고들고 있다. 이들은 글로벌 수준에서 앞선 안목을 가지고 핵심 역량의 뿌리를 한국에 두면서 다양한 중국 소비자의 입맛을 세심하게 챙길 줄 안다.

둘째, 고정 관념에서 과감하게 벗어나야 한다. 문제 해결을 방해하는 고정 관념이란 자신의 경험과 신념으로 만들어진 근시안적이고 고착된 사고를 말한다. 지난 50여 년이 한국 경제에게 성공 역사였다면 그만큼 고착된 사고와 성공 함정의 그늘도 클 것이다. 특히 산업화와 정보화를 이루어낸 사고 틀과 성공 방식이 이제는 작동이 되지 않거나 오히려 걸림돌이 될 가능성이 크다. 또한 우리가 알고 있는 중국이라는 상대는 하나의 현상이 아니다. 그 안에는 수많은 차별적 특징과 다양성이 존재하며 오늘과 내일의 모습이 다를 정도로 계속 커지고 변화하고 있다.

셋째, 정보 고립에서 탈피해야 한다. 특히 상대에 대한 정보 부재와 단절을 경계해야 한다. 정보가 없으면 슈퍼 파워 앞에서도 '하룻강아지 범 무서운지 모르는' 만용을 부리게 된다. 정보가 단절되면 어제의 기억으로만 상대를 대하기 쉽다. 뉴노멀 중국 경제를 가공 무역 중심의 올드노멀 틀로 상대해서는 백전백패다.

정보 부재와 단절이 심하면 정보의 의도적 기피라는 최악의 현상이 일어날 수 있다. 일체의 정보 수집 활동을 의도적으로 기피한 채 그냥 살아왔던 방식을 고집하는 경우다. 국민들이 우리 정치 상황을 우려하는 것도 이 때문일 것이다.

넷째, 리더들이 비전, 즉 상위의 목적 함수를 제시해야 한다. 도전에 대한 응전은 혁신을 의미하며, 혁신은 행동 변화가 따라야 한다. 따라서 경제 주체들이 스스로 기존 틀을 깨고 행동 변화에 나설 수 있도록 새로운 가치관과 동기 유발이 필수적이다. 그렇지 않으면 위기 상황에 대한 공감대 없이 집단이기주의에 빠져 어떠한 전략적 지혜도 발휘하지 못한다.

G2란 중국이 기존 초강대국인 미국과 함께 세계 질서의 축을 이루는 시대를 일컫는 말이지만 그 현실적 무게는 어느 나라보다도 한국에서 더 크고 각별하다. 어느덧 중국 시장이 전체 수출 중 4분의 1 이상을 차지할 정도로 절대적이 되었기 때문이다. 반면에 대미국 수출 의존도는 중국의 절반 수준으로 줄어들었다.

50년 넘게 아메리칸 스탠더드를 배우고 따랐던 우리 입장에서 새로운 슈퍼 파워를 인정하고 따르는 일은 어색하고 쉽지 않은 일이다. 그러나 현실적으로 세계 표준 미국식이 통하지 않는 가장 큰 미래 먹거리 시장이 우리 옆에 떠올랐다. 이 시장은 우리의 상상을 넘어설 정도로 크고 다양하며 변화 속도가 아주 빠르다. 경쟁 구도상 이기기 힘든 기술을 보유한 현지 경쟁자들도 즐비하다.

중국은 더는 우리 방식대로 만든 완제품이나 부품을 사주는 상대가 아니다. 앞으로 중국 진출을 원하는 기업들은 가장 먼저 중국 시장에서 스스로의 존재 가치를 냉정하게 평가해봐야 한다.

한류와 **중국** 시장

우리에게 한류는 국가적 자부심이다. 그래서 국가 행사나 상품 전시회에 한류를 앞장세우곤 한다. 최근에는 한류가 미래 먹거리 핵심으로 떠오르고 있다. 드라마, K팝, 영화 등 대중 문화로 시작한 한류가 이제는 음식, 뷰티, 패션, 여행 등 라이프 스타일 전반으로 확산되고 있기 때문이다.

특히 한류가 속한 창조 산업은 기발하고 새로운 것이 아니면 살아남지 못한다. 소위 재빠른 추격자 전략이 잘 통하지 않는 영역이다. 선도자가 되어야 살아남으므로 한류 경쟁력은 미래 한국 경제를 위한 시금석이 된다.

한편 2015년 이후 심화되고 있는 수출 둔화세로 인해 대기업-수출 중심 경제에 경고등이 켜지고 중소·중견 기업들에 의한 외국 시장 개척이 중요한 대안으로 떠올랐다. 이에 따라 소비재와 서비스 산업을 중심으로 새로운 기회를 제공하고 있는 중국 내수 시장을 어떻게 개척하느냐가 중대 과제가 되고 있다. 그러나 중국 내수 소비 시장은 합리적 가격으로 우수한 제품을 제조하기만 하면 팔리는 가공 무역과는 달리 일반 소비자를 설득하고 유통망을 뚫어야 한다.

2016년 5월, 중국 시안에서 열린 실크로드 박람회에 한국의 산업

통상자원부 장관과 중소기업청 청장이 함께 참석하여 우리 중소 기업들의 시장 개척을 독려했다. 한중 FTA 기회와 한류 브랜드를 활용해 중국 내수 시장 진출을 위한 획기적 전환점을 마련하고자 하는 것이 정부 의중이었다. 프리미엄 소비재 중심으로, 2선과 3선 도시를 거점으로 온·오프라인을 활용해 중소 기업들이 연대하여 진출하겠다는 전략이다.

박람회 행사 중에는 후허핑胡和平 산시 성 성장 등이 함께한 업무 협약식이 있었다. 여기에서 SM엔터테인먼트와 중국 국영 기업 간 산시 성 화산 관광 지구 내 관광 리조트 개발 사업에 대한 업무 협약을 체결했다. 한국 측이 콘텐츠와 기획·컨설팅을 제공하고 중국 측이 시설물 건설과 마케팅 등을 담당한다. 상호 시너지를 낼 수 있는 분야에서 이익을 나누는 합작 비즈니스 모델을 구축함으로써 세계적인 관광 명소로 발전시키겠다는 계획이다.

시안에는 삼성전자 반도체 공장이 있다. 중국에 대한 가장 통 큰 투자가 이루어진 곳에서 미래 지향적 협력 사업이 시작된 것은 매우 의미 있는 일이다. 지금 중국이 한국으로부터 가져가기 원하는 분야는 제조업에서는 반도체이고 창조 산업에서는 콘텐츠 비즈니스일 것이다. 한중 간 시너지가 가장 큰 두 분야의 합작 사업이 같은 곳에서 이루어지고 있는 것은 매우 흥미로운 '우연'이 아닐 수 없다.

반도체 강국 한국과 반도체 대국 중국이 협력한 이후 또다시 문화 콘텐츠 분야에서 협력 사업이 이루어지고 있는 것은 바람직한 일이다. 앞으로 우리의 강점을 활용해 중국의 거대 시장을 개척하는 중요 사례가 될 것이다. 왜냐하면 중국 시장은 더는 일반 제품으로 승부할 수 있는 곳이 아니기 때문이다. 지속적으로 강점이 유지될 수 있는 분야에서 지분과 수익을 나누는 비즈니스 구조를 만들어낼 수 있어야 성공할 수 있다.

SM엔터테인먼트는 이 박람회에서 국내 중소 기업들과 협력해 한류 스타를 브랜드로 내세운 상품들을 선보인 융합 상품관을 운영해 중국 현지 기업들과 관람객들의 호응을 이끌어냈다. 식품, 패션 의류, 화장품 등 우수 중소 기업 제품들이 한류 브랜드에 힘입어 중국 내수 시장에 공동 진출을 모색한 것이다. 앞으로 국내 중소 기업 간 다양한 협업으로 패키지형 수출 모델들이 나올 것으로 기대된다.

한국경영학회의 연구 조사에 따르면 한류의 자산 가치는 2012년 기준으로 이미 LG전자와 포스코의 기업 가치를 더한 것보다 크다. 제조 부문의 시장 가치가 하락세인 것에 반해 한류 가치는 계속 커질 것이다. 그만큼 우리 소비재와 서비스 부문의 경쟁력을 제고시킬 잠재력이 커진다는 이야기이다. 한류 콘텐츠들이 가진 브랜드 파워를 지렛대 삼아 외국 시장을 개척하고 부가 가치를 만들어낼 여지가 점점 더 커지고 있는 것이다.

이 같은 한류 상승세에 대해 우려의 목소리도 크다. 홍콩류가 그랬듯이 언젠가 한류에 식상하지 않을까. 문화적 자존심을 걸고 국가적 차원에서 엄청난 자금을 쏟아붓고 있는 중국의 문화 콘텐츠 굴기에 곧 따라잡힐 것이라는 등 걱정거리가 만만치 않다. 그러나 한류는 일반 제품처럼 수명 주기가 따로 있는 것이 아니다. 한국식 창의성이 만들어낸 결정체로서 우리가 하기에 따라서 결코 마르지 않고 쓰면 쓸수록 더 샘솟을 수 있다.

한류 발전은 단순한 예측 대상이 아니라 한국 경제가 21세기에 살아남기 위한 도전 과제이다. 특히 미국과 중국, 서구와 아시아 틈 바구니에서 국가 간 공동 가치를 창조함으로써 수많은 틈새시장을 만들어낼 수 있다. 이러한 의미에서 선도자로서 한국 경제의 도전에 한류가 앞장설 수 있을 것이다.

20

개혁해야 할 '대한민국 혁신'

GDP 대비 연구 개발 투자 비중이 세계 1위인 한국의 혁신 시스템은 아이러니하게도 개혁 대상이다. '양적 투입'에서 '질적 집중'으로 전환해야 하며 선도자들의 모험을 도와주는 시스템으로 바꿔야 한다. 그러려면 실패를 허용하는 불확실성 극복 시스템을 마련해야 한다. 스캔들로 끝나버린 박근혜 정부의 창조 경제는 사실 '창업 경제'라는 말이 더 적합할 정도로 '벤처와 창업'에 집중했다. 창조 경제라는 본연의 뜻과 국민 체감도 및 참여도 측면에서 실패했지만 창업 육성은 계속되어야 한다. 특히 3기 벤처 정책을 맞아 벤처 기업 선순환 생태계 조성에 집중해야 한다. 그리고 창업 기업들의 반복되는 도전을 제도로 뒷받침하고 글로벌 진출로 수요 시장을 키움으로써 선도자들이 더 많이 탄생하게 만들어야 한다. 선도자들의 주무대가 될 4차 산업혁명에서 한국 경제가 살아남으려면 무엇보다 대학 교육이 바뀌어야 할 것이다.

국가 **R&D 정책**의 아이러니

한강의 기적을 만든 '대한민국 혁신'이 이제는 개혁 대상이 되고 있다는 사실은 아이러니가 아닐 수 없다. 지난 10년 동안만 해도 2배 수준으로 늘어난 정부 연구 개발 투자 규모가 연간 19조 원이 넘는다. GDP 대비 연구 개발 투자 비중이 세계 1등이다. 그러나 정작 사업화 성공률은 OECD 회원국 중 최하위 수준이다.

대한민국 혁신이 성공 함정의 트랩에 빠져 오히려 미래 성장에 장애 요인이 되고 있다고 전문가들은 입을 모은다. 하지만 정작 개혁을 위한 대안 제시는 별로 없다. 몇 가지 개선 방안으로 해결될 수 있는 문제가 아니기 때문이다. 단숨에 통째로 바꾸지 않으면 국가 경쟁력이 위태로울 지경이다.

한마디로 '대한민국 혁신'은 '양적 투입'으로부터 '질적 집중'으로 대전환해야 한다. 그런데 이것이 쉽지 않다. 양적 투입에 기반을 둔 혁신의 핵심 승부처가 치밀한 계획과 실행에 있는 반면, 질적 집중에 의한 혁신은 실험과 실패 속에서 기회를 찾아내는 게 핵심이기 때문이다. 이러다 보니 혁신을 만들어내는 시스템과 프로세스가 근본적으로 달라져야 한다. 예를 들면 '양적 투입' 혁신에는 관료적 시스템과 추격형 프로세스가 효과를 발휘할 수 있다. 과거 국산화와 한국형 과제들은 투자 재원의 우선순위를 정해서 그 과정을 엄격히 관리하면 성과는 어느 정도 나오기 마련이었다. 남을 따라 하는 혁신은 목표가 분명하므로 계획 → 실천 → 통제Plan-Do-See라는 전통적 프로세스가 잘 작동한다.

반면에 '질적 집중' 혁신에는 기업가적entrepreneurial 혁신 시스템과 선발형 프로세스가 필수적이다. 기업가적 시스템은 관료형과는 달리 기술적 성과보다는 시장에서의 성과를 중시한다. 즉 상업화 결과가 성과 지표의 중심이며 글로벌 시장과의 근접성을 높이 평가한다. 또한 남들이 하지 않는 연구를 하는 선발형 프로세스에서는 목표와 계획이 잘 통하지 않으므로 창의적 방법을 강구해야 한다. 즉 계획보다는 뜻과 의지에 의한 충전, 준비된 실행보다는 반복적 실험, 통제보다는 기회의 포착과 획득이 더 중요하다.

세계는 갈수록 기술 융합과 초연결 사회로 급속 진전하고 있다. 따라서 개혁 대안을 마련하는 일이 시급한 실정이다. 그렇지 않으면 연구를 위한 연구 개발에 자원을 낭비하고 미래 추세로부터 고립되어 오래지 않아 국가 전체가 경쟁력을 잃고 말 것이 우려된다. 개혁 대안 찾기에 도움이 될 만한 몇 가지 분석을 하면 다음과 같다.

첫째, 우리가 수행해온 혁신에는 3단계가 존재한다. 맨 먼저 '행동으로 닥쳐가며' 혁신해나가는 단계로 주로 공장 효율화를 제고시키는 운영 혁신이다. 다음은 '빠른 학습'을 통해 혁신하는 단계로 제품의 기술적 개선에 주력하는 제품 혁신이다. 그러나 앞으로 수행해야 하는 마지막 단계는 '스스로 깨달아서' 새로운 제안을 하는 비즈니스 모델 혁신이다. 이 혁신 단계에서는 구체적 목표를 찾을 수 없는 극한적 불확실성에 놓이게 된다. 따라서 '대한민국 혁신'은 극한적 불확실성을 극복할 수 있는 혁신 시스템과 프로세스로 대전환해야 한다.

둘째, 혁신 과제 유형별로 접근 방법을 차별화해야 한다. 혁신 과제는 먼저 장기적인 기초 과제와 중단기적인 실용 과제로 나누어볼 수 있다. 전자는 당장 상업화 결과를 얻기 어렵지만 장기적 관점에서 국가가 투자해야 할 중요 과제이고 후자는 상업화가 가능한 중·단기 과제를 말한다. 또한 혁신 과제는 아직 충전 단계에 있는 씨앗 seed 확보형과 구체적으로 시장 기회를 획득할 수 있는 확대 투자형으로 구분할 수 있다.

위 2가지 기준, 즉 장기 기초-단기 실용과 씨앗 확보-확대 투자에 따라 2×2 구분표를 만들어 차별적으로 접근할 수 있다. 이를테면 기초-씨앗형에서는 소수 과학 전문가들이 핵심이 되어 과제를 평가 및 관리할 수 있다. 실용-씨앗형은 민간 창업 전문가를 활용하거나 창업 지원 사업과 연동시키는 것이 바람직할 것이다. 특히 씨앗형은 비록 실패하더라도 우수한 아이디어와 혁신가들을 국가자산으로 많이 확보하여 혁신 에너지가 충만하도록 하는 것이 중요하다. 기초-확대형은 관련 분야 전문가들과 별도 위원회에서 평가 및 관리할 수 있다. 실용-확대형은 벤처캐피털 같은 민간 부문 시스템과 연동하거나 위탁해 재원이 투자되는 것이 바람직할 것이다.

셋째, 선발형 기회 추구를 위한 혁신 생태계를 구축해야 한다. 정부 주도의 양적 투입형으로는 먹이사슬은 생겨도 생태계가 만들어지지 않는다. 구글, 페이스북, 알파고, 포켓몬고 등 이 시대를 주도하는 혁신은 모두 혁신 생태계 안에서 스스로 창발한 반면에 정부 주도로 계획된 결과는 전무하다. 이 생태계 안에서 개방형 혁신과 협업이 왕성하게 이루어지게 함으로써 새로운 아이디어를 획득하고 선발형 기회를 찾아야 한다. 특히 지금까지 '대한민국 혁신' 프로세스에서 소외된 개인 창의 인재와 소규모 벤처 기업들과의 협업과 파트너십을 확보하는 것이 중요하다.

이러한 의미에서 연간 20조 원이라는 재원을 국가 미래를 위해 사용해줄 당사자들, 즉 대학, 정부 출연 연구소, 대기업, 중소 벤처 기업, 1인 창조 기업 등이 당장 모여서 대화를 시작해야 한다.

'창조 경제' 유감

창조 경제라는 단어는 2000년 8월 《비즈니스위크》가 개인의 창의성과 아이디어가 핵심이 되는 새로운 경제 체제의 출현을 강조하면서 본격적으로 등장했다. 피터 드러커 경영대학원에서는 "신제품과 새로운 비즈니스 모델 및 콘텐츠를 창출해내기 위해 지식재산권과 지식 노동자들에게 의존하는 산업들"로 창조 경제를 정의한다.[47] 선진국들은 21세기에 들어와 국가 경쟁력을 강화하기 위해 창의성, 기업가 정신, 창조 산업 등을 강조하며 창조 경제 흐름에 대응하고 있다. 2013년 2월 출범한 박근혜 정부는 창조 경제라는 용어를 아예 국정 과제로 채택했다. 이제는 최순실 사태로 오염이 되어버린 박근혜 정부의 '창조 경제'이지만 그동안 추진해온 내용과 성과를 살펴보면 다음과 같다.

박근혜 정부가 사활을 걸고 추진한 창조 경제가 집중한 것은 벤처·창업 생태계 조성이었다. 박근혜표 창조 경제의 추진 실적 중 가장 괄목할 만한 부분이라고 할 수 있다. 전문가들은 벤처 기업 3만 개 시대를 열 정도로 일정한 성과가 있었다고 평가했다. 그것은 창업 자금 지원, 엔젤 투자 소득 공제, 교수 및 연구원 유·겸직 기간 연장 등이 창업 활성화에 어느 정도 효과를 발휘했기 때문이다. 융자에서 투자 중심의 자금 지원 확대와 스톡옵션 제도 개선 등을 통해서도 벤처 기업 성장에 일정 부분 기여했다. 그리고 코넥스^{Konex} 시장 개설과 M&A 절차 간소화 등 회수 시장을 활성화시키고, 연대 보증 면제 범위 확대 등을 통해 회수와 재도전을 강화함으로써 창조 경제 생태계 기반을 조성했다는 것이 정권 스스로의 평가였다.

이와 같은 추진 실적은 바람직한 것으로 창업 활성화를 위해 앞으로도 정권에 상관없이 유지되어야 할 것이다. 사실 이러한 정책과 추진 과정은 새로운 것이 아니다. 즉 창업 및 벤처 육성 정책은 DJ 정부, 정확하게는 YS 정부 말기 때부터 꾸준히 추진되어온 것이다. 창조 경제라는 용어로 새로운 정책이라 함은 뒤에 논의할 창조 경제 혁신 센터 정도일 것이다. 차라리 창조 경제라는 말 대신 '창업 경제'가 더 어울릴 정도이다.

박근혜표 창조 경제가 회심의 카드로 설치한 전국 17개 지역 창조 경제 혁신 센터를 보자. 이 정책은 지역별 담당 대기업들의 역량을 총동원해 지역 아이디어 사업화를 지원하는 한편, 온라인 창조 경제 타운을 통해 누구나 아이디어 사업화에 나설 수 있도록 서비스를 제공하려 했다. 그 결과 보육 기업 수가 늘어나고 투자 유치 성과를 일정 부분 거두었다는 평가이다. 이러한 추진 성과를 정리해 혹자는 '한국형 창조 경제'라고도 한다. 즉 대기업의 효율·마케팅 역량과 창업·중소 기업의 혁신을 결합한 독자적인 창조 경제 모델이라고 주장하기도 한다.

그런데 문제는 여기에서 나온 하향식(톱 다운식) 정책 결과물이 과연 지역을 바꾸고 국가를 바꾸는 데 얼마나 영향을 끼칠 수 있는지 그 파급 효과에 대해서 근본적인 회의를 갖게 된다는 것이다. 전 세계에서 가장 빠른 속도로 대기업 지원을 담보한 창업 지원 센터를 전국 단위로 설치하는 데 성공한 것은 사실이지만, 전 세계 어디에도 이러한 정부 기획형 지원 체제가 실리콘밸리 같은 창조 경제를 만든 성공 사례를 찾아보기 힘들다. 그렇다고 어렵게 만든 창조 경제 혁신 센터들을 정권이 바뀐다고 없애버리는 것도 바람직하지 않다. 일정 부분 창업 활성화에 기여할 수 있는 것도 사실이니까 말이다. 창조 경제는 오염이 되었어도 '대한민국 창업 경제'는 지속되어야 한다.

결론적으로 박근혜표 창조 경제는 20년 전부터 추진해온 창업 및 벤처 육성 정책을 강화한 것으로 21세기 창조 경제라는 본연의 복잡하고 다차원적인 미래 흐름을 담아내지 못했다. 특히 국민들의 관심과 잠재력을 이끌어내는 데 실패했다. 본질적으로 '문화 없는 창조 경제'란 확산에 한계를 가짐으로써 창조 경제의 주역인 일반 경제 주체들의 창의성과 열정을 이끌어내기 어렵다.

원래 창조 경제란 개인의 창의성과 아이디어가 부가 가치 창출의 핵심이 되는 새로운 경제 체제를 의미한다. 꿈과 희망으로 충전된 보통 사람들이 사회적 부를 만들어내는 주역이 되는 새로운 세상을 의미한다. 기존 대기업이 아니라 이들 중에서 성공한 선도자가 나와 세상을 풍요롭게 만드는 것이 창조 경제의 본질이다.

따라서 진정한 의미의 창조 경제를 위해서는 이러한 선도자들의 영향력을 믿고 경제 정책 틀을 근본적으로 바꾸는 것이 되었어야 했다. 즉 정부가 정책을 만들고 예산을 투여해 산업을 일으키고 그 위에서 기업이 부를 창출하고 국민이 경제적 삶을 영위하는 것이 곧 국가가 할 일이라고 여기는 접근 방법을 극복해야 한다는 것이다. 왜냐하면 이와 같은 하향식 경제 정책이 효과를 발휘하는 산업 영역이 자꾸 줄어들기 때문이다. 반대로 미래는 행복하고 창의적인 경제 주체가 기회를 잡고 새로운 가치를 창출해야 지역과 국가가 부강해질 수 있는 진정한 의미의 창조 경제 영역이 지속적으로 늘어나고 중요해진다. 마치 촛불이 새로운 민주주의 체제를 만들어나가듯이 개인 창의성이 모여 혁신적 경제 체제를 만들어나갈 수 있다는 것이다. 이제는 경제 주체들을 의욕적이고 도전적으로 만드는 데 주력하는 상향식(바텀 업식) 경제 정책을 생각할 때이다.

선진형 창조 경제는 두 축을 기반으로 발전한다. 하나는 실리콘밸리와 이스라엘 사례에서 잘 나타나고 있는 과학 기술 축이요. 다른 하나는 유럽 낙후 지역을 창조 도시로 재생시키고 뉴욕, 런던 등과 같은 문화 관광 도시를 활성화하는 문화 심미 축이다. 문화 심미 축의 사례로서 일본 규슈 오이타 현에 위치한 유후인由布院을 들 수 있다. 이곳은 아주 작고 흔한 온천 마을에 불과했다. 그러나 마을 주민들이 자발적으로 실천한 창조 경제(?) 덕분에 아기자기한 동화 마을을 연상시키는 거리가 탄생하고 여기에 깨끗한 료칸과 어우러져

전 세계 관광객들이 사랑하는 곳으로 발전했다.

이와 같이 실리콘밸리 못지않게 우리가 연구해보아야 할 대상은 많다. 대한민국은 다행히도 세계적으로 보기 드물게 과학 기술과 문화 심미 두 축이 국제 경쟁력을 가지고 균형 있게 잘 발달되어 있다. 이 두 축을 창의적으로 활용하는 정책을 앞으로 세워야 한다.

3기 벤처 정책의 방향

지난 20년 동안 한국 벤처 기업은 존재감을 분명히 했다. 공식 인증 기업 수가 3만 1,000개이고, 1,000억 원 매출을 넘긴 기업이 460개를 넘었다. 1997년, 10년 한시법으로 제정된 '벤처 기업 육성을 위한 특별 조치법'에 기반해 정부가 인증한 벤처 기업에게 세제 감면, 자금 지원, 공간 제공, 코스닥 상장 우대 등 지원을 아끼지 않은 결과라 할 수 있다.

그러나 벤처 기업들이 국가 혁신을 주도하는 본연의 역할과 기능을 다하고 있는지에 대해서 비판적 시각도 적지 않다. 과도한 정책 개입이 오히려 시장 생태계 발전을 저해한다는 우려의 목소리도 크다. 앞으로 10년 벤처 정책의 방향에 대해 다시 생각해야 할 시점이 온 것이다.

20년 전 벤처 정책은 확실한 정당성과 필요성이 있었다. '고위험·고수익' 벤처 기업들이 커나가기에는 아주 미흡한 토양에서 총체적 지원을 위한 특별법 제정은 적절했다. 이후 벤처 기업들은 때마침

불어온 세계적 정보화와 디지털화 흐름을 타고 급성장할 수 있었다. 이렇게 성공한 기업들이 강소 기업이 되고 중견 벤처가 되었다.

그럼에도 벤처 생태계가 국민 경제에 차지하는 비중과 파급 효과는 기대에 미치지 못하는 수준이다. 벤처 기업들의 혁신 생태계가 아직 자생적으로 작동하고 있지 못하고 국민 경제가 기대하는 역할에 미흡한 수준이라는 평가이다. 그러다 보니 기회형 창업을 만들어내는 기업가 정신 순위가 세계 32위로 OECD 안에서도 아주 낮은 수준이다.

무엇이 문제인가? 첫째는 정부책임론이다. 2000년대 초반 벤처 거품이 꺼진 이후 비판적 여론에 편승해 정부가 벤처 활성화에 미온적이었다는 것이다. 둘째는 벤처책임론이다. 벤처 기업들이 정부 육성책에 안주해 혁신성 제고와 생태계 발전을 위한 노력이 부족했기 때문이라는 것이다. 반면에 미국은 인터넷 버블이 꺼진 후에도 지속적으로 우량 벤처 기업이 탄생하고 성장하여 세계적으로 혁신을 주도하고 있다. 아마도 정부와 벤처 기업 모두 일정 부분 책임이 있을 것이다.

벤처 부진에 대한 좀 더 설득력 있는 가설은 시장한계론인 것 같다. 협소한 국내 시장으로 시장 기회 자체가 크지 않아 고수익^{High Return}을 전제로 한 벤처 활성화에 한계가 있다는 것이다. 20세기 산업화를 주도한 미국은 마이크로소프트, 애플, 시스코, 아마존, 구글, 페이스북 등의 계보를 이어가며 정보화와 창조화를 선도하고 있다. 중국도 자체 거대 시장을 무기로 미국 주도의 혁신 생태계에 도전장을 내밀고 있다. 거대 시장 자체가 혁신의 기회를 만들어내고 있는 것이다. 투자 대비 기대이익 100~200배인 게임과 10배인 게임과는 본질적 차이가 있다.

앞으로 10년이 걱정이다. 전 세계적으로도 미국과 중국처럼 자체 거대 시장이 없는 나라들은 대부분 시장 한계를 극복하기 위해 정부가 적극 개입하는 추세이다. 벤처 기업의 역할도 변화해야 한다. 제조업 중심 기술 추격형과는 다른 새로운 혁신 생태계로 진화해나가야 한다. 4차 산업혁명으로 대변되는 기술 융합 추세와 중국 경제 굴기 등 거시 환경 변화에 제대로 대응해야 한다. 그러나 우리가 인지하고 있는 벤처 기업은 대부분 제조 중심의 기술 창업이 주류이다. 벤처란 원래 기술뿐 아니라 창의적 아이디어와 비즈니스 모델로 승부하는 모든 기회 추구형 창업들을 아우르는 개념이다. 그리고 미래에는 선발과 시장 글로벌화를 선도해야 한다.

따라서 3기 벤처 정책은 극한적 불확실성에 전략적으로 대처해야 하는 벤처 기업들이 선순환 생태계를 만들어나가는 데 집중해야 한다. 하지만 '과도한 정책 개입'이라는 명분론에 밀려 법 자체를 폐기하기에는 우리 현실이 엄중하다. 우리 미래는 지푸라기라도 잡는 심정으로 절박하게 나가야 할 정도로 불확실하다. 3기 벤처 정책의 지향점을 제시하면 다음과 같다.

첫째, 창의적 아이디어에 도전하려는 인재들의 뜻과 의지를 키워주는 데 집중해야 한다. 극한적 불확실성은 누가 성공할지 미리 선별하기 어렵게 한다. 지원 대상을 미리 선별해 육성하려는 정책은 점점 효과성이 떨어진다. 따라서 경제 주체들의 창의적 도전을 보호하고 격려하는 방향으로 정책을 바꾸어야 한다.

둘째, 도전을 반복할 수 있는 여유 공간을 제공해야 한다. 극한적 불확실성 시대에서 성공은 무수한 실패와 기다림 위에서 탄생하므로 반복되는 도전을 제도적으로 뒷받침해야 한다. 창업 실패에 대한 재도전 기회와 사회적 보장 강화 그리고 자기 자본 중심 창업 활성화 등이 필요하다.

셋째, 기대 목표 시장 규모를 키워야 한다. 성공 대가로 획득할 수 있는 기대 수익이 커야 창업이 촉진된다. 독과점 구조 혁파와 규제 해소를 통해 국내 시장 기회를 키우고 중국 내수 시장 등 글로벌 시장 기회를 적극 활용하도록 지원해야 한다.

결론적으로 3기 벤처 정책은 인증 제도에 의한 정책 지원 수준에 머물러서는 안 된다. 벤처 육성법은 모든 경제 주체들의 벤처 정신, 즉 창의적 도전을 인정하고 그 권리를 보장해주는 기본법이 되어야 한다.

4차 산업혁명에서 살아남으려면 대학 교육이 바뀌어야

앞으로 4차 산업혁명이 가져올 기술 변화로 인해 15년 이내에 기존 직업의 60%가 없어지고 새로운 직업들이 불현듯 생길 것이라고 한다. 올해 초등학교 입학생의 65%가 지금은 존재하지 않는 직업을 가질 것이라는 전망이다. 추격자형 인재를 대량생산하는 기능별 전공 중심의 대학 체제가 변하지 않고서는 새로운 물결에 제대로 살아남기 힘들게 되었다.

4차 산업혁명은 IoT, 로봇, 인공지능, 빅데이터 등의 기술이 나노, 바이오, IT 등과 융합해 새로운 생산 구조를 만들고 사회를 근본적으로 바꿀 것이라고 한다. 2015년, 한국전자통신연구원ETRI 보고서에 의하면 이러한 기술 융합 트렌드는 지능화, 가상화, 초연결로 요약된다. 즉 기계가 인간처럼 사고하도록 지능화하고, 현실 세계와 가상 세계가 융합하며, 인간 교류 범위가 전 세계로 무한정 확대되고 세상의 모든 정보가 공유되면서 전통적인 정치 및 사회 구조에 근본적 변화를 일으킨다는 것이다.

이러한 미래 변화는 궁극적으로 사람이 대응하기에 따라 위기도 되고 기회도 된다. 문제 핵심은 기술 융합 트렌드로 인한 경제 및 사회 구조의 변화를 리드할 역량 있는 인재를 얼마나 키워내느냐에 따라 국가 운명이 좌우된다는 것이다. 즉 우리에게는 대학이 변해야 4차 산업혁명에서 살아남을 수 있다는 명제로도 귀결된다.

산업화와 정보화로 경제가 팽창하던 시절, 우리 교육은 경제 발전의 핵심 성공 요인이 되었다. 공업고등학교에서 기능공을 양성하고 전국에 산재한 대학들이 선진 기술과 이론을 습득한 인재들을 산업계에 쏟아냈다. 그러나 어느 순간 그런 인재들을 당장 써먹을 일자리가 없어지고 쓰더라도 새로 가르쳐야 한다는 평가이다. 졸업생들도 꿈과 희망을 가지고 일할 마땅한 직장을 쉽게 찾지 못하고 있다. 그러나 4차 산업혁명으로 대변되는 미래 변화는 이러한 미스매치mismatch를 심각한 수준으로 벌려놓을 것이 확실하다.

한편 우리 대학들은 나름대로 양적·질적 발전을 위해 노력해왔다. 느슨했던 과거와 달리 신학기가 되자마자 강의에 열중하는 것이

요즘 풍속도이다. 매 학기 최소 5~6과목 이상을 이수하면서 4년을 빠듯하게 채우고 여기에 토익 등 영어 성적을 채워야 졸업 자격이 주어진다. 문제는 이렇게 열심히 가르치고 배웠는데 졸업할 때 보면 다시 제자리에 온 듯 자신감도 부족하고 졸업 후 마땅히 갈 곳도 없다는 것이다. 대학마다 높은 취업률과 교육부로부터 받은 우수 평가를 자랑하지만 졸업생들의 경쟁력은 제자리걸음이라는 평가이다.

무엇이 문제인지 대학 측 이야기를 들어보자. 인구 절벽으로 인한 청년 인구 감소, 청년 실업률 증대 등 밀려오는 위기의 쓰나미를 느끼고 있지만 변화를 시도하려 해도 손발이 묶인 채 치킨 게임Chicken game으로 내몰린 듯하다고 한다. 등록금 동결로 재정은 바닥이 나 있어 포기할 수 없는 교육부 재정 지원 사업을 따라가자니 새로운 시도는 엄두도 못 낸다는 것이다. 이러다 보니 대학 당국은 겉으로는 각종 지수 평가에서 화려한 성과를 기록해도 실상은 재정 지원 사업에 발목이 잡힌 상태이고, 학생들은 저렴한 등록금과 각종 국가 장학금으로 수혜를 받지만 졸업 후 갈 데가 없는 상황을 연출하고 있다.

과다한 입시 경쟁과 취업 전쟁을 부르고 있는 획일적 교육 프레임이 종말을 고하고 있음에도 과감한 방향 선회를 못하고 있는 꼴이다. 이제야말로 수동적인 지식 습득자가 아니라 능동적이고 자기 주도적인 지식 생산자를 양성해야 하는 시대가 왔다. 꿈과 희망을 가지고 자신의 정신적 자유 위에서 스스로 커나갈 수 있도록 교육을 해야 한다. 여기에 사회를 위할 줄 아는 소명 의식을 심어줄 때 '나의 쓰임새'에 대한 확신을 가지고 당당히 대학 문을 나설 수 있을 것이다.

교육 프레임 개혁에 관한 최근 제안들을 살펴보면 융합 교육을 통한 융합형 인재 양성이 활발하게 논의되고 있다. 학과 간, 교수 간 장벽을 허물고 함께 시간을 갖고 협력과 토론을 하는 새로운 교육 방법들이 제안되고 있다. 여기에 인문, 사회, 과학, 공학, 예술 등을 융합해 새로운 교육 커리큘럼들을 개발해 대학 교육의 패러다임을 바꾸어야 한다는 주장들이 힘을 얻고 있다. 교육도 추격자 프레임에서 벗어나 선도자 프레임으로 대전환해야 하기 때문이다.

그러나 더 고려해야 할 것은 대학이 융합 교육을 한다고 해서 자동적으로 일자리가 늘어나지 않는다는 사실이다. 오히려 융합 교육을 통해 새로운 일자리 창출과 지역 혁신을 적극적으로 도모해야 한다. 스탠퍼드 대학의 실용주의가 창업 메카 실리콘밸리의 출발지가 되었듯이 대학의 담장을 허물고 현장 밀착형 교육 프로그램들을 개발해야 한다. MIT 같은 대학은 졸업생 취업률보다는 새로운 직업 창출 수에 더 관심을 쏟으며 학생들의 잠재력과 창의력을 배양하는 데 초점을 맞춘다. 다른 시각으로 세상에 없는 새로운 가치를 만들어내려는 노력과 새로운 기회를 인지해낼 수 있는 능력이 점점 더 소중해지기 때문이다.

그런데 반드시 유념해야 할 것은 이러한 대학 개혁이 자발적 실험과 경쟁에 의해서만이 성공할 수 있다는 사실이다. 정부의 간섭이나 과도한 지원은 발목 잡기에 불과하거나, 오히려 독이 될 가능성이 크다는 것을 명심해야 한다.

21

한국 경제의 미래

한국은 지금 총체적 위기 상황이다. 그러나 하루빨리 위기에서 벗어나는 것도 중요하지만 혁신과 대응 체계를 마련하는 일이 더 중요하다. 위기 끝에 기회가 찾아오기 때문이다. 위기를 20년 전부터 겪고 있는 이웃 나라 일본으로부터 배우려는 지혜도 필요하다. 최근 일본은 사상 최대 외국인 관광객을 유치하는 데 성공했다. 변방의 지역 소도시들의 창의성과 풀뿌리 혁신으로 차별화된 관광 상품을 개발하는 데 성공한 것이다. 미래에는 크고 작은 지역과 도시들의 혁신이 국가 경쟁력을 결정할 것이다. 지역의 역사, 자연, 문화 예술 등 고유 특성을 살린 '문화 창조 도시'들이 자발성과 과감한 혁신으로 국가 경제를 먹여 살릴 것이다. 4차 산업혁명에 대한 대응도 결국은 이러한 상향식Bottom-Up 혁신에 의해 성공할 수 있다. 개인과 기업, 지역과 같은 개별 경제 주체들에 의한 상향식 혁신들이 모아져 국가 부를 만들어내는 것을 '성공 경제'라고 부르고자 한다. 4차 산업혁명은 바로 이러한 성공 경제에 의해 완성될 수 있을 것이다.

혁신은 위기의 종점에서 시작해야

2016년 말, 촛불과 광장은 뜨거웠다. 최순실 게이트로 얼룩진 대한민국 정치 위기를 탄핵으로 끝장냈다. 그러나 그것은 국민의 승리로 끝난 위기의 종점은 결코 아니다. 정확하게는 위협과 기회의 교차점이라고 할 수 있다. 그 교차점에서 혁신으로 기존 질서를 근본적으로 바꿀 수 있어야 진정한 승리를 얻을 수 있을 것이다.

혁신은 위기의 종점에서 시작되고 지속되어야 한다. 왜냐하면 기대와는 전혀 다르게 위기의 끝에 새 세상이 스스로 기다리고 있는 경우가 거의 없기 때문이다. 역사적으로 보아도 위기의 끝에 또 다른 위협이 도사리고 있는 경우가 훨씬 더 많았다. 1960년, 4·19의거는 이승만 대통령이라는 위기 요인을 몰아냈지만 5·16쿠데타로 이어졌다. 1979년, 10·26은 군사 독재 정권을 무너뜨렸지만 12·12쿠데타로 더 큰 위협 요인이 지배했다. 이러한 역사적 징표를 보아도 위기의 종점에는 새로운 위협이 존재하며 이를 기회로 바꾸려는 의도적 혁신이 반드시 필요하다.

요즘 위기는 예측할 수 없는 극한적 사건으로 비롯되는 경우가 많다. 2015년 5월, 온 나라를 쑥대밭으로 만들었던 메르스 사태에 대한 감사 결과가 감사원에 의해 2016년 1월에 발표되었다. 그리고 메르스 방역 실패에 대한 책임을 물어 관계자들에 대한 중징계로 조사 결과를 마무리했다. 하지만 국민들은 앞으로 메르스 같은 사태가 또다시 일어나지 않을 것이라고 믿지 않는다. 방역에 대한 혁신이 이루어지지 않았기 때문이다. 이러한 의미에서 메르스 사태는 종결보다는 현재 진행형으로 보아야 한다. 초특급 위기 상황은 언제라도 발생할 수 있으니까 말이다.

국민들은 메르스 사태 이후 배움도, 개혁도 없이 망각 끝으로 사라지는 것을 더 걱정한다. 불현듯 닥칠지 모르는 질병과 재난 상황에 대한 대응 체계가 충분하다고 생각하지 않는다. 이를 증명이라도 하듯이 고병원성 조류 인플루엔자Avian Influenza: AI 감염 대란이 2016년 말 강타했다. 2016년 11월 16일, 처음 감염 신고가 접수된 이래 12월 22일까지 2,000만 마리가 넘는 닭이 살처분됐다. 정부가 방향을 잡지 못하고 공무원들이 허둥대는 사이에 병아리를 생산하는 닭의 28%가량이 사라져버리는 참담한 결과를 낳았다. 물론 주된 원인은 늦은 초동 방역, 공무원 복지부동, 전략적 의사결정 부재 등 메르스 사태와 유사하다. 매뉴얼과 위기 대응 시스템은 창발하는 위협 요인에 시의적절하게 대응하기보다는 공무원들의 책임 회피용으로 이용되기도 한다.

진정한 위기 경영을 위해 경험한 모든 실패와 시행착오를 자산화하고 그때마다 혁신해 점점 더 수준 높은 대응 체계를 갖추어나가야 한다. 요즘 같은 극한적 불확실성 시대에는 위기를 회피만 할 수 없다. 오히려 실패를 자산화하고 이로부터 배우려는 적극적 방식이 효과적이다. 그러나 위기 경영은 앞에서도 말했듯이 저절로 이루어지지 않는다. 위기의 종점에서 스스로 변화하려는 용기와 혁신을 향한 결단이 필수적이다.

아이러니하게도 위기와 기회는 비슷한 모습으로 다가온다. 이에 따라 기회 포착 방식과 위기 대처 방식은 서로 비슷하다. 극한적 불확실성이 지배하는 미래 환경에서는 기회 포착 못지않게 위기 대응 전략이 중요하다. 기회가 어느 순간 불현듯 떠오르듯이 위기도 갑자기 창발한다. 창발이란 기존 구성 요소에서는 없는 특성과 사건이 전체 구조에서 자연 발생적으로 어느 순간 불현듯 나타나는 현상을 말한다. 이제껏 우리는 창발적 위기를 예외적이고 관리 밖 우연으로 치부했다. 하지만 지금은 새로운 사건이 불현듯 등장해 세상을 뒤바꾸어놓는 고변동성 사회를 살아가고 있다. 위기 경영이 필요한 이유이다.

고변동성 체계 아래서는 목표와 계획을 초월해 환경이 급변하기 때문에 메르스^{MERS: 중동호흡기증후군} 사태나 AI 조류 감염 대란에서도 드러났듯이 촘촘한 관료 조직은 오히려 걸림돌이 되기 십상이며 특유의 속도 경영은 제대로 작동하지 않는다. 따라서 우리 생각과 계획을 뛰어넘는 환경 변화에도 대응할 수 있는 새로운 관리 방식을 평소에 미리 준비해 작동시켜놓아야 한다. 특히 다음과 같은 위기 창발성에 대한 전략적 대응이 필요하다.

첫째, 때와 방향을 가늠할 수 없는 극한적 불확실성에 맞서기 위해서 무엇보다도 확고한 신념 체계를 우선 구축해놓아야 한다. 예를 들면 국민을 진정으로 위하는 선진 의료 보건과 안전에 관한 꿈과 의지, 그것에 대한 사회적 공감대가 중요하다. 이러한 신념 기반이 있어야 비효율적이라는 비난을 무릅쓰고 반복적인 노력과 투자를 진행할 수 있다. 급기야 위기가 창발했을 때, 즉시 알아볼 수 있는 안목과 반보 앞선 준비 태세는 바로 반복적 노력과 꿈을 이루고자 하는 간절함에서 만들어진다. 그리고 위기라고 판단되었을 때는 전광석화처럼 결정하고 처리함으로써 골든 타임을 놓치지 말아야 한다. 이러한 위기 대응 방식은 매뉴얼대로 움직이는 기존 관료적 대응과는 근본적으로 다르다.

둘째, 위기의 노출성을 활용해야 한다. 태풍으로 뿌리가 돌출되고 가뭄으로 강바닥이 드러나듯이 위기와 환난은 기존 시스템에서 발생하는 문제와 한계를 적나라하게 드러낸다. 감사와 책임 추궁으로 모든 것을 덮어버리는 행위가 무서운 이유가 위기 순간에서 벗어나자마자 다시 기존의 위선과 불량 시스템으로 돌아가기 때문이다.

셋째, 사람 마음을 움직이는 리더십이 필요하다. 위기에 대응하려면 법과 제도, 행동 지침들이 반드시 필요하다. 그러나 대응 주체는 궁극적으로 사람이므로 국가적 위기 대응도 한 사람을 움직일 수 있는 동기 부여로부터 출발해야 한다. 모든 행정 조직이 불철주야 동원되었던 메르스 사태에서 보듯이 결과적으로 불과 한두 사람의 판단과 행동으로도 그 확산을 막을 수 있었다. 따라서 국민 마음을 움직이고 국익을 위해서라면 누구와도 협력할 수 있으며 실패를 자산화하려는 용기를 불러일으킬 수 있는 리더십이 소중하다.

위기와 기회는 일란성 쌍둥이라는 말이 있듯이 위기 대처와 기회 획득 관리법은 놀라울 정도로 유사하다. 비록 큰 위기가 닥치더라도 이를 자산화할 수 있는 노하우가 있다면 위기 이후에 등장하는 위협을 피할 수 있을 뿐 아니라 기회로 바꿀 수 있다.

지금까지 한반도는 위기 극복의 역사였다고 해도 과언이 아니다. 그렇다고 우리는 스스로를 비운의 주인공으로 생각하지 않는다. 한민족 특유의 강점도 은근과 끈기에서 비롯된 위기 돌파력에 있다고 해도 과언이 아니다. 최근 50여 년 역사를 보아도 수차례 오일쇼크, IMF 경제위기, 글로벌 금융위기까지 위기는 곧 기회였다. 최순실 게이트도 촛불과 광장으로 극복하였다. 그러나 최종 승리는 개혁과 혁신만이 가져다줄 것이며 후대에는 이것을 혁명이라고 부를지 모른다.

뉴노멀 한국 경제, 일본에서 배운다

지난 3년간 한국 경제의 연평균 성장률은 2.9%로 저성장 시대를 알리고 있다. 심각한 것은 낮은 고용률로 인해 소비 위축이 구조화되고 있다는 사실이다. 20년간 불황에 시달리고 있는 일본의 고용률에도 미치지 못하는 수준이다. 이러한 저성장 뉴노멀 경제 구조에서 살아남으려면 창조적 혁신이 필수적이다.

우리보다 앞서 저성장 국면을 경험한 일본 사례는 많은 시사점을 제공한다. 일본에서는 경기 불황기에 가격 파괴 현상이 확대되고 이것이 다시 경기를 더욱 어렵게 만드는 악순환이 발생했다. 여기에 고령화가 가세하여 노령화를 대비한 소비 축소 현상까지 일어났다. 한국은 이러한 불황형 소비 위축과 함께 가계 부채 증가와 일본보다 더 가파르게 하락하고 있는 출생률 등 부정적 요인이 적지 않다.

그러나 '하늘이 무너져도 솟아날 구멍'이 있기 마련이다. 일본은 잃어버린 지난 20년 동안에도 전략적 선택과 혁신으로 비약적 성장을 한 성공 사례가 적지 않았다. 유통 산업을 보면 세계 250대 소매 기업 리스트에 일본 유통 기업들이 39개나 올라가 있으면서 전 세계 16% 비중을 차지하고 있다(2012년 기준). 반면에 한국 유통 기업은 단 4개가 올라 있으면서 1.6% 정도를 차지하고 있을 뿐이다. 우리가 일본을 상당히 추격한 것 같지만 유통이나 문화 관광 산업 같은 미래 지향형 산업에서 아직도 규모와 경쟁력에서 차이를 좁히지 못하고 있는 실정이다.

돈키호테, MUJI, 다이소, 유니클로, 세븐일레븐 등 한국 소비자에게도 익숙한 일본의 유통 기업들은 구조적 불황에도 불구하고 까다로운 소비자 개성과 다양한 소비 수요에 창의적으로 대응해 성공했다. 이 기업은 장기적 경기 침체에서도 창조적 혁신을 한다면 글로벌 기업으로 성장할 수 있다는 시사점을 준다. 즉 새로운 수요를 창출할 수 있는 창조 역량이 중요하다는 것이다.

특히 일본 사례에서 주목할 점은 지역성을 도입한 혁신이다. 일본은 각 지역에 지역을 대표하는 중소 유통 업체가 차별적인 경쟁력을 갖추고 있다. 이러한 풀뿌리 혁신은 미래에 벌어질 한·중·일 창조 경제 전쟁에서 핵심 역량이 될 것이다. 이 풀뿌리 혁신은 지역민의 자발적 창의성으로부터 구현될 수 있다. 미래 경제에서 문화 심미 요인이 더욱 중요해지는 이유는 바로 풀뿌리 혁신을 제고시키고 지역민들을 참여시킬 수 있기 때문이다. 특히 지역 혁신성이 강조되는 이유는 최근 폭발하는 관광 시장에서 찾을 수 있다. 매년 1억 명 이상 전 세계로 관광을 떠나는 중국 관광객은 미래 경제에서 큰 시장이 되고 있다.

다시 일본 사례를 보자. 일본의 2015년도 외국인 관광객 수는 1,973만 명으로 사상 최대치를 기록했다. 2014년에 비해서도 무려 47.3%가 증가했다. 여기에 고무되어 일본 정부는 2020년까지 2015년의 2배가 넘는 4,000만 명으로 확대하겠다는 목표를 세웠다. 물론 유커(游客)들 방문이 가장 큰 기여를 하고 있다. 2014년만 해도 한국행 유커에 비해 적었지만 2015년에는 한국을 앞질렀다. 여기에는 메르스 사태도 큰 원인으로 작용했다.

최근 미래 거대 시장이 되고 있는 관광 분야는 불경기에 몸살을 앓아온 일본 경제를 소생시키는 역할을 하는 것으로 나타났다. 예를 들면 일본 전체 땅값이 '리먼 쇼크' 이후 8년 만에 0.1% 상승하는 추세를 보였다. 그 원인은 국내외 관광객이 증가하여 주요 도심 지역의 점포와 호텔 등의 수요가 크게 늘고 각종 사무실 공실률이 줄어든 반면 임대료 수익이 개선되었기 때문으로 풀이되고 있다.

위안화 가치 하락과 엔화 가치 상승이라는 악조건에도 불구하고 중국 관광객의 일본 방문이 급속하게 증가하는 원인에 주목해야 한다. 비자 완화, 면세점 확충 등이 긍정적으로 작용했지만 근본적으로는 관광 콘텐츠의 우수성에서 찾아야 한다. 앞에서 언급한 지역 창의력과 풀뿌리 혁신이 '다시 방문하고 싶은' 일본을 만들고 있는 것이다.

'명탐정 코난 박물관과 요괴 마을'의 돗토리 현, 시라카와고 '합장 마을'의 기후 현, 건축물과 예술 작품으로 유명한 나오시마, 〈센과 치히로의 행방불명〉 속 온천 마을 마쓰야마 등 소도시뿐 아니라 비록 이름은 없지만 특색 있는 음식과 기념품을 살 수 있는 산골 마을들은 다시 오고 싶게 만드는 차별성을 만들어낸다.

미래 경제를 위한 인프라 구축과 규제 해소가 반드시 필요하지만 성패는 평범한 국민들의 창의력 구현에서 갈릴 것이다. 변방의 창의성과 풀뿌리 혁신을 핵심적으로 활용해야 경제가 성공할 수 있다.

지역 혁신과 문화 창조

현재 석유화학, 철강, 조선 등 경부선으로 이어진 산업 도시들이 위험에 처해 있다. 구미–울산–포항–거제로 이어진 산업 벨트 경쟁력이 구조적으로 쇠퇴하고 있기 때문이다. 이 도시들은 명퇴와 감원, 차디찬 경기로 스산하다. 수도권에 인접해 산업화와 정보화의 혜택을 가장 많이 받아온 충청남도 디지털 벨트도 계속되는 수출 감소세로 위기감에 빠져 있다. 이러한 산업 도시들은 대규모 일자리를 일거에 만들어낼 수 있는 신산업 출현을 바라지만 뼈를 깎는 구조 조정 없이 기적은 없다.

유일한 해법은 지역 창조화를 이루어내는 것이다. 즉 한국 제조업을 지탱해온 산업 벨트들의 구조 전환을 위해 지역 창조화에 나서야 한다는 것이다. 이때 지역 창조화란 지역의 고유한 강점과 창의력을 이용해 과감한 도전과 발상의 전환으로 지역을 혁신하고 지역

경제를 구조적으로 탈바꿈하는 것을 의미한다.

이미 유사한 경험을 한 선진국 사례를 보자. 요즘 새삼 재조명되고 있는 스웨덴 말뫼Malmö 시는 2002년 마지막 골리앗 크레인을 한국에 단돈 1달러에 매각한 후 그 위에 친환경 에코 도시를 건설함으로써 젊은이들이 모이는 매력 있는 창조 도시로 탈바꿈했다. 말뫼 시는 할 수 없이 1달러에 판 것이 아니라 내부 토론을 통해 크레인 매각 수년 전부터 새로운 도시 건설을 위한 전략적 선택을 감행했다. 산업혁명 출발지인 영국의 전통적 산업 도시들도 대부분 문화 창조 도시로 탈바꿈했다.

문화 창조 도시란 지역의 역사, 자연환경, 문화 예술 등 주로 문화·심미적 요소들에 기반해 창조화를 이루어낸 지역을 말한다. 이 도시들은 정주 환경이 매력적이고 참신한 아이디어들이 창조적 활동으로 연결될 수 있도록 제반 여건을 잘 갖추고 있다. 문화 창조 도시는 거창한 기술이나 대규모 자본 등 인위적인 요소로 이루어지지 않는다. 그보다는 특정 지역이 보유하고 있는 문화적 자산을 전략적으로 발굴하고 활용한다. 이에 따라 각 지역의 고유한 특성을 살린 참여형 창조 경제 실현을 가능하게 한다. 창조 경제 혁신 센터 같은 인위적이고 하향식 접근 방법과는 근본적으로 다르다.[48]

전통적으로 섬유 산업이 발달한 영국 허더즈필드Huddersfield 시는 인구 13만 명의 소도시이다. 원래 의복을 제작하는 데 필요한 직조 기술과 원단으로 유명한 지역이었다. 전통 섬유 산업이 쇠퇴하고 일자리 감소와 인재들의 대도시 유출 등으로 활기를 잃어가자 지역 주민들과 자치 단체들이 협력해 지역민들의 창의성을 활용하기 위한

'창조 도시 허더즈필드' 프로젝트를 추진하였다. 직조 기술 등 지역이 보유한 역량을 고려해 디자인을 중심으로 한 지역 창조화를 적극 추진했고 그 결과 지금은 1인 창조 기업 메카로 부상했다.

또 다른 사례로서 인구 55만 명의 중소 도시 셰필드^{Sheffield} 시를 보자. 이 도시는 1970년대 후반 철강 산업 사양화와 영국 경제 침체로 몰락하기 시작했다. 그러나 기존의 공업 지역을 문화 산업 지구 Cultural Industries Quarter: CIQ로 지정하며 음악, 영화, 갤러리 등 문화 산업을 새로운 성장 동력으로 활용하여 도시의 경제 기반을 성공적으로 전환하였다.

한편 미국 텍사스 오스틴^{Austin} 시는 매년 봄 열리는 음악 밴드 축제^{SXSW Festival}를 기반으로 영화는 물론 벤처 창업가들이 교류하는 장으로 발전시킴으로써 대표적인 문화·기술 융합형 도시로 발전했다. 문화와 창업이 융합해 창조 인력들 간 아이디어 공유가 일어나고 창업 기업에 대한 벤처 투자가 활성화되고 있는 것이다.

한국 경제는 이미 산업화와 정보화를 거쳐 창의성이 강조되는 새로운 발전 단계에 들어섰다. 따라서 크고 작은 여러 도시에서 지역 창조화가 자발적으로 일어나고 있다. 이를테면 전주시는 경제 낙후로 과거의 위상을 잃어가던 중, 2004년 순수 민간 단체인 '전주전통문화중심도시추진단'을 발족해 한옥 마을, 국제 영화제, 전통 음식 등 문화적 요인을 기반으로 지역 경제를 발전시키고 있다. 경남 통영시는 글로벌 금융위기와 태풍 매미로 인해 지역의 중소 조선소들이 타격을 입게 되고 경기 침체에 부딪히자 도시가 보유한 자연 관광 자원, 지역 특색을 갖춘 마을 콘텐츠, 통영음악제 등을 활용해 문화 관광 도시로의 변신을 시도하고 있다.

강릉시는 인성 교육과 강릉단오제 등 지역 문화 콘텐츠를 활용하고 동계올림픽 개최 기회에 맞추어 민관 협동형 창조 도시 조성을 진행 중이다. 특히 2017년 12월, KTX 개통으로 인한 교통 혁명과 구도심 재생 활성화 사업 등을 활용해 세계적 문화 관광 도시로 탈바꿈하려 하고 있다.

국민의 창의성은 본래 국가 차원의 거대한 단일 용광로에 담아내거나 창조 경제 혁신 센터 같은 인위적 거점으로 관리될 수 있는 것이 아니다. 예측할 수 없는 수많은 자발적 창의성이 원활하게 움직이도록 물꼬를 터주고 자연스럽게 상호작용하도록 하는 것이 중요하다. 문화 창조 도시는 바로 이러한 예측 불가의 수많은 창의성을 촉발시키고 관리하는 역할을 할 수 있다. 비록 창조 경제뿐 아니라 문화 융성이나 문화 창조라는 용어들이 오염되었지만 우리 경제의 발전 단계나 미래 흐름에 비추어 가야 할 길은 가야 하고 해야 할 일들은 반드시 해야 한다. 정치가 경제를 망치도록 방치해서는 안 된다.

인문학의 역할과 중요성

국내외 경기 침체로 기업들이 어려워하고 있다. 적지 않은 기업들이 패닉 상태에 빠져 있다. 근본적으로는 경제 구조 전환으로 인해 기존 경영 방식이 한계에 부딪쳤기 때문이다. 아이러니하게도 서점에서는 처방책을 직접 제시해주는 경영학보다는 인문학 서적이 더 잘 팔린다. 아마도 경제 구조 전환기를 맞아 기업 활동을 왜 하는지에 대한 근본 이유와 인간에 대한 깊이 있는 이해가 점점 더 필요해지기 때문일 것이다.

기업들은 미래 변화를 정확히 바라볼 수 있는 시야와 제품 및 서비스를 개선할 수 있는 통찰력을 얻어야 생존할 수 있다. 그러나 기업 경영 측면에서 인문학이 중요해지는 이유는 인간 내면의 힘이 미래 경제에서 새로운 핵심 동력으로 떠오르고 있기 때문일 것이다. 바야흐로 인간 창조력이 미래를 이끌어가기 시작한 것이다. 물론 이런 창조적 힘을 해방하고 분출시킨 에너지는 정보 기술의 발전이다. 오늘날 정보 기술은 세계 어느 곳 누구에게든 필요한 지식과 정보를 제공해준다. 개인이 세상과 일대일로 대화하며 흥정할 수 있는 기반이 갖추어진 것이다. 이로써 인간 창조력은 드디어 물질의 예속에서 벗어나게 되었다.

창조력이 이끌어가는 미래 경제는 기업들이 단순히 세상에 없는 제품과 서비스를 만들어내어 시장의 선도자가 되고 거기에서 일자리를 만들어내는 것만을 의미하지 않는다. 그것은 보통 사람들이 스스로 삶을 창조적인 활동으로 채우며 행복을 좇는 과정에서 국가 부가 자연스럽게 만들어지는 경제를 말한다. 다시 말해 보통 사람들의 창조력과 통찰력이 사회적 부 창출의 핵심이 되는 경제 구조를 의미한다.

인간의 통찰력은 새로운 변화와 혁신을 분출할 틈새를 찾아내고 이를 자신의 것으로 만들어낸다. 미래 경제는 이런 수많은 틈새에서 흘러나오는 새로운 기회와 가치들로부터 성장 동력을 얻을 것이다.

21세기는 전 세계에서 새로운 비즈니스 아이디어들이 싹트고 성장하는 '틈새 창출'의 장이 되고 있다. 이 '틈새 창출'의 아이디어들을 발견하고 개발하는 데 필요한 인간 통찰력이야말로 기업은 물론 국가 경쟁력을 결정지을 것이다.

그런데 이러한 통찰력은 과거와 달리 뛰어난 학식이나 심오한 능력을 지닌 소수의 전유물이 아니다. 이것은 습관과 훈련을 통해 충분히 발달시킬 수 있는 보편적 인식 능력이 되었다. 즉 통찰력은 일상의 작은 깨달음을 통해 점점 더 키우고 발전시킬 수 있다. 인문학은 바로 이러한 통찰력을 확대시키고 성숙시키는 데 핵심 역할을 한다. 소위 문·사·철로 대변되는 문학, 역사, 철학 그리고 심리학, 인류학 등 인간 가치를 다루는 학문들로부터 지식과 지혜를 얻어옴으로써 통찰력을 증진시킬 수 있다는 것이다. 그렇다고 존재하는 모든 인문학이 직접 도움이 되는 것은 아니다. 미래 경제를 위해 인문학은 인간 내면과 관련된 다양한 학문으로부터 축적한 지식 체계 수준을 넘어서야 한다. 단지 동서고금으로부터 모아온 지식과 교양을 한가로이 자랑하기에는 우리 현실은 복잡하고 막중하기 때문이다.

인문학의 궁극적 목적은 인간 내면에 대한 이해를 기반으로 정신과 사고를 바르게 하고 올바른 생각과 결정으로 성공하는 삶을 만들어내는 데 있다. 즉 수백 년 이어온 지식과 지혜를 공부해 교양을 드높이는 차원을 넘어 오늘 현실에서 성공하는 삶을 살게 하는 구체적 실천 도구가 되어야 한다는 것이다. 따라서 인문학이란 "정신과 사고를 바르게 하여 좋은 생각, 좋은 판단, 좋은 결정을 하게 하여 인간으로서 성공적으로 자기 소명을 다하게 하는 실천적 공부"
로 새로이 정의할 수 있다.

오늘날 경제 주체들은 예측할 수 없는 미래 변화에 맞서 생존해
야 하는 절박한 입장에 처해 있다. 이들은 세상 흐름을 스스로 판
단하고 미래를 위한 비전과 목표를 자기 주도적으로 결정하는 데
인문학으로부터 도움을 받고자 한다.

특히 우리는 선진국들이 걸어온 길을 학습하고 그대로 모방해 실
천하는 삶을 살아왔다. 앞만 바라보면서 힘껏 달리기만 하면 되는
후발 주자로서 삶을 살았다. 하지만 어느 순간 자신의 정체성을 확
인하고 미래를 향해 신념 체계를 정립해야 하는 입장에 처했다. 창
발하는 내면의 힘을 바탕으로 미래를 판단하고 선택해야 하는 단계
에 들어선 것이다.

한반도 역사는 오랜 동안 인문이 이끌어왔다. 시詩를 짓게 해 관
료로 등용할 정도였다. 그러나 한국적 인문은 종종 실질보다는 형
식 틀에 얽매이거나 비생산적 이념 논쟁에 빠지는 우를 범하기도 한
다. 우리가 새삼 인문학을 주목하는 이유는 세상 흐름의 방향을 바
로 판단하고 신념 체계를 구축하는 것이 절실하기 때문이다.

4차 산업혁명은 성공 경제에 의해 완성된다

2010년 이후 한국 경제는 새로운 단계로 진입했다. 스마트폰 보
급이 2009년 대비 9배로 뛰더니 전 세계에서 가장 빠른 속도로 확

산되기 시작했고 K팝 등 한류 콘텐츠에 대한 검색이 전 세계적으로 폭발했다. 반면에 철강, 조선, 석유화학 등 한국을 대표하는 제조 대기업들의 가치가 하락세를 타기 시작했고 지금은 제조업 전체에 위기를 걱정하고 있다.

산업화와 정보화에 이은 다음 단계 혁신 패러다임을 작동시킬 때가 된 것이다. 우리는 1960년대부터 1980년대까지의 산업화 시절, '먹고살기 위한 삶'을 살았다. 1990년대 이후 최근까지는 정보화를 이루어내면서 '경쟁에서 이기기 위한 삶'을 살고 있다. 2010년 이후에는 '될 때까지 하는 삶', 즉 '자신의 뜻과 비전으로 성공하는 삶'을 살아야 하는 시대가 되었다. 요즘 인문학이 새삼 조명을 받는 이유도 독립적인 존재 가치를 가진 우리 삶의 의미와 목적을 돌아보기 위해서인 것 같다. 지금까지는 국가가 자원을 동원하고 정책을 만들어 경제를 일으킨 측면이 컸다면 이제부터는 평범한 국민들의 창의성과 아이디어로 국가 경제를 번영시켜야 하는 시대에 돌입했다. 평범하지만 비전 에너지로 충만한, 한 사람이 세상을 바꿀 수 있는 기회가 열렸기 때문이다.

미래 경제는 점점 더 개별 경제 주체들의 크고 작은 성공들이 쌓여서 발전하는 구조를 갖게 될 것이다. 이러한 특성을 갖는 경제를 '성공 경제'라 부르고자 한다. 즉 성공 경제는 개별 경제 주체들의 성공이 사회적 부 창출의 핵심이 되는 경제 구조를 의미한다. 개별 경제 주체들의 창의력과 도전으로 이끌어가는 성공 경제는 세상에 없는 제품과 서비스를 만들어 시장의 선도자가 되는 것만이 목표가 아니다. 보다 근본적으로는 평범한 사람들이 자신의 삶을 창의적 활동으로 채우며 행복을 좇는 과정에서 사회의 부가 자연스럽게 만들어지는 경제 구조를 지향한다. 이러한 성공 경제는 다음과 같은 특성이 있다.

첫째, 경제 발전의 방법이 과거와 다르다. 경제 주체들의 성공은 과거와 달리 사전 계획이나 주도면밀한 설계만에 의존해 달성하기가 점점 더 어려워진다. 선택하고 집중할 목표가 없는 극한적 불확실성 아래에서는 예측 불허의 수많은 변화 속에서 어느 순간 불현듯 솟아오르는 기회를 포착해야 하기 때문이다. 따라서 이러한 경제 환경에서는 소수의 대기업에 의존해 경제 발전을 도모하는 방법은 대단히 위험하다. 이보다는 수많은 작은 조직체들이 발상의 전환과 창의적 기획력으로 새로운 틈새들을 발굴하고 개척하게 해야 한다.

둘째, 기존과는 사뭇 다른 경제 철학이 지배한다. '거래에 의한 설득'을 통해 자신의 목표를 우선적으로 달성하려는 과거 패러다임에서 벗어나 소비자를 진정으로 위하고 성공을 대가 없이 나눔으로써 모두가 승자가 되는 구조를 지향한다. 즉 참여자들이 좋은 정보와 뜻을 공유함으로써 작게는 집단 공동체, 크게는 생태계를 형성하려는 비즈니스 모델이 성공을 일구어낸다. 최근 공유 경제와 친구 맺기가 중요해지는 이유가 여기에 있다.

셋째, 과거 패러다임에서 보았을 때 역설적인 시스템들이 발생한다. 즉 상대를 먼저 챙기는 것이 손해가 되는 것이 아니라 오히려 더 큰 이익으로 돌아오는 선순환을 만들어낼 수 있다. 그 이유는 당장 경제적 이득을 얻지 못할지라도 수많은 사람을 참여시키고 이익을 공유하는 새로운 기업 생태계를 구축할 수 있기 때문이다. 이를 통해 산업과 시장에서 리더가 된다면 한껏 커진 파이에 가장 중요한 부분을 차지할 수 있을 것이다. 요즘 인터넷과 모바일에서 크게 성공한 기업들은 대부분 이러한 역설적 비즈니스 모델을 바탕으로 하고 있다.

넷째, 변화에 대한 인식과 대응 방법이 달라진다. 미래에도 시장 변화는 더 빨라지겠지만 그 변화를 일방적으로 따라다니기보다는 '생존하면서 자신의 정체성을 유지하려는' 노력이 더 중요해진다. 예측과 목표 설정이 어려운 극한적 불확실성 아래에서는 무작정 빨리 움직이기보다는 기회의 실체를 신중히 파악하고 타이밍을 포착해 결정적 순간에 행동을 개시하는 것이 필수적이다. '더 빨리, 더 싸게'를 지향하는 효율 혁신이 한계에 봉착한 상황에서 자신의 정체성과 신념 체계를 확립하지 않고 변화를 쫓아만 가서는 점점 더 생존하기 어려워질 것이다.

미래 경제에서 '창발emergence'이란 단어는 새로운 혁신 패러다임을 가장 핵심적으로 표현한다. 이 단어는 경제 주체인 인간의 비밀스러운 힘의 발생 과정을 잘 설명하기 때문이다. 미래로 갈수록 성공은 불현듯 솟아나는 '창발의 산물emergent property'로 나타날 것이다. 성공 경제란 바로 이렇게 창발된 수많은 성공이 개별 경제 주체들의 선한 뜻과 의지를 실현시킴으로써 사회에 새로운 가치를 만들어내고 개인 행복을 실현하는 경제 구조를 의미한다.

주석

1 케빈 켈리(2017), 『인에비터블 미래의 정체』, 청림출판.

2 김남국(2013), 『당신이 알던 경영학은 죽었다』, 한빛비즈.

3 이장우(2013), 『창조경제에서의 경영전략』, 법문사.

4 Birkinshaw, J.(2011), Innovation at Korea Telecom, London Business School.

5 송재용·이경묵(2013), 『SAMSUNG WAY 삼성 웨이』, 21세기북스.

6 송재용·이경묵(2013), 앞의 책.

7 정명호(1997), 『패러독스 경영』, 삼성경제연구소.

8 김대원·김도경·이홍규·김성철(2015), 「네이버 지배 구조에 대한 사례 연구」, 한국방송학보, 29(1), 5-34.

9 Collins, J. and Hansen, M. T.(2011), *Great by choice: uncertainty, chaos and luck-why some thrive despite them all*, Random House.

10 "150년간의 변신… 화학 기업 1위 '바스프 제국'의 비밀", 《조선비즈》, 2015. 05. 16.

11 이장우·김희천·김동재(2015), 「극한적 불확실성Extreme Uncertainty 환경에서의 기업 경영」, Korea Business Review, 19(3), 151-171.

12 이장우·허재원(2013), 「리더십과 조직 역량이 외국 진출 전략에 미치는 영향」, Korea Business Review, 17(1), 243-266.

13 서울대학교 공과대학(2015), 『축적의 시간』, 지식노마드.

14 이장우(2013), 『창조경제에서의 경영전략』, 법문사.

15 이장우(2015), 『창발경영』, 21세기북스.

16 이장우(2013), 『창조경제에서의 경영전략』, 법문사.

17 "150년간의 변신… 화학 기업 1위 '바스프 제국'의 비밀", 《조선비즈》, 2015. 05.

16.

18 Partnoy(2013), *Wait: the art and science of delay*, PublicAffairs.

19 Hamel, G. and Prahalad, C. K.(2005), Strategic intent, Harvard Business Review, 83(7), 148-161.

20 Porter, M. E.(1980), *Competitive strategy: techniques for analyzing industries and competitors*, Free Press.

21 Barney, J.(1991), *Firm resources and sustained competitive advantage*, Journal of management, 17(1), 99-120.

22 이장우(2013), 『창조경제에서의 경영전략』, 법문사.

23 "150년간의 변신… 화학 기업 1위 '바스프 제국'의 비밀", 《조선비즈》, 2015. 05. 16.

24 위 기사.

25 위 기사.

26 위 기사.

27 Robertson, D. and Breen, B.(2013), *Brick by brick: How LEGO rewrote the rules of innovation and conquered the global toy industry*, Crown Business.

28 소프트뱅크 신 30년 비전 제작위원회(2011), 『손정의 미래를 말하다』, 소프트뱅크커머스.

29 이장우(1999), 『실리콘밸리에서 배우는 벤처 기업의 성공비결』, 랜덤하우스코리아.

30 이장우·김희천·김동재(2015), 「극한적 불확실성Extreme Uncertainty 환경에서의 기업 경영」, Korea Business Review, 19(3), 151-171.

31 이장우·허재원(2013), 「리더십과 조직 역량이 외국 진출 전략에 미치는 영향」, Korea Business Review, 17(1), 243-266.

32 안혜성·김봉선·김희천(2016), 「아이디스IDIS」, Korea Business Review, 20(1), 1-42.

33 Schwab, K.(2016), *The fourth industrial revolution*, Geneva: World Economic Forum.

34 McGrath, R. G.(2013), *The end of competitive advantage: How to keep your strategy moving as fast as your business*, Harvard Business Review Press.

35 이장우(2013), 『창조경제에서의 경영전략』, 법문사.

36 이장우(2013), 앞의 책.

37 이장우·이민화(1994), 『혼 경영』, 김영사.

38 송재용·이경묵(2013), 『SAMSUNG WAY 삼성 웨이』, 21세기북스.

39 이 글은 『2020 차이나 리포트』(21세기북스, 2015), 17~43쪽 내용을 발췌 수정하였다.

40 비전 있는 분야에서 끝까지 생존하고 기회가 왔을 때 새로운 가치를 구현하는 혁신 패러다임.

41 정욱·임성현(2015), 『2015 다보스리포트』, 매일경제신문사.

42 Denrell, J. and March, J. G.(2001), *Adaptation as information restriction: The hot stove effect*, Organization Science, 12(5), 523−538.

43 성공경제연구소·SBS CNBC(2016), 『2020 차이나 리포트』, 21세기북스.

44 Ed Diener(2011), *Happiness*, Wiley-Blackwell.

45 Layard, Richard(2007), *Happiness*(Hardcover), PenguinUSA.

46 성공경제연구소·SBS CNBC(2016), 『2020 차이나 리포트』, 21세기북스.

47 www.cqu.edu/pages/9891.asp

48 마윤주·이장우(2013), 「도시 창조성 제고를 위한 거버넌스 메커니즘 연구」, 지역사회연구, 21(2), 147−174.

참고문헌

PART 1

Carow, K., Heron, R., & Saxton, T.(2004), Do early birds get the returns? An empirical investigation of early-mover advantages in acquisitions, Strategic Management Journal, 25(6), 563−585.

Ghemawat, P.(1986), Sustainable advantage, Harvard Business Review, 64(5), pp. 53−58.

Gomez, J., Lanzolla, G., & Maicas, J. P.(2016), The Role of industry dynamics in the persistence of first mover advantages, Long Range Planning, 49(2), 265−281.

Kerin, R. A., Varadarajan, P. R., & Peterson, R. A.(1992), First-mover advantage: A synthesis, conceptual framework, and research propositions, The Journal of Marketing, 33−52.

Lieberman, M. B., & Montgomery, D. B.(1988), First-mover advantages,

Strategic Management Journal, 9(S1), 41–58.

Makadok, R.(1998), Can first-mover and early-mover advantages be sustained in an industry with low barriers to entry/imitation?, Strategic Management Journal, 19(7), 683–696.

Markides, C., & Sosa, L.(2013), Pioneering and first mover advantages: the importance of business models, Long Range Planning, 46(4), 325–334.

Nehrt, C.(1998), Maintainability of first mover advantages when environmental regulations differ between countries, Academy of Management Review, 23(1), 77–97.

Patterson, W. C.(1993), First-mover advantage: the opportunity curve. Journal of Management Studies, 30(5), 759–777.

Porter, M. E., & Van der Linde, C.(1995), Toward a new conception of the environment-competitiveness relationship, The Journal of Economic Perspectives, 9(4), 97–118.

Porter, M.(1990), *The competitive advantage of nations*, New York: Free Press.

Porter, M.(1991), *America's green strategy*, Scientific American, April: 168.

Porter, M., & LINDE, V.(1995), Green and competitive, Harward Business Review. Sep/Oct.

Semadeni, M., & Anderson, B. S.(2010), The follower's dilemma: Innovation and imitation in the professional services industry, Academy of Management Journal, 53(5), 1175–1193.

Simpson, R. D., & Bradford, R. L.(1996), Taxing variable cost: environmental regulation as industrial policy, Journal of Environmental Economics and Management, 30: 282–300.

Suarez, F. F., & Lanzolla, G.(2007), The role of environmental dynamics in building a first mover advantage theory, Academy of Management Review, 32(2), 377–392.

Suarez, F. F., Grodal, S., & Gotsopoulos, A.(2015), Perfect timing? dominant category, dominant design, and the window of opportunity for firm entry, Strategic Management Journal, 36(3), 437–448.

VanderWerf, P. A., & Mahon, J. F.(1997), Meta-analysis of the impact of research methods on findings of first-mover advantage, Management Science, 43(11),

1510–1519.

이장우(2013), 『창조경제에서의 경영전략』, 법문사.

이장우(2015), 『창발경영—한국경제의 새로운 성공 DNA』, 21세기북스.

PART 2

"[100년 장수 기업의 비결] [2] 글로벌 화학기업 독일 바스프", 《조선비즈》(2010. 03. 09).

"[2012 일하기 좋은 기업 대상] 가장 큰 무기는 직원들과의 소통' 外", 《한국경제매거진》(2012. 05. 16).

"[CEO Lounge] 이수만 SM엔터테인먼트 프로듀서", 《매일경제》(2010. 12. 15).

"[K-POP 인베이전] 유튜브 한국 동영상 229국서 8억 회 조회", 《중앙일보》(2011.01.16).

"[강소기업 CEO] 김영달 아이디스홀딩스 대표—기술 기반 완제품으로 세계 1위 꿈 이뤘어요", 《한겨레》(2016. 09. 05).

"[성공이야기] 실리콘밸리서 받은 충격, 한국에서 재현하고 싶었다", 《이데일리》(2016. 09. 06).

"[오늘의 CEO] 김영달 아이디스홀딩스 대표—자체 브랜드 세계 1위 성장", 《전자신문.etnews》(2016. 02. 03).

"[컴퍼니 리뷰] 〈18〉 소프트뱅크", 《전자신문.etnews》(2016. 04. 03).

"[통합경영학회] 강소 기업가상 김영달 아이디스 대표", 《매일경제》(2014. 08. 22).

"'다시 기본으로…' 레고의 혁신 비밀", 《한국경제매거진》(2015. 04. 01).

"'벤처 요람' KAIST 출신 창업 기업 놀라운 연매출", 《디지털 타임스》(2015. 07. 08).

"〈新한류열풍〉 신한류 선봉 'SM엔터'", 《연합뉴스》(2010. 11. 02).

"15년간의 변신… 화학기업 1위 '바스프 제국'의 비밀", 《조선비즈》(2015. 05. 16).

"2007년 문화산업통계", 문화체육관광부.

"2010 콘텐츠 산업통계", 문화체육관광부.

"2010년 4분기 및 연간 콘텐츠산업 동향분석보고서", 한국콘텐츠진흥원.

"2011 SM엔터테인먼트 사업 보고서", 금융감독원.

"2011 음악산업백서", 한국콘텐츠진흥원, 문화체육관광부.

"2011 콘텐츠산업통계", 한국콘텐츠진흥원, 문화체육관광부.

"2012 글로벌 엔터테인먼트 산업 경쟁력 보고서", 한국콘텐츠진흥원, 문화체육관광부.

"SM 임직원 스톡옵션 행사 148억 대박", 《매일경제》(2012. 04. 09).

"SM, YG, JYP의 미래는 무대에 있다", www.10asia.co.kr 기획 리포트 [강명석의 100퍼센트] (2012. 04. 12).

"SM엔터테인먼트 이수만 이사", 《스포츠조선》(1999. 12. 13).

"SM재팬 대표이사 '동방신기' 일본 투어 매출액 960억 원", TVN(2012. 04. 24).

"글로벌 경제 위기 때마다 더 성장했다", 《조선비즈》(2016. 08. 20).

"남의 떡에 욕심낸 에스엠, 잘 될까", 《이데일리 투자News》(2012. 01. 14).

"네이버, 대학생 선호 기업 1위… 아, 그 이유였네!", 《노컷뉴스》(2015. 07. 25)

"도레이 첨단섬유 'YK의 힘'", 《ITN》(2011. 07. 04).

"도레이, 미래성장 동력 '탄소섬유산업' 강화", 《ITN》(2013. 06. 17).

"바스프 회장 또 다른 150년 위해 혁신 지속", 《연합뉴스》(2016. 12. 12).

"소녀시대의 '오리콘 1위', 보아, 동방신기와 다른 점", 《OSEN》(2010. 10. 27).

"소프트뱅크 창업자 손정의, 도전의 역사", 《SNOCKER》(2012. 12. 04).

"아이디스 성장 동력 탑재… 사상 최대 매출 기대", 《뉴스토마토》(2010. 10. 08).

"아이디스-고급화로 블루오션 개척", 《전자신문.etnews》(2005. 08. 18).

"양정환 소리바다 대표, '음원 가격', 싸도 너무 싸다", 《이투데이》(2012. 05. 07).

"업종 간 벽 허물어야 시너지", 《한국경제》(2012. 03. 20).

"연예인 주식부자 SM 이수만 '신기록', 보아-강타 10위권 '눈길'", 《TVREPORT》(2011. 09. 21).

"웅진케미칼 인수한 日 도레이그룹, 승자의 저주?-과중한 차입금에 실적도 기대 이하", 《중앙시사매거진》(2014).

"이수만 SM 회장 한류가 버추얼네이션 중심", 《매일경제》(2011. 08. 17).

"이수만 SM, 소녀시대, 유튜브 타고…", 《ZDNet Korea》(2011. 11. 23).

"이수만은 사장님 박진영은 행동대장 양현석은 동네형", 《주간조선(특집·르포)》(2012. 05. 18).

"이수만, '2차 한류' 성공비결은 윈-윈 전략!", 《스타다큐》(2006. 09. 19).

SM엔터테인먼트 www.smtown.com

가온차트 www.gaonchart.co.kr

국제음반산업협회 www.ifpi.org

김대원·김도경·이홍규·김성철(2015), 「네이버 지배 구조에 대한 사례 연구」, 한국방송학보, 29(1), 5-34.

데이비드 로버트슨·빌 브린(2016), 『레고 어떻게 무너진 블록을 다시 쌓았나』, 해냄.

박영은·이동기(2010), 「SM엔터테인먼트, 글로벌 엔터테인먼트를 향한 질주」, 경영교육연구, 제15권, 제2호.

소프트뱅크 신 30년 비전 제작위원회(2011), 『손정의 미래를 말하다—소프트뱅크 신 30년 비전』, ㈜소프트뱅크커머스.

안혜성·김봉선·김희천(2016), 「아이디스IDIS」, Korea Business Review, 20(1), 1–42.

오리위키넷 https://oriwiki.net/레고랜드.

위키피디아 https://ko.wikipedia.org/wiki/네이버

위키피디아 https://ko.wikipedia.org/wiki/도레이.

위키피디아 https://ko.wikipedia.org/wiki/바스프.

위키피디아 https://ko.wikipedia.org/wiki/소프트뱅크.

이장우·김희천·김동재(2015), 「극한적 불확실성Extreme Uncertainty 환경에서의 기업 경영: 네이버 사례 연구」, Korea Business Review, 19(3).

이장우·김세형(1999), 『실리콘밸리에서 배우는 벤처기업의 성공비결』, 랜덤하우스코리아.

이장우·허재원(2013), 「리더십과 조직 역량이 해외 진출 전략에 미치는 영향」, Korea Business Review, 17(1).

한국음악콘텐츠산업협회 www.kmcia.or.kr

PART 3

McGrath, R. G.(2013), *The end of competitive advantage: How to keep your strategy moving as fast as your business*, Harvard Business Review Press.

Schwab, K.(2016), *The fourth industrial revolution*, Geneva: World Economic Forum.

데이비드 로버트슨·빌 브린(2016), 『레고 어떻게 무너진 블록을 다시 쌓았나』, 해냄.

성공경제연구소·SBSCNBC(2016), 『2020 차이나 리포트—중국을 통해 미래를 보다』, 21세기북스.

송재용·이경묵(2013), 『Samsung Way 삼성 웨이』, 21세기북스.

이장우 외(2009), 『1인 창조 기업—나의 행복한 일터』, 형설라이프.

이장우(2010), 『Small Giants 대한민국 강소기업』, 미래인.

이장우(2011), 『동반성장—패자 없는 게임의 룰』, 미래인.

이장우(2015), 『창발경영—한국 경제의 새로운 성공 DNA』, 21세기북스.

이장우·이민화(1994), 『한 경영』, 김영사.

클라우스 슈밥 외 지음, 포린 어페어스 엮음(2016), 『4차 산업혁명의 충격—과학기술
혁명이 몰고 올 기회와 위협』, 흐름출판.
한국인사조직학회(2015), 『K-매니지먼트: 기로에 선 한국형 기업경영』, 클라우드나인.

PART 4

Ed Diener(2011), *Happiness*, Wiley-Blackwell.
마윤주·이장우(2013), 「도시 창조성 제고를 위한 거버넌스 메커니즘 연구」, 지역사회
연구, 21(2).
서울대학교 공과대학(2015), 『축적의 시간—서울공대 26명의 석학이 던지는 한국 산
업의 미래를 위한 제언』, 지식노마드.
성공경제연구소·SBSCNBC(2016), 『2020 차이나 리포트—중국을 통해 미래를 보
다』, 21세기북스.
전병서(2016), 『중국 100년의 꿈 한국 10년의 부』, 참돌.
정욱·임성현(2015), 『2015 다보스리포트— 불확실성과 변동성의 시대, 성장 해법을
찾다』, 매일경제신문사.
진베이(2017), 『중국제조 2025』, MCN미디어.
프랭크 파트노이(2013), 『속도의 배신—왜 어떤 이는 빨라도 실패하고, 어떤 이는 느
려도 성공하는가』, 추수밭.
필립 코틀러(2015), 『필립 코틀러의 다른 자본주의—우리 삶이 직면한 위기를 해결
하는 14가지 길』, 더난출판.

KI신서 6915

퍼스트 무버, 4차 산업혁명의 선도자들

1판 1쇄 발행 2017년 3월 6일
1판 3쇄 발행 2017년 4월 17일

지은이 이장우
펴낸이 김영곤
펴낸곳 (주)북이십일 21세기북스
인문기획팀장 정지은 **책임편집** 장보라 조윤정
디자인 표지 박선향 **본문** 제이알컴
출판사업본부장 신승철 **영업본부장** 신우섭
출판영업팀 이경희 이은혜 권오권 홍태형
출판마케팅팀 김홍선 배상현 신혜진 박수미
프로모션팀 김한성 최성환 김주희 김선영 정지은
홍보팀 이혜연 최수아 박혜림 백세희 김솔이
제작팀장 이영민

출판등록 2000년 5월 6일 제406-2003-061호
주소 (10881) 경기도 파주시 회동길 201(문발동)
대표전화 031-955-2100 **팩스** 031-955-2151
이메일 book21@book21.co.kr

ISBN 978-89-509-6915-8 03320
책값은 뒤표지에 있습니다.

(주)북이십일 경계를 허무는 콘텐츠 리더

21세기북스 채널에서 도서 정보와 다양한 영상자료, 이벤트를 만나세요!
북이십일과 함께하는 팟캐스트 '[**북팟21**] 이게 뭐라고'
페이스북 facebook.com/21cbooks **블로그** b.book21.com
인스타그램 instagram.com/21cbooks **홈페이지** www.book21.com